北京文化中心建设课题研究丛书

U0727526

# 文化北京

## 跨向世界创意高地

### ——北京建设文化创意培育中心研究

主编　金元浦　秦昌桂

范玉刚　等著

北京市文化发展中心　编

新华出版社

## 编委会 ●●●●●●●●●●●●●●●●●●●●●●●●●●●●●●●●●●●●●●●●▶

# 前言

　　文化，是党和国家新一代领导集体推进国家治理体系和治理能力现代化的重要组成部分。从文化的发展和繁荣来看，如何从经济、政治、文化、社会和生态文明五位一体的宏观整体上进行文化改革的顶层设计，并从改革的系统性、整体性、协同性出发辩证施政，是新一代领导集体推进文化发展的重中之重。十八届三中全会、四中全会和五中全会的决定，强调全面深化改革的总目标是完善和发展中国特色社会主义制度，必须更加注重改革的系统性、整体性、协同性，加快发展社会主义市场经济、民主政治、先进文化、和谐社会、生态文明。这就为我们全面深化改革确定了大框架，大格局。文化的核心是思想，文化繁荣发展的根本目的是以文化人。要让北京丰富的先进文化资源活起来、动起来，走进群众的生活里，融入群众的思想中。

　　将北京建设成为具有中国特色的世界城市，成为具有全球影响力的国家文化中心，这是党中央对北京的准确定位，是对北京文化的顶层设计，是北京建设成为具有世界影响力的国家中心城市的总纲领和总蓝图，也是北京全面建设国家文化中心的动员令与集结号。这是北京的历史所由，这是北京的希望所在，这是北京的人民之愿，这是北京的未来寄托。

　　到2020年，北京要在更高水平上建成全国文化精品创作中心、文化创意培育中心、文化人才集聚教育中心、文化要素配置中心、文化信息传播中心、文化交流展示中心。在十八大精神指引下，进一步发挥好首都文化中心的表率引领作用、辐射带动作用、提升驱动作用、桥梁纽带作用、荟萃集聚作用，全力实现首都思想

跨向世界创意高地

道德水平显著提升、文化事业全面繁荣、文化体制活力迸发、文化创意产业发达、城市文化魅力彰显、文化名家精品荟萃、文化科技深度融合、文化国际影响力显著增强等八大目标。

习近平同志极为关心北京的发展,多次来到北京视察。他在北京视察时指出,建设好首都,推动北京持续健康发展,需要付出长期艰苦的努力。北京地位高、体量大、实力强、变化快、素质好,是其主要特点和优势,同时不断发展的北京又面临令人揪心的很多问题。把各方面优势发挥出来,把各种问题治理好,要处理好国家战略要求和自身发展的关系,在服务国家大局中提高发展水平。习近平就推进北京发展提出了新的要求。即首先明确城市战略定位,坚持和强化首都全国政治中心、文化中心、国际交往中心、科技创新中心的核心功能,深入实施人文北京、科技北京、绿色北京战略,努力把北京建设成为国际一流的和谐宜居之都,带动京津冀全面协调发展,这是对北京建设具有全球影响力的文化中心的最新要求和精准定位。

十八大以来,我国文化获得了进一步发展,十八届三中全会做出的《中共中央关于全面深化改革若干重大问题的决定》,是未来十年我国全面发展的进军号角与宏伟蓝图,对于推进文化的改革创新做了全面系统的阐述。《决定》紧紧围绕建设社会主义核心价值体系、社会主义文化强国,深化文化体制改革,加快完善文化管理体制和文化生产经营机制,建立健全现代公共文化服务体系、现代文化市场体系,推动社会主义文化大发展大繁荣,提出了一系列创新性的观点。这是党在新的时代条件下带领全国各族人民进行的新的探索,对于建设社会主义文化强国,具有重要的现实意义与长远的历史意义,吹响了文化体制机制创新的进军号,将对我国文化发展产生重大影响。

2015年10月闭幕的五中全会更加明确地提出，实现"十三五"时期发展目标，破解发展难题，厚植发展优势，必须牢固树立并切实贯彻创新、协调、绿色、开放、共享这五大发展理念。新的发展理念，为新时期的发展勾勒了清晰路径，擘画了推动发展全局深刻变革的全新蓝图。北京文化中心的建设必须遵循五大理念的引领和相互融合的协同发展。

在五大理念中创新居于国家发展全局的核心位置。我们必须在这一核心动力影响下，不断推进理论创新、制度创新、科技创新、文化创新等各方面创新，让创新贯穿北京四个中心的建设和发展，让创新在全社会蔚然成风。北京要按照中央的部署，把发展基点放在创新上，形成促进创新的体制架构，塑造更多依靠创新驱动、更多发挥先发优势的引领型发展。

文化创新必须培育发展新动力，优化劳动力、资本、土地、技术、管理等要素配置，激发创新创业活力，推动大众创业、万众创新，释放新需求，创造新供给，推动新技术、新产业、新业态蓬勃发展。

文化创新必须继续深化文化体制改革，实施重大文化工程，扶持优秀文化产品的创作生产、加强网络内容建设、构建中华优秀传统文化传承体系、倡导全面阅读、发展体育事业、做好2022年北京冬季奥运会筹办工作等。

文化创新必须不断完善公共文化服务体系、文化产业体系和文化市场体系，推动文化社会效益和经济效益协调健康发展。面对互联网时代给文化发展带来的新机遇和新挑战，实施"'互联网+'行动计划"，增强互联网对文化提升发展的支撑能力，加快文化产业结构优化升级，发展骨干文化企业和创意文化产业；培育新

型文化业态和新的文化经济增长点，扩大和引导文化消费；推动传统媒体和新兴媒体融合发展，加快媒体数字化建设；优化媒体结构，规范传播秩序；提升国际传播能力建设，创新对外传播、文化交流、文化贸易方式，推动中华文化走出去。

北京市市委书记郭金龙在刚刚闭幕的中共北京市委十一届八次全会上指出：

北京作为全国文化中心，文化发展具有风向标和引领作用，必须更加自觉地服务国家文化发展大局。要加快建设先进文化引领高地，在培育和践行社会主义核心价值观、提升城市文明水平、加强思想意识形态工作、促进物质文明和精神文明协调发展等各方面走在全国前列。要建设全国文化中心还必须推动全国文化中心与全国政治中心、国际交往中心、科技创新中心的有机融合，履行好新时期首都职责。

这是"十三五"时期北京建设全国文化中心的行动纲领。

在一系列中央精神指引下，在市委宣传部指导下，我们编写了这套丛书。分别从六个方面研究并论述了北京建设全国文化中心的现实状况、实现路径和未来方向：

北京作为全国文化中心城市，首先要建成中国乃至世界的文化精品创作与研发中心。要破除我国目前在文艺创作中出现的有高原无高峰的现状，通过净化文化精品育成的环境，完善创作机制，健全传播与接受机制建设，创作出具有时代特征并能得到人们普遍认可的既有"思想性""艺术性"，同时又具有"观赏性""消费性"的作品。伟大的时代需要与其相称的伟大艺术精品和引领伟大时代艺术的文化艺术大师；北京建设文化精品中心，就要充分挖掘和利用北京独一无二的深厚文化资源和人才资源，在传承优秀民族文化经典和吸收国外先进文化的基础上，排除干扰，聚精会神，目不旁骛，潜心打磨，必将产生一批有世界影响力的文化大家和文化经典，实现文艺创作和艺术教育从高原到高峰的飞跃。

北京建设文化创意培育中心，旨在通过文化创意培育有效提升北京的文化凝聚力、文化生产力和文化创造力，为北京的文化中心建设提供软实力支撑。作为全国文化创意培育中心，文化创意是城市可持续发展的"推进器"。创意北京建设的着力点，在于通过创新教育模式、创意权益的保护、城市空间的合理规划、创意氛围和社会环境的营造、城市创意指数的构建、优势行业的培育与发展等，把文化创意培育中心建设融入到北京城市转型发展和创新驱动战略之中，全面提升北京文化创意产业的质量和效益。

北京建设文化人才集聚教育中心，充分体现出人才对城市发展的重要性。在城市大竞争的时代，人才尤其是文化创意人才，作为城市发展最主要推动力的作用正日益展现出来。在某种意义说，全球高端城市的竞争从根本上说是人才的竞争。北京建设高水平的文化人才集聚教育中心，是要在当代文化、科技与经济高度融合发展的时代背景中，通过建立国际化的高端人才吸引机制、健全现代化的文化人才激励机制、打造系统化的文化人才管理机制、完善全方位的文化人才保障机制等一系列举措，为城市建设培育、吸引优质的复合型的文化创意人才，为提升城市发展水平和品质提供智力支撑。

北京建设文化信息传播中心，承载着服务首都、辐射全国的双重使命。从全球传播格局来看，北京声音在一定意义上代表着中国声音，大力发展北京文化信息传播，在国际传播格局中赢得一席之地，是新形势对北京

的更高要求。加强文化信息传播中心建设，发展文化信息传播产业，既符合北京城市功能地位，又能与国家文化软实力建设中发挥全国示范作用的要求相适应。在"互联网+"引领我国文化领域大发展的新时代，北京大力发展文化信息传播，应秉持"大传播"理念，强化互联网思维，努力探索在传统媒体与新媒体融合语境下如何提升主流媒体传播影响力与公信力的途径，加快推动传统媒体和新兴媒体深度融合的探索与实践，提升北京在全国乃至世界文化信息传播格局中的公信力、号召力。

北京建设文化要素配置中心，旨在厘清全国文化中心城市的核心文化要素，并对其进行合理配置。城市文化要素拥有多样化的分类和属性，从时间属性来说包括历史文化与现代文化两大类，从功能属性来说包括首都文化服务功能和地域特色文化功能，从性质属性来说包括公共文化和文化产业，从形态属性来说包括精神文化和物质文化，从产业属性来说包括生产文化和消费文化。可以说，历史文化、公共文化、文化产业、文化消费以及城市所展露出的文化精神，构成了北京作为文化要素配置中心的核心支撑。同时，如何合理配置这些复杂多样的要素，使其多样共生，相融相谐，是北京面临的重大考验。北京建设具有世界影响力的文化中心城市，就是要在各文化要素配置中充分发挥北京作为中心城市和首都城市的影响力、辐射力，从而在中华民族文化复兴的伟大新时代，创构世界文明的全新经典。

北京建设文化交流展示中心，就是要面对国际国内两个市场，两个空间，树立起文化中国、文化北京的国际形象和世界城市的新品牌。北京建设文化交流展示中心，得益于北京所具有的丰富的历史文化资源，使得北京城市本身具有去向世界各国展示中华文化的特有魅力,切实有效地提升中国文化的国际影响力。文化贸易与交流展示平台是交流展示中心建设的两大支撑。其中,文化贸易是交流展示中心建设的硬实力,它以文化与经济相结合的方式,有助于北京在世界文化格局中营造话语权;而交流展示平台则是发展的软实力,讲好中国故事,展示中国精神,发掘中华智慧,滋养世界文明。这一切,都必须在全球各个国家、各个民族、不同地域之间通过展示、对话、交流、沟通来解决,最终实现双赢、共赢的共同目标。

推进北京全国文化中心建设,以文化精品创作中心、文化创意培育中心、文化人才集聚教育中心、文化信息传播中心、文化要素配置中心、文化交流展示中心为着力点,深化文化体制机制改革与创新,充分挖掘历史文化资源,完善公共文化服务体系,加强文化产业的设计和决策,灵活处理文化市场和政府指导的关系,是提升北京作为全国乃至世界文化中心影响力的必由之路。同时,我们也应当看到,文化中心建设是一个内涵和外延都较为复杂的概念,涉及文化创作、文化创意、文化人才、信息传播、要素配置和文化交流等多个层面,而且伴随着文化与科技、经济等领域的融合趋势进一步增强,建设全国文化中心不仅仅单纯是文化本身的任务,更是一个涉及多个领域的系统性工程。作为六本书的总纲,我们又编写了《北京建设国家文化中心研究(总报告)》一书,以总领并介绍各分册的内容,更利于读者阅读。

习近平同志曾指出,文化的力量,或者我们称之为构成综合竞争力的文化软实力,总是"润物细无声"地融入经济力量、政治力量、社会力量之中,成为经济发展的"助推器"、政治文明的"导航灯"、社会和谐的"粘合剂"。而应对当前我国发展面临的一系列矛盾和

挑战，关键则在于全面深化改革。必须从纷繁复杂的事物表象中把准改革脉搏，把握全面深化改革的内在规律，特别是要把握全面深化改革的重大关系，处理好解放思想和实事求是的关系、整体推进和重点突破的关系、顶层设计和摸着石头过河的关系、胆子要大和步子要稳的关系、改革发展稳定的关系。这从方法论上给了我们一把辩证法的钥匙。

欣逢伟大变革的新时代，承载着中华民族复兴的历史使命，我们信心百倍，激情满怀：我们的中国梦一定要实现，我们的中国梦一定能够实现。

# 目录

跨向世界创意高地

# 摘要

本书以对习近平总书记的文化思想解读为背景，紧紧围绕创意、文化创意以及如何进行创意培育展开思考，关乎文化创意培育的路径、要素和区位要求和城市公共基础条件，以及某些创意行业的特殊性指向，紧紧围绕创意的成果转化及其产业发展，并结合北京市的城市转型和文化建设实际进行深入研究。指出北京要以创意驱动实现产业升级和城市转型，本书第二章运用SWOT模型对北京市建设"创意北京"的优势与挑战作了较为细致的分析。

强调"创意北京"建设一定要按照党的十八届三中全会提出的要求，以及习近平总书记的系列重要讲话精神，坚持发挥政府作用和充分尊重市场在资源配置中的决定性作用的统一，针对"创意北京"建设中的问题，尤其是过于依赖行政主导配置资源的实际，指出要强化市场导向及其市场机制的发挥，在集聚发展中提高北京的文化创意能力和水平。

在整个论述过程中，本书从横向的国内、国际两个视角的比较分析中，探讨"创意北京"建设的诸种可能性及其现实支撑，分析其差距和优势以及建设的重点和难点；同时，在纵向的产业链完善和体制机制创新的分析中，以文化创意培育为核心从文化生产、传播、消费的文化创意产业循环，来探讨"创意北京"建设的内容和内涵，及其融入城市转型发展和国民经济大循环中的内在吁求。同时，从中央和各部委政策、北京市及各区县政策三个政策主体，具体分析其在推动"创意北京"建设中的效果，进一步分析了政策实施中反馈的问题。最后从三个层面：强化"中心"意识和战略思维；健全

创意培育的政策体制；完善创意培育的支撑机制，提出对策性建议，并提出"创意北京"建设的评估指标体系。本课题提出"创意北京"建设的目标是打造具有理想感召的人文关怀和经济支撑的现实关怀的全球"创意之都"，积极推动北京成为创意城市，加入全球创意城市联盟。

# 绪　论
## 习近平总书记的文化思想意蕴与
## "创意北京"的内涵

历史文化是城市的灵魂，要像爱惜自己的生命一样保护好城市历史文化遗产。北京是世界著名古都，丰富的历史文化遗产是一张金名片，传承保护好这份宝贵的历史文化遗产是首都的职责，要本着对历史负责、对人民负责的精神，传承历史文脉，处理好城市改造开发和历史文化遗产保护利用的关系，切实做到在保护中发展、在发展中保护。

——2014年2月25日习近平在北京市考察工作时的讲话

## 习近平的文化思想意蕴

随着文化的地位和作用的全球凸显，文化日益走入国家政策和发展战略的中心，也日益成为城市发展转型的重要推动力和引擎。就党的文化自觉和文化发展的国家布局而言，习近平总书记的文化战略思想，即弘扬社会主义核心价值观，提升国家文化软实力，建设社会主义文化强国，是当前和今后一个时期国家发展和文化建设的指导思想。可以说，习近平文化思想具有高远的文化理想、深远的文化情怀、平远的文化视野。

当今时代，战略已成为一个国家发展中最具决定意义的主题词。处于伟大历史复兴进程拐点的中国就处在这样一个战略时代，这是一个全球化语境中文化思潮空前激荡的时代，也是国家软实力竞争不断加剧的时代。随着文化的地位和作用的全球凸显，文化日益走入国家政策和发展战略的中心。国际上，文化领域的扩张和反扩张、渗透和反渗透的博弈成为国际政治经济竞争的焦点之一，对文化资源和话语权的争夺成为全球性资源配置的重要内容，越来越多的文化产品进入全球市场，越来越多的区域文化经济融入现代世界市场体系。各种文化力量之间的博弈空前激烈。习近平总书记在系列重要讲话中，频频提及"中华优秀传统文化是中华民族的突出优势，是我们最深厚的文化软实力"，"培育和弘扬社会主义核心价值观必须立足中华优秀传统文化"等，在"创意北京"建设中也离不开传统文化的底蕴和底色。随着施政目标的全面推进，习近平的文化战略思想凸显，即弘扬社会主义核心价值观，提升国家文化软实力，建设社会主义文化强国，这是当前和今后一个时期国家发展和文化建设的指导思想。

高远的文化理想。习近平总书记的文化思想以"中国梦"的话语表述获得最广大人民的认同，作为最有精神感召力的文化符号凝聚了社会转型期的民心。

习近平的文化思想是对中国共产党光辉思想的传承和弘扬，体现了我党对文化本质的深刻认知与文化自觉，具有高远的文化理想，是对马克思主义指导思想的高度肯定，是我们面对纷纭复杂形势的定力之本，是马克思主义中国化的最新成果。弘扬马克思主义文化理想和信仰，不仅管当前，更要管长远。一个伟大国家和民族的发展不能缺失理想，没有文化的积极引领，没有人民精神世界的极大丰富，没有全民族精神力量的充分发挥，一个国家、一个民族不可能屹立于世界民族之林。

以习近平为总书记的新一届中央领导集体上任伊始就提出了具有伟大精神感召力的"中国梦"，它以民族的伟大复兴和寻常百姓共享人生出彩的机会为核心，激发了所有中华儿女的共同追求，凝聚了国家、民族、人民、个人的共同理想，体现了中国共产党人以寻常百姓之心为心，把党的文化理想和精神追求播撒在中华民族的心坎上，自觉担负起中华民族最深沉的精神追求的使命。"中国梦"的价值感召不单是着眼于国家发展的现实利益，更是一次价值上的逾越，被提升到国家治理的文化"价值高度"，成为国家治理体系和治理能力现代化的重要组成部分。习近平的文化思想以"中国梦"的话语表述获得最广大人民的认同，作为最有精神感召力的文化符号凝聚了社会转型期的民心，其思想是接地气的，切近人民大众心理，体现大众喜怒哀乐，以最朴素的民间语言和老祖宗的语言表达出来，最温暖人心。

　　习近平的文化思想不是突兀的，是我党对文化本质认知和文化自觉的体现。改革开放以来，从十二大到十四大的十五年间，历次党代会反复重申社会主义精神文明建设的重要意义，将文化建设视作精神文明建设的一个重要方面来抓。十四届六中全会提出，积极发展社会主义文化事业，满足人民群众日益增长的精神文化需求；积极培育和完善文化市场，一手抓繁荣，一手抓管理；深化文化体制改革，增强文化事业的活力。文化开始以独立的形态进入党的工作视野。十五大则明确提出，文化是综合国力的重要标志，文化的地位开始凸显。十六大不仅提出了"三个代表"的重要思想，还确立了小康社会的文化发展目标，阐明了"文化建设和文化体制改革"的具体任务，明确区分了文化事业和文化产业。十七大首次做出了"提高国家文化软实力"的战略部署，表明中央开始从战略高度深刻认识文化的重要作用。十七届六中全会提出培养高度的文化自觉和文化自信，提高全民族文明素质，增强国家文化软实力，弘

跨向世界创意高地

扬中华文化，努力建设社会主义文化强国。十八大提出扎实推进社会主义文化强国建设，十八届三中全会提出坚持以人民为中心的工作导向，坚持把社会效益放在首位、社会效益和经济效益相统一，以激发全民族创造活力为中心环节，进一步深化文化体制改革的新要求。从党的文化自觉，可充分感觉对文化的理解越来越全面、越来越深刻。

在习近平的文化思想中，文化建设被置于"五位一体"的现代化事业总体布局中，提到"文化立国"的战略高度，文化不仅是推动社会发展的重要手段，更是社会文明进步的重要目标，文化上升到引领文明进步的高度。文化发展旨在激发全民族的文化活力、文化创造力和想象力，焕发全民族的文化激情，文化建设需要各领域、各民族和每个人的广泛参与，以全民族文化素质和文化意识的提升释放实现伟大复兴的正能量，这样的文化观才能支撑建设文化强国的重任！

面对世界格局的多变、多元价值观冲击、转型的阵痛，唯有唤起国人的文化自信，才会有道路自信、制度自信，才会有对最大公约数——社会主义核心价值观的培育和践行。社会主义核心价值观必须扎根深厚的文化土壤，才能获得民族文化强有力的润泽，才会有搏动的心去真诚践履，否则，社会主义核心价值观就会成为无源之水、无本之木，就会沦为话语的自我复制和自说自话的空洞表演。失去真诚的信仰追求，国家的文化软实力就无从谈起。正如新编历史话剧《吴王金戈越王剑》所揭示的历史经验，国家的复兴不能失去精神支撑和理想感召，精神理想要接地气。文化的生命力就在于接地气，以梦想和信仰来照亮大众的生活。提出中国梦，就是为了克服精神懈怠，为一些精神迷失的人提供精神支柱，为人民点燃梦想。因此，习总书记指出中国梦的宣传和阐释，要与当代中国价值观念紧密结合起来，弘扬社会主义先进文化，深化文化体制改革，推动社会主义文化大发展大繁荣，不断丰富人民精神世界、增强人民精神力量，不断增强文化整体实力和竞争力，朝着建设社会主义文化强国的目标不断前进。

　　这种战略意识，源自我党对世情、国情的深刻把握。放眼全球，当今世界正走向一个全球化、信息化的时代，国际体系中新的权力和利益分配格局正在形成。在新的全球战略格局重组中，文化的力量在综合国力竞争中日益凸显，世界各国尤其是发达国家的政要对文化的软实力日益倚重。提升国家文化软实力，建设社会主义文化强国的战略目标，指向的正是中国如何在文化转型的时代取得文化发展的自主地位，如何在新的世界格局重构中确立自己的位置这样一个时代的命题。从国内看，经过30多年改革开放和高速发展，今日中国已站在近代170多年来的历史最高点，走到了一个通向大国复兴和崛起的历史关节点上。"文化强国"战略目标的提出，意味着文化的发展、人的发展已经为"发展"做出了新的定义。发展不单是经济的发展，文化的发展是发展的最高阶段。这是一种新的发展观，也是一种新的文化观，其本质是以人为本。正如习总书记在《之江新语》中所讲：文化即"人化"，文化事业即养人心智、育人情操的事业。人，本质上是文化的人而不是"物化"的人；是能动的、全面的人，而不是僵化的、"单向度"的人。人类不仅追求物质条件、经济指标，还要追求"幸福指数"；不仅追求自然生态的和谐，还要追求"精神生态"的和谐；不仅追求效率和公平，还要追求人际关系的和谐与精神升华的充实，追求生命的意义。

　　深远的文化情怀。习近平总书记的文化思想不是空中楼阁，而是深深扎根于中华民族文化的深厚沃土中。

　　文化作为国家综合国力的重要标志，不仅走向历史的前台，还越来越进入国家政策的中心，文化成为国家发展战略的重要组成部分，在新一届中央领导集体施政目标中，文化已成为"五位一体"

科学发展的支撑点和价值之源。文化力的凸显不仅表现在自身作为经济社会发展的动力和引擎，还表现在增强国家认同感的凝聚力与核心价值观建构的支撑上。习近平的文化思想不是空中楼阁，而是深深扎根于中华民族文化的深厚沃土中，具有深远的文化情怀。优秀传统文化凝聚着中华民族自强不息的精神追求和历久弥新的精神财富，是发展社会主义先进文化的深厚基础，是建设中华民族共有精神家园的重要支撑。习总书记在同各界优秀青年代表座谈时，指出：一个没有精神力量的民族难以自立自强，一项没有文化支撑的事业难以持续长久。在山东曲阜考察时，习总书记进一步强调：一个国家、一个民族的强盛，总是以文化兴盛为支撑的，中华民族的伟大复兴要以弘扬中国优秀传统文化为前提，这是由中国的遗传基因决定的。

文化自信使我们勇于亮出中国特色社会主义旗帜，所谓中国特色主要源自独特的文化传统，独特的历史命运，独特的国情。每个国家和民族的历史传统、文化积淀、基本国情不同，其发展道路必然有自己的特色。习总书记指出，中华民族在5000多年的文明发展进程中创造了博大精深的中华文化，中华文化积淀着中华民族最深沉的精神追求，包含着中华民族最根本的基因，代表着中华民族独特的精神标识，是中华民族生生不息、发展壮大的丰厚滋养；中华优秀传统文化是中华民族的突出优势，是中华民族自强不息、团结奋进的重要精神支撑，是我们最深厚的文化软实力；中国特色社会主义植根于中华文化沃土、反映中国人民意愿、适应中国和时代发展进步要求，有着深厚历史渊源和广泛现实基础，中华民族创造了源远流长的中华文化，中华民族也一定能够创造出中华文化新的辉煌。总书记的论述，阐明了我们从哪里来，要向哪里去。中国特色社会主义成功的奥秘就在其道路、理论体系、制度，在其实现途径、行动指南、根本保障的内在联系，以及这三者统一于中国特色社会主义伟大实践。历史就是历史，历史不能任意选择，一个民族的历史是一个民族安身立命的基础。不论发生过什么波折和曲折，不论出现过什么苦难和困难，中华民族5000多年的文明史，中国人民近代以来170多年的斗争史，中国共产党90多年的奋斗史，中华人民共和国60多年的发展史，都是人民书写的历史。中华文化深厚的底蕴、中华民族独特的文明遗产、精神记忆和文化心理结构，是构成我们"三个自信"的基础。

提高国家文化软实力，必须夯实文化的根基。这个根基是坚持走中国特色社会主义文化发展道路，弘扬中华优秀传统文化。在去粗取精、去伪存真的基础上，坚持古为今用、推陈出新，实现中华文化的创造性转化、创新性发展，习总书记指出，要使中华民族最基本的文化基因与当代文化相适应、与现代社会相协调，以人们喜闻乐见、具有广泛参与性的方式推广开来，把跨越时空、超越国度、富有永恒魅力、具有当代价值的文化精神弘扬起来，把继承传统优秀文化又弘扬时代精神、立足本国又面向世界的当代中国文化创新成果传播出去。系统梳理传统文化资源，让收藏在禁宫里的文物、陈列在广阔大地上的遗产、书写在古籍里的文字都活起来。把文化资源通过文化产业创造出适合时代特点的文化精品，通过公共文化服务体系的均等化，广泛传播社会主义文化，弘扬社会主义核心价值观。

平远的文化视野。习近平总书记的文化思想是开放的，海纳百川，体现了对人类共同价值的追求。

习近平的文化思想不仅契合了世界文化发展潮流，其以人为本的执政理念和促进人的自由全面发展的理想感召，还作为一种现代文化价值观，为中国的现代化事业和民族伟大复兴奠定精神基础。其文化思想是开放的，海纳百川，有着平远的文化视野，它扎根于中华民族探索现代化的实践和借鉴西方优秀文化成果及其现代性立

场上，体现了对人类共同价值的追求。

和而不同是中国的文化精神，也是建构和谐世界的基础。习总书记指出，当今世界，人类生活在不同文化、种族、肤色、宗教和不同社会制度所组成的世界里，各国人民形成了你中有我、我中有你的命运共同体。世界上有200多个国家和地区，2500多个民族以及多种宗教。如果只有一种生活方式，只有一种语言，只有一种音乐，只有一种服饰，是不可想象的。对待不同文明，需要比天空更宽阔的胸怀。这是一种境界，更是人类应该追求的目标。文化在本质上不是冲突的，而是宽容和共享的。应推动不同文明相互尊重、和谐共处，让文明交流互鉴成为增进各国人民友谊的桥梁、推动人类社会进步的动力、维护世界和平的纽带。人类共处一个地球村，要用欣赏、包容的态度来看待世界上的不同文明，从中寻求智慧、汲取营养，为人们提供精神支撑和心灵慰藉，携手解决人类共同面临的各种挑战。文化说到底是人类应对挑战的产物，经过创造性转化和创新性发展的中华文明，将同世界各国丰富多彩的文明一道，为人类提供正确的精神指引和强大的精神动力。一个开放的中国，正与全球共享自身发展机遇，让世界对中国的发展充满期待。

中国共产党一贯强调对古今中外人类文明一切优秀成果，采取批判继承、综合创新的态度。毛泽东早在20世纪40年代就提出"古今中外法"，认为这是对待文化问题的一种"全面的历史的方法"。习总书记说，"中华民族是兼容并蓄、海纳百川的民族。我们在实现中国梦的道路上勇于探索、不断前行。"面对世界一些国家对中国存在的偏见，要保持自身文化的自信、耐力、定力。因为文化底蕴的力量，习总书记说，"独立自主，是中华民族和法兰西民族的共有禀赋"，"中华民族和德意志民族是两个伟大民族，为人类文明进步作出了重大贡献"。其欧洲之行展示了中华民族的文化风采，张扬了"中国风"，让全世界了解中国道路、中国立场、中国机遇和中国精神。启示全世界，看待中国的视角，要跟得上中国的发展变化，当今中国正努力成为传统底蕴和先进理念兼备的现代国家。所谓"文化强国"旨在培育一种汲取中国传统优秀文化、吸收世界文明成果、反映时代发展和中国实践要求、被广大人民群众认同的共同价值观。对此，中国已做好准备，用更加开放、更加包容的姿态，展示发展的勇气和智慧。

## "创意北京"建设的内涵与目标

文化是民族的血脉，是人民的精神家园，是城市发展进步的灵魂。随着文化的地位和作用的日益凸显，城市化进程的加快和大都市的功能转型，以及全球化语境下国家之间的竞争越来越以中心城市的博弈来显现，党中央高度重视首都文化建设，对首都的文化改革发展做出了一系列指示，提出了发挥首都全国文化中心示范作用、建设具有世界影响力的文化中心城市的要求。明确了首都北京的发展目标：到2020年，把首都北京建设成为在国内发挥示范带动作用、在国际上具有重大影响力的著名文化中心城市，成为全国乃至全球文化创意高地，发挥好首都文化中心的表率引领作用、辐射带动作用、提升驱动作用、桥梁纽带作用、荟萃集聚作用。中共北京市委也提出了《关于发挥文化中心作用加快建设中国特色社会主义先进文化之都的意见》，如何落实中央的指示和北京市委市政府的要求以及全市人民的期待，需要我们在深刻领会的基础上加强研究，本书主要着力在"创意北京"建设上作出阐述。

习近平总书记在2014年的北京调研考察的讲话中，再次明确了北京作为文化中心的城市发展战略定位，北京作为全国文化中心，要更有效地发挥辐射带动和示范效应。作为文化中心标志之一的"创意北京"，要充分抓住首都经济圈一体化发展的机遇，在京津冀

跨向世界创意高地

一体化发展的产业对接中，发挥创意在理顺三地产业链延伸、拓展中的驱动、弥合、渗透作用，优化经济结构、提升产业升级、促进经济社会转型。以创意为驱动要素形成区域间产业合理布局和上下游联动机制，推动各要素按照市场规律在区域内自由流动和优化配置。一定意义上，区域经济结构调整、城市创新驱动，与文化创意培育是相互促进的互动关系。一方面，文化创意及其成果的产业化发展有利于促进城市产业结构优化升级；另一方面，城市产业结构升级召唤并为文化创意培育提供支撑。

转变发展方式、提升发展质量，增进民生幸福、促进社会和谐，文化不仅是重要的内容、衡量的指标，更是强大的动力和支撑。"创意北京"建设一定要按照党的十八届三中全会提出的要求和习近平总书记的指示，坚持做到发挥政府作用和充分尊重市场在资源配置中的决定性作用的统一，针对文化创意培育中心建设中的问题，尤其是针对北京过于依赖行政主导配置资源的实际，要强化市场的导向功能。"创意北京"建设离不开三个支撑体系的完善：一是建构现代公共文化服务体系，一是建立健全现代文化市场体系，一是建构现代文化产业体系，并创新管理体制和市场运行机制，在整个文化及相关产业发展中要体现创意的力量和水平。

围绕文化创意培育，创意人才、创意活动、文化创意产业是层层递进拓展的关系，通过融入国民经济其他部门，带动国民经济其他部门的产出和就业的增长。创意是人的智力成果，创意是对文化和知识生产方式的创新，是城市经济发展的驱动力；创意人才是创意经济的核心要素，是创意活动的主体；创意活动是创意的有形化过程，也是创意与产品或服务有机结合的过程，其结果是创意产品；创意产品经由产业链延伸和空间集聚形成创意产业，最终形成创意经济，它既创造经济价值又激发城市活力，因其代表先进生产力和具有高附加值，文化创意产业成为城市发展的核心竞争力。城市是文化创意培育的主要空间载体，创意经济与城市发展转型具有阶段上的耦合性，它是后工业社会或者消费社会的一种主要经济形态。"创意北京"建设要具有"创意思维"，要清楚城市的创意不仅仅是某街某区的创意产业发展，亦非简单的创意叠加，而是要形成一种整体的创意氛围及其市场环境，尤其要营造城市整体的创意空间与环境，通过艺术把创意美学浸透于城市的大街小巷中，使各类创意活动能够形成联动力。创意中心建设要重在吸引社会力量、公众和创意人才的参与，只有发挥当地民众文化认同的力量，才能推动城市创意社区空间的营造。文化创意可以改变生活、改变人生甚至改变社会文化，而这一点又是与人的文化性、精神性密切相关，因为人的文化性、精神性本身就要求着他不断去追求新的、美的、善的生活方式和存在方式。"文化经济"的本质在于文化与经济的融合发展，说到底要突出一个"人"字。在推进"文化经济"的发展中，要始终坚持以人为本，充分体现科学发展观的要求。遗憾的是，我们既在人化的层面落后，表现为缺少精品及其经典化文化作品；也在产业化运作层面落后，表现为产业实力和竞争力不强，辐射力和影响力有限。这一切都有待于文化创意能力和水平的提高。正如习近平总书记在《之江新语》中所讲：文化即"人化"，文化事业即养人心智、育人情操的事业。人，本质上就是文化的人而不是"物化"的人；是能动的、全面的人，而不是僵化的、"单向度"的人。人类不仅追求物质条件、经济指标，还要追求"幸福指数"；不仅追求自然生态的和谐，还要追求"精神生态"的和谐；不仅追求效率和公平，还要追求人际关系的和谐与精神升华的充实，追求生命的意义。这恰恰是"创意之都"的本质性定位。

"创意北京"建设旨在通过文化创意培育有效提升北京的文化凝聚力、文化生产力和文化创造力，为北京的文化中心建设提供软

跨向世界创意高地

实力支撑。作为全国文化创意培育中心，创意北京成为城市可持续发展的"推进器"。创意北京建设的着力点：创新教育模式，注重对创意权益的保护，科学规划城市空间，营造创意氛围和社会环境，研究城市创意指数，发展优势行业；把文化创意培育中心建设融入北京城市转型发展和创新驱动战略，提高北京文化创意产业的质量和效益。推动北京成为全球"创意之都"，加入全球创意城市联盟。

# 第一章
# 从文化到文化创意培育

21世纪以来，随着文化的地位和作用的全球凸显，文化发展被提升到国家发展的战略高度，党的十七届六中全会，中央适时提出社会主义"文化强国战略"。党的十八大之后，习近平总书记发表了一系列讲话，提出了许多新观点新思想新论断，赋予文化建设新的使命、新的要求。十八届三中全会在全面深化改革中提出了以人民为中心的工作导向、以激发全民族文化创造活力为中心环节推进文化体制机制创新的要求。党中央的文化自觉和对文化发展的高度重视，使文化建设面临前所未有的机遇，文化创意在文化发展、经济发展、社会建设、生态文明等各领域的作用空前凸显。尤其在转变经济发展方式和丰富人民群众精神文化消费需求，改善文化民生与提升人们的幸福指数方面，被赋予了极高的期望。

## 第一节 文化和文化创意

文化是民族的血脉，是人民的精神家园，是城市发展进步的灵魂。文化不仅是"五位一体"的现代化事业总布局中的重要"一元"，文化创意还在转变经济社会发展方式、提升发展质量，增进民生幸福、促进社会和谐等等现代化事业建设中，成为强大的驱动

力和重要支撑点。现实中，我国尤其是首都北京，不缺文化资源、不缺技术、不缺硬件，更不缺资金和人才，可为什么没有形成具有世界影响力的全球"创意之都"？没有让世界为之瞩目的文化品牌？在世界最具影响力的前百名文化品牌中，只有中央电视台一家入选。我们有中国功夫、有熊猫，却为什么创造不出一个在中国市场上（遑论国际市场）上赚得6亿多元人民币的《功夫熊猫》？其中的主要原因是我们的文化创意能力不强、文化创新不够。所以，文化创意培育中心建设要着力理念创新、管理体制创新、支撑机制创新，而且要有创新模式驱动，更要完善激励机制，通过加大资金投入和政策扶持，提高文化创意能力和水平。

## 一、何谓文化？

随着文化的地位和作用的全球凸显，文化从幕后走向前台，文化发展战略日益融入到国家战略。党的十八大报告指出："扎实推进社会主义文化强国建设"。具体说到文化的概念，可能人们对文化有各种各样的理解，它既可以指日常生活中消费层面微观的文化产品（如图书、报刊、影视剧等），也可以指中观层面某一个行业或领域的文化（如校园文化、企业文化、军营文化、城市文化等），还可以从宏观层面更普遍的"精神文明"（文化价值观）视角，如与政治、经济、社会、生态文明并列的层面即"五位一体"的高度上来理解文化。因此，文化建设不是单个人的事情，也不是某个行业或某个领域的事情，而是全社会全民族的事情。可以说，文化强国战略是一个国家、一个民族的发展战略。从一般意义上说，文化是人类群体或社会的共有产物和共享的成果，是代代相传的人们的整体生活方式，其核心是价值观。所谓价值观是一个社会中人们所共同持有的关于如何区分对与错、好与坏、符合意愿或违背意愿的观念，是决定社会的目标和理想的最普遍、抽象的观念(善恶是非的判断）。这就是通常所说的文化可以为人类安心、为社会立魂。因此，从普遍意义上讲，文化被视为一个民族的精神记忆、灵魂和血脉，是一个民族区别于其他民族的遗传密码，也是该民族自我确认、自我阐释、自我表达的符号系统，它表征着该民族共有的归属感、认同感和凝聚力。今天在全球化语境下，随着交流、交往的频繁，我们和其他很多国家中的人群的生活方式表面上越来越相似，出门坐汽车、乘地铁，住高楼、用电脑、打手机，甚至可以自由地去其他国家旅行、学习、居住，那么怎么来定义我是"中国人"呢？那就是文化——中华民族文化（如春节的习俗——回家、包饺子、放鞭炮——背后的情感认同和价值认同）！文化是最根本意义上的自我身份认同。人以群居，从一个部落形成一个社会，文化是其中的重要纽带，它规定和规范着我们如何去表达（说法）和去生活（活法）。通常而言，文化不仅有内在的非对待性的虚灵的人文价值向度，更有外在的可量化的产业维度和经济维度等外向度价值，文化具有多重属性和多维功能。作为一套表意系统，文化是特定历史时期和特定地域的人们的一套说法和活法的统一（整体的生活方式），不能机械地割裂、照搬或复制，它必须活在人的日常生活中。作为内外向度的统一，文化的内向度指向价值观，即内在的感召力；外向度指向文化产业竞争力，即强势文化产品的市场占有率。

此外，对文化的理解还要回到文化自身的系统生成及其结构中。学者姚文放认为，从自然与文化的关系看，文化被理解为由自然塑造出来的人反过来塑造自然和自我塑造的过程、方式和结果——这就是"人化"；从文化与人性的关系看，文化是人类探索和建构自身本质的过程，是人类进化的特有方式和动力机制——这就是"教化"；其实，从文化与发展的关系看，文化不但是发展的关键词，还是发展的最高目的，是指人对生活境界的价值诉求，祈

向人生真善美合一的境界——这就是"美化"。因此，"文化"由三个层次构成：文化即人化，文化即教化，文化即美化。这三个层次的精神实质在于对天人合一、身心合一、美善合一这三种境界的文化追求，顺天应人并使人达到天人合一的境界谓之"人化"，向着文明的发展方向提升达到身心合一的境界谓之"教化"，陶冶人心并使人达到美善合一的境界谓之"美化"。因此，建构社会核心价值体系，就是为了安顿人心、教化抚慰人心、缓解人的精神焦虑。从"人化"—"教化"—"美化"的追求来看，其中蕴含着一以贯之的价值——文明程度的递进，而文化的创意创新支撑着文明的进步。

丰厚的文化积淀是培育创意的基础。什么是我们的文化积淀呢？习近平总书记指出：在5000多年文明发展进程中，中华民族创造了博大精深的灿烂文化，要使中华民族最基本的文化基因与当代文化相适应、与现代社会相协调，以人们喜闻乐见、具有广泛参与性的方式推广开来，把跨越时空、超越国度、富有永恒魅力、具有当代价值的文化精神弘扬起来，把继承传统优秀文化又弘扬时代精神、立足本国又面向世界的当代中国文化创新成果传播出去。要系统梳理传统文化资源，让收藏在禁宫里的文物、陈列在广阔大地上的遗产、书写在古籍里的文字都活起来。如何使这些厚重的文化资源活起来，离不开文化创意。作为全国文化中心，北京市要弘扬中华优秀传统文化、荟萃民族文化精华，努力打造中国特色社会主义先进文化之都，尤其要在保护古都风貌上有新的认识。妥善处理古都保护和现代化建设的关系，一方面不断融入现代元素，使城市设施更加符合现代生活的要求；另一方面保护和弘扬优秀传统文化，延续文脉，承载乡愁。同时在城市转型发展中，要处理好保护古都风貌与改善居民生活条件的关系，让广大市民能够找到记忆中的老北京。

## 二、提出北京建设全国文化中心的新要求体现了党的文化自觉

改革开放以来的文化建设实践表明，党中央历次党代会对文化的功能和地位的认识不断深化，文化发展战略不断丰富和成熟。在中央的文化自觉中，可以充分感觉到党对文化的理解越来越全面、越来越深刻。文化不仅是推动社会发展的重要手段，更是社会文明进步的重要目标。这种文化认知不但把文化建设置于"五位一体"的现代化事业总体布局中，提到"文化立国"的战略高度，更是把文化发展上升到引领文明进步的世界高度。这表明中央不单纯认为文化是一种工具性手段、一种支撑力量，不仅要在转变经济发展方式中发挥引擎功能，成为国民经济支柱性产业，而且它自身就是发展的目的。文化产业作为文化经济化和经济文化化的融合，是拉动经济发展的新引擎，经济社会发展的新的驱动力，它使经济发展有了文化的品格和追求，在追求经济利益时，也传播了社会主流价值与道德情怀。没有文化的积极引领，没有人民精神世界的极大丰富，没有全民族精神力量的充分发挥，一个国家、一个民族不可能屹立于世界民族之林。一个民族，只有文化体现出比物质和资本更强大的力量，才能造就更大的文明进步；一个国家，只有经济发展体现出文化的品格，才能进入更高的发展阶段。这契合了世界性的经济文化化、文化经济化、经济政治文化一体化的发展态势，以及随着产业越来越下游化、人的需求越来越上游化的发展趋势。而贯穿其中的一个重要思想支点就是对文化创意价值的充分肯定，对文化创意作用的高度倚重。

"文化强国战略"目标的提出源自中国共产党对世情、国情的深刻把握。放眼全球，当今世界正走向一个全球化、信息化的时代，国际体系中新的权力和利益分配格局正在形成。在新的全球战略格局重组中，文化的力量在综合国力竞争中日益凸显，世界各国尤其是发达国家的政要对文化的软实力日益倚重。因而，提升国家文化软实力，建设社会主义文化强国的战略目标，指向的正是中

跨向世界创意高地

国如何在文化转型的时代取得文化发展的自主地位，如何在新的世界格局重构中确立自己的位置这样一个时代的命题。从国内看，经过30多年的改革开放和高速发展，今日的中国已经站在了近代170多年来的历史最高点，走到了一个通向大国复兴和崛起的历史关节点上。在这个承前启后的时刻，执政党要重新思考和确立发展的目标。经济发展至关重要，发展仍是我们的第一要义，但GDP至上、缺乏文化价值和人文关怀的发展是短视的发展，是不可持续的发展。"文化强国"战略目标的提出，意味着文化的发展、人的发展已经为"发展"做出了新的定义。发展不单是经济的发展，文化是发展的关键词，文化的发展是发展的最高阶段。这是一种新的发展观，也是一种新的文化观，其本质是以人为本。从根本上说，一切领域的发展都要以人的全面自由发展为最高目标。

2010年8月，习近平同志在北京调研时指出，北京建设世界城市，要按照科学发展观的要求，立足于首都的功能定位，着眼于提高"四个服务"水平，既开放包容、善于借鉴，又发挥自身优势、突出中国特色，努力把北京打造成国际活动聚集之都、世界高端企业总部聚集之都、世界高端人才聚集之都、中国特色社会主义先进文化之都、和谐宜居之都，充分体现人文北京、科技北京、绿色北京的发展要求。2011年，中共北京市委提出发挥文化中心示范作用，加快建设中国特色社会主义先进文化之都的任务。先进文化之都建设从内涵上是建设、创新和发展中国特色的社会主义文化，在方向上是建设、创新和发展社会主义的先进文化，这充分表明了中国特色社会主义先进文化之都的文化性质、文化内涵和文化导向。2012年6月，中共北京市委第十一次党代会报告再次强调，要加快建设中国特色社会主义先进文化之都和具有世界影响力的文化中心城市。可以说，建设"具有世界影响力的文化中心城市"是一个时期内首都文化建设发展的重要概念和命题。

建设"具有世界影响力的文化中心城市",意味着北京的文化实力和文化竞争力不仅仅是北京作为一个城市的文化实力,也不仅仅是北京作为全国文化中心城市的文化实力和文化竞争力,而是北京作为国际化大都市在世界城市体系中的文化实力和文化竞争力。具有世界影响力的文化中心城市,首先是指城市本身文化的繁荣发展,城市自身的文化是否具有感召力,显现为对内的凝聚力和对外的传播力,这是一个城市能否在世界城市体系中具有实力和竞争力的基础;其次是指城市文化在城市整体发展中的功能定位,即它是否在城市发展中发挥灵魂和引领方向的作用;再次是指城市在国内城市体系中具有示范性和辐射力;最后是指城市要在可持续发展中具有竞争优势,在世界城市体系中具有持续的影响力。因此,北京提出建设具有世界影响力的文化中心城市,是在国内纵向一体化的城市体系和国际横向一体化的世界城市格局和城市体系中提出的文化发展战略目标,正是国内、国际的双重视野和纵横双向坐标为北京建设全国文化中心城市做了定位。然而,面对新形势和新期待,以及党的文化自觉,首都文化发展的质量水平与首都经济社会发展的要求,与人民群众日益增长的精神文化需求,与不断扩大的对外开放的诉求还不完全适应,建设全国文化中心的任务艰巨、责任重大,突出文化创意的支撑和引领作用迫在眉睫。

## 三、何谓文化创意？

关于创意,迄今没有一种普遍接受的定义可以涵盖这一现象的多个维度。一种简洁的说法是,创意指产生想法并把这种想法转化为有价值的事物的过程,或是指利用现有想法产生新的想法,这种想法或观念能够创造财富和价值。创意的内涵非常丰富。贺寿昌先生认为,创意是"美的或艺术的创造",从宏观看创意是文化,

从个体看创意是审美，从应用看创意是产业。[1]还有人认为："首先，创意是一种主观创新能力，创意既是思维的过程，又是思维的结果，带有明显的精神生产性质。创意不是模仿或复制，而是在现有基础上的发展和突破；其次，创意是一种资本性要素，在传统产品和服务的生产中加入创意的要素，能够使产品、服务实现价值增值；第三，创意是文化的创新或科技对文化的再创造，创意行为的一个重要特点是利用现代科技手段，对文化生产方式的创新；文化既是创意的结果，又是创意的源泉。"[2]在当下的历史语境下，创意不再作为一种元素局限于某个部门或产业门类，而是通过培育或者各种要素的集聚产生化学反应。其能量之大，可以作为一种朝阳产业，成为社会创造财富和文化生产与积累的新方式。早在1986年，著名经济学家罗默（P·Romer）就曾撰文指出，新创意会衍生出无穷的新产品、新市场和财富创造的新机会，所以新创意才是推动一国经济成长的原动力。但作为一种国家产业政策和战略的创意产业理念的明确提出者是英国创意产业特别工作小组。1997年5月，英国首相布莱尔为振兴英国经济，提议并推动成立了创意产业特别工作小组。这个小组于1998年和2001年分别两次发布研究报告，分析英国创意产业的现状并提出发展战略；文化经济理论家凯夫斯(Caves)力图描述和总结当代文化创意产业的特征。在他看来，文化创意产业中的经济活动会全面影响当代文化商品的供、求关系及产品价格。无疑，创意产业的提出建立了一条在新的全球经济、技术与文化背景下，适应新的发展格局，把握新的核心要素，建构新的产业构成的通道。另一位经济学家霍金斯在《创意经济》(The Creative Economy)一书中，把创意产业界定为其产品都在知识产权法的保护范围内的经济部门。"知识，仅仅是激发优秀的创

---

1 贺寿昌：《创意学概论》，上海人民出版社2006年版，第18—20页。
2 尹宏：《现代城市创意经济发展研究》，中国经济出版社2009年版，第5页。

意性思考的基础，它们必须被消化吸收，才能形成新的组合或者新的关系，以新鲜的方式问世，从而，才能产生出真正让人惊叹的创意。"[3]通过创意，可以为产品建立"主观性""非实质"的额外附加值，制造感性的分别。实践表明，创意经济和文化产业的核心是文化创意，文化创意的核心是创意人才，文化创意人才的数量和质量决定文化创意产业的高度。文化是创意和创新的源泉，创意是创新的开始，创新始于创意。创意有双重属性：新颖性和原创性。富有创意才能有创新，缺乏创意就缺乏创新，创意度与创新度成正比，轻视创意就等于放弃创新。而创意和创新的一切精神和实践活动都源于人类文化的积淀。创意能力就是抓住事物的关键和本质从而创造出新的作品的能力。创意的激情不是让人去体验的，它更多的是促使人行动，为了某种目标而克服困难努力前行，它是一种推动创造的正能量。创意不仅仅是策划，其本质是商业模式的创新和产业链跨界的整合。

需要指出的是，作为产业或价值创造意义上的创意虽是个人的想法和行为，但需要社会环境的激发和各种服务体系的支撑。因此它又是可以培育的。所谓文化创意就是与文化相关联的创意，是指通过理念和思维对文化资源进行创造与提升。一个城市或地区文化创意水平的高低，表征着该城市或区域经济发展的现代化程度，也是一个城市文化繁荣程度的标志。它虽非新鲜事物，却在文化产业崛起的语境下凸显出来。文化创意应当包括这样一些元素：个人的想象力、创造性、技能和才干；文化的基础；科技的支撑；知识产权的开发和运用；文字、声音或图像的表达；创造财富和就业潜力。通常，文化创意有广义和狭义之分。狭义上的"文化创意"是指一种观念性的存在，这种观念能够形成产品延伸市场和开发新的

---

3 [美] 詹姆斯·韦伯·扬：《创意的生成》，祝士伟译，中国人民大学出版社2014年版，第8页。

市场，以设计、理念，或者心理享受等来实现增值服务。在文化产业发展中，文化创意具有使用的多次性特征，越是使用得多，其价值就越高，增值速度就越快。自20世纪70、80年代以来，西方主要发达国家已完成了原有产业的转型、改造与升级，大都把文化创意作为产业结构调整的粘合剂和驱动力。1998年，英国将创意产业定义为：源于个人创造性、技能与才干，通过开发和运用知识产权，具有创造财富和就业潜力的行业。强调创意产业有别于传统产业，具体包括广告、建筑、艺术品与古董市场、工艺、设计、流行设计与时尚、电影及录像带、休闲软件与游戏、音乐、表演艺术、出版、软件及计算机服务、广播电视等行业。英国不仅通过发展创意产业提升了经济竞争力，还通过"创意英国"等活动改变了世界舞台上"衰落的老大帝国"形象。在中国，作为一种狭义上的使用，主要指国家统计标准《文化及相关产业分类（2012）》中的一个分类，即第五类："文化创意和设计服务"。具体包括4项：(1)广告服务。广告业。(2)文化软件服务。软件开发：多媒体、动漫游戏软件开发；数字内容服务：数字动漫游戏设计制作。(3)建筑设计服务。工程勘察设计：房屋建筑工程设计、室内装饰设计、风景园林工程专项设计服务。(4)专业设计服务。专业化设计服务：工业设计、时装设计、包装装潢设计、多媒体设计、动漫及衍生产品设计、饰物装饰设计、美术图案设计、展台设计、模型设计和其他专业设计等服务。这是体现文化创意含量最多最充分的产业门类，也是以文化创意为主要附加值的产业形态，是我国当前大力倡导的新兴文化产业。文化创意作为新兴文化产业的核心，具有空前强劲的活力和巨大潜力，直接催生了当前在社会生活中越来越重要的产业，如动漫游戏、互联网经济、数字设计、电子（数字）商务、网络电视、手机电影、手机音乐、手机报刊、手机阅读、手机娱乐等。同时，文化创意对于传统文化产业的改造、升级，也具有至关重要的推动作用。可以说，大力发展新兴文化创意产业，推动以数字技术、网络技术等高新技术为基础的文化产业不断变革、提升，是加快转变文化产业发展方式的重要着力点。

广义上的文化创意是指创意在文化及相关领域的实践运用及其成果。当前，文化创意契合文化时代的来临，作为经济和社会发展的驱动要素，以其先进生产力的理念突破行业壁垒，促成不同行业、不同领域的重组、提升、合作，推动第二产业的升级调整、第三产业的细分及其向价值链高端迈进，从而通过"跨界"打破第二、第三产业的原有界限，寻找提升第二产业的支点，成为融合第一、第二、第三产业的新的增长点。在以创意为驱动力的产业"跨界"融合中，推进文化创意与装备制造业、终端消费品工业、建筑业、信息业、旅游业、体育产业和农业等融合发展，旨在更好地为经济结构调整、产业转型升级服务，扩大国内消费需求，为满足人民群众日益增长的物质文化需要服务，是转变经济发展方式的主要着力点。这正是看似虚灵的文化创意的价值兑现和发挥作用的场域，也是"五位一体"的科学发展观的最佳实践。

广义的文化创意之所以受到各国政要的倚重，与文化在全球化背景下的可持续发展中的作用日益受到关注的形势有关。有报告[4]指出：创意可以被定义为在变化着的互动进程中的"创新能力"，这种创新能力不仅是个体的，而且是集体地实现的。进而，这些逐渐复杂的进程为整个社会及今天所谓的新经济创造了资源。艺术创意不再单纯被视为个别人的能力或天赋，而被视为一种集体性无形资产的贮存。它既在个体身上积蓄，也表现在相关文化创造和"创意氛围"中。创意观念和创新对于艺术和文化创造不是一次性的资源。通过中间商的活动和创造过程，它们逐渐成为集体性无形资产

4 丹尼尔·克利谢等：《〈创意欧洲〉项目的"结论和政策建议"》，吴思富译，张晓明等：《中国文化产业发展报告》（2012—2013），社会科学文献出版社2013年版。

跨向世界创意高地

贮存的一个不可缺少的部分。在版权法的框架内,它们不断被其他艺术家、文化生产或销售组织的管理者"再利用"或"再创造";长期地看,甚至被"创意公众"所普遍调用。因此,它们逐渐变成全社会的遗产,这种认知有助于将对当前活动的解释与历史连接起来,提供种种元素构建它们的认同。随着数码新技术的发展,这种无形资产贮存的重要性连同其经济价值大大增加。这一资源贮存来自促成地区与地方文化多样性的创意过程,它塑造了独特又融洽的文化氛围。在这个意义上,创意的"热点"不仅是个体创造者的产物,也是该地区与地方的文化氛围所促成与影响的产物。这份报告着眼的是广义"文化创意"在整个社会经济文化发展中的价值和意义。可见,广义的文化创意散见于全社会的各个领域,在社会和大众生活中的作用和效果日益凸显,这要求我们用一种新的观念和视野来理解文化创意,特别需要一种动态的思维来把握它。推动对"文化创意"的理解,从单纯的文化管理向文化治理的转变,不仅是文化的制度性建构,更是一种精神领域的扩张和价值提升。

通过创意文化资源转化为产业优势。英国前首相布莱尔在2007年宣称:"伦敦已经成为全世界的创意之都"。前首相布朗也认为:"在未来的数年中,创意产业不仅对我们国家的繁荣是重要的,而且对将文化和创意置于国家生活中心的能力也同样重要。"可以说,一个久负盛名的城市,正经历着向创意城市的华丽转身。这种经验值得借鉴,2014年,国务院常务会议指出,要以政策推进文化创意和设计服务与相关产业的融合发展。文化创意和设计服务具有高知识性、高增值性和低消耗、低污染等特征。依靠创新,推进文化创意和设计服务等新型、高端服务业发展,促进与相关产业深度融合,是调整经济结构的重要内容,有利于改善产品和服务品质、满足群众多样化需求,也可以催生新业态、带动就业、推动产业转型升级。会议确定了推进文化创意和设计服务与相关产业融合发展的五项政策措施。

　　作为广义上驱动经济社会发展和以狭义文化创意产业为支撑的新兴产业，正好符合北京的城市转型。北京作为首都实现功能转型，必须要提升文化创意在发展中的地位和作用，也就是说要把文化产业作为推动科学发展的重要力量，提高文化产业增加值在GDP中的比重。问题是北京需要什么样的文化GDP，其质量和效益如何？究其根本，北京必须涵养和培育文化创意，使北京成为全国文化创意培育中心，这个中心要以社会主义先进文化和社会主义核心价值体系来引导，而不是缺失价值导向的所谓策划、出点子。就是说文化创意不能偏离主流价值引领和精神提升功能，不能因所谓的"创意"而斩断和破坏文化发展的根脉，出现失魂落魄的现象。作为全国文化创意培育中心，北京的示范作用不单单显现在文化创意产业发展上，而是体现在文化价值的引领、民族凝聚力的增强和国家认同感的提高上。作为一种价值引领应当把焦点聚集在中国特色社会主义先进文化和中国优秀传统文化的融合发展上，并以多样性的文化形态和有市场竞争力的文化产品与服务显现出来，这实际上指明了"创意北京"建设的价值取向。强调在文化创意培育中坚持中国特色社会主义核心价值观，就是为建设全国文化创意培育中心"安魂"，以"魂"强全国文化中心之"体"。

## 第二节　文化创意培育的基础要素

　　从差异化体验来看，创意是利用技术手段对各种资源进行重组，旨在令消费者获得独特体验，以实现产品的高附加值。创意具有主观性、差异性、渗透性和价值不确定性等特点。文化艺术是创意产业的重要资源，它和文化生产力结构密切相关，是城市软实力的重要载体。事实上，文化创意产业具有城市选择性，某种类型的

创意产品总是和特殊的地理位置联系在一起，这是文化产业的地理性特征。从根本上说，创意产业是人才和创意密集型产业，依靠主观思维进行知识创造和文化积累是其生产特征，它具有广义的文化属性，其产品具有象征、体验等特定的文化内涵。

文化创意有其自身内涵和外延的演变：它由文化艺术的核心领域向外围的泛艺术继而向产业领域拓展，由艺术创作中的灵感和思想观念领域的策划出点子向经济领域的市场和产业链延伸，最终形成产品或服务及其可赢利的商业模式。通常，创意催生创意，创意的培育离不开热爱创意和富有创意思维与能力的人，离不开艺术机构和博物馆、剧院等公共文化服务体系的支撑，也离不开艺术家的合作与支持，更离不开美育在社会实践中的发展，普遍而广泛的审美教育会极大地激发青少年的创意火花。著名经济学家理查德·佛罗里达指出，创意不是简单的部门或行业分类，创意在当代经济中的异军突起表明了一个职业阶层的崛起。如纽约、伦敦在旧城区复兴中建立起来的SOHO艺术区，就是典型的创意阶层集聚区。同时，它作为一种能够兑现价值的力量，充分体现了文化产业的高度交融性和渗透性，及其在产业发展中的关联带动作用。"创意北京"只有充分激发文化创意裂变的辐射功能和示范带动效应，才能成为全国文化创意培育的高地。那么，文化创意培育有哪些支撑要素？

## 一、文化创意培育过程及其支撑要素

创意培育往往经由：创意理念——创意活动及其产品（服务）——产业链（企业）——市场（效益）——创意经济——城市活力的激发等这样一个多向互动的过程。对一个大都市而言，在创意经济主导下，产品越来越具有创意的特征，生产过程越来越具有创意特征，创意经济通过文化创意的融合驱动，带动相关产业发展，产生良好经济效益、文化效益、生态效益和社会效益，进而促进城市可持续发展。

　　文化创意的时间本性是指艺术灵感显现生成的时间维度，指一种观念、意念或者创造性思维的哲学本质特征，及其激发创意生成的时间成本。而空间特性主要指各种要素的空间地理集聚，在一种互动交融和孵化中创意生成的地理维度。一般来讲，大量小型的文化创意机构包括工作室，都倾向于选择一些租金相对低廉的场所（废旧厂房、商住混合的居民区等），自发地集聚发展。所谓文化集聚区就是集聚一定数量的文化创意企业，具备一定的产业规模和自主创意研发能力，具有专门的服务机构和公共服务平台，能够提供相应的基础设施保障和公共服务的区域。集聚区是工作室和文化机构的集聚，是创意的集聚，也是文化创意人才的集聚。宽容的社会氛围和包容的文化环境，有助于促进文化交流和沟通，吸引不同国家、地区、民族的有创造力的人才集聚。因此，文化创意产业集聚区的规划应体现以人为中心，集聚区的基础设施建设也要体现这一原则。文化园区之所以不同于工业园区，就是它不是一个冷冰冰的工厂，而是一个推动产生创意的地方，一个文化生产与文化消费合一的地方，一个享受工作乐趣的地方，一个生活与工作合一的环境。文化产业园区建设要倚重包括研发设施、风险投资、知识产权法和宜居宜业的生活环境等创意基础结构，完善的创意基础结构是保障集聚区发展的不可或缺的组成部分，满足创意基础结构不仅将决定集聚区的发展速度，还会影响其可持续发展能力。

　　通常，创意的辐射、渗透和融合作用主要有两个路径：一是产业链衍生，以先进技术和持续创新为依托，拓展创意产业链条；一是跨界衍生，打破传统行业和产业的边界融合发展。从价值链的高端出发，一方面通过知识产权转让实现创意产业化，另一方面通过向第三次产业延伸强化生产过程的创意化，实现产业创意化。围绕文化创意培育，创意人才、创意活动、文化创意产业是层层递进拓

展的关系，通过融入国民经济其他部门，带动国民经济其他部门的产出和就业的增长。

## 二、文化创意培育中的政府管理——创意的准公共产品属性及其溢出效应

政府在文化创意培育中扮演什么角色？一直是一个有争议的问题。政府作为推动者，旨在帮助相关机构和单位建立市场自身难以解决的各类公共服务平台，以及通过政策性引导营造创意氛围和社会环境。政府通过政策的引导，以及对城市转型和创意经济发展趋势的判断，为文化创意培育搭建平台。文化创意培育的发展，需要靠企业、事业单位、文化创意人才以及各类专业化的中介组织和行业协会来推动，最终目的是使相关企业获得创意的融入，使民众获得更好的文化服务，使消费者在市场中获得更丰富的文化作品。

在文化改革发展和文化创意培育的初级阶段，政府无疑发挥着重要的引导和扶持作用。在推动文化创意培育中心建设过程中，首先，要不断厘清政府、机构（商业与非营利）、市场、社会公众和私人在文化创意培育中的角色定位，只有在政府的引导统筹协调下各司其责、各展其能，才能形成正向的合力；同时，要建立健全文化创意评价体系和激励机制。其次，要引导文化创意培育真正面向市场、发挥市场灵验功能，面向大众——形成以消费者为中心的考核评估体系，实现社会效益和经济效益的有机统一，使文化创意的成果惠及广大人民群众。

（一）政府要利用行政资源搭建培育文化创意的服务平台。在此进程中不断明确、明晰文化创意培育的主体是企业、文化商业机构及高校科研院所，以及每一位市民包括大学生和青少年学生群体。也就是说，创意培育平台要集聚一支文化创意的专业人才队伍，通

过创新人才培养方式，提高创意人才培养质量，鼓励企业与高等院校、科研院所合作，建立产学研用一体化的创意人才培养基地，集中力量培育专事创意的精英团队和领军人才，形成一支规模宏大、具有时代感和开拓意识、世界眼光、文化视野的专业人才队伍。改革人才的选拔任用、流动配置机制，提高对文化创意人才的吸引力，使首都成为国家文化创意人才的集聚中心。

（二）政府要营造有利于文化创意培育的社会环境和创意创业氛围。从学校到社会再到家庭都洋溢着创意氛围，建构覆盖全市的文化创意服务网络，为个人以及学生提供参与文化创意的机会和转化创意成果的可能性，以政策引导和扶持各类文化创意机构的成长。在产业结构调整中不断提高现代服务业的比重、完善市场化程度、建立创意培育的激励机制等。在创意氛围激励下，使有创意潜力和天赋的人，在创意领域获得长远的职业发展。在全市范围内营造人人参与文化创意的氛围，培育全民的创意意识，使其转化为城市的创意力量。

（三）政府要制定购买创意机构和市民创意成果的政策。鼓励学校、社会和民间机构举办各类创意活动，如创意公益广告的征集、"创意市集"活动的常态化，及其创意空间城市地标的普遍化等，为首都北京的创意培育提供更加开放的平台。同时，加强对文化创意培育的舆论宣传和引导，充分发挥报刊、广播、电视、网络新媒体的作用，多层次多视角地传播创意成果，让文化创意活动走进社区和市民的日常生活，使文化创意培育获得广泛的民众支持和深厚的社会根基。

## 三、文化创意培育中的文化消费支撑

创意成果往往体现为某种产品或服务，经验表明居民的文化消费指数与创意迸发具有内在的关联性。文化消费是对符号价值和信

息内容本身的消费，如音乐、电影、电视、文艺演出、广告、游戏、体育赛事、自然景观、历史人文遗迹、文字典籍、音像动漫等，这些产品和服务的魅力需要创意来凸显。差异化的体验吸引大众通过对文化产品的消费，满足休闲娱乐、情感体验以及提升认知功能、知识水准的精神需要，借此提升自己的文化感受和生活品位，展示自己的价值选择和生活方式。当前，中国社会理论上进入了文化消费的"井喷"期和休闲时代，然而，文化娱乐消费却不尽如人意，其支出占消费支出比徘徊不前，民众（新富群体）购买外国高端奢侈品、赴国外旅游和国外求学的意愿强烈，却对文化消费缺乏应有的热情，文化艺术行业工作缺乏吸引力（没有得到应有的回报和尊重，这也是院团改革的难点之一），难以体现出文化创意行业发展所需的良性社会影响。文化领域成为我国少数几个总供给还不能满足总需求的领域之一，表明我国的文化消费市场并未随着生活水平的提高而得到释放。在居民消费逐步提高的情况下，文化消费额增幅低于非文化消费额增幅的现象日益突出。一定意义上，文化创意和居民文化消费的结构、层次和水平有内在的关联，文化消费既是创意培育的动力也是引导其发展的方向。目前，文化消费增幅徘徊不前，一定程度上与文化生产和传播中文化创意创新不足有关。只有通过培育文化创意、提升文化产业的创意水平，向社会提供大众乐于消费的贴近其真正需求的文化产品和服务，提高文化产品自身的吸引力，才能真正拉动文化消费。

对于任何一个国家和地区来说，如果社会人群的文化消费需求低下，文化生产就不可能得到发展，文化软实力就无从谈起。一个国家或地区的文化生产发展，当地社会人群的文化素养提升，文化市场的繁荣，都离不开文化消费的有力支持，这正是一个城市文化创意能力和实力提升的社会基础。消费离不开市场，文化创意也不能缺失市场。所谓市场主要是指有效的消费者需求，包含购买欲求和支付能力。一个普遍被认可的规律是：随着人们变得富有且有教养，个体从满足底端的心理安全需要逐步过渡到高端的以满足认知审美精神方面的需要。战后经济的繁荣和不断增加的安全感使人们更加渴望参与和自我表达。一个经济持续繁荣对文化创意产品充满期待的国家本身就是促进创意产业发展的巨大动力。特别是随着消费社会的来临，新富阶层的消费潜力不断释放，如何使消费潜力转化为现实购买力，离不开对文化创意的激发和商业开发。

政府可以出台一些刺激文化消费的政策，而所谓文化消费市场的培育，需要社会整体的推动和观念更新。当前，在地方政府的文化产业发展规划中，仅有不多的省份提出了文化产业就业人员和城镇人均文化娱乐消费占消费性支出比重指标，这两个指标恰恰与社会大众的文化生活息息相关。就业人数与文化产品的有效供给和消费吸纳力都与文化的影响力提升密切相关。经济规律表明，只有从事该产业就业人员大规模提升，才可以证明该产业结构的提升，也表明文化真正有活力，而不是产业表面的虚热（装门面）。这提示我们必须关注文化创意和产业发展中的文化价值和社会影响，必须意识到文化产业的文化价值高于经济价值，无论是通过有形文化产品，还是无形版权产品及服务，均建立在对其文化价值的认同上。

一方面，文化消费刺激和召唤文化创意培育。文化消费具有娱乐性、互动性、体验性和参与性特征。如苹果公司对智能手机研发的成功的一个重要原因就是融入了更多的人性元素，让用户可以轻松应用产品的同时，逐渐体会产品的文化内涵，从而获得忠实且广泛的消费人群。文化消费是体验性享受，体验消费的基础和载体虽是某些商品和服务，但这些商品和服务中已加入了娱乐、审美、文化因素，使其附加值得以提升。当前消费的审美化倾向要求创意的参与，在产品的生产和传播中融入创意元素，创意或者审美的提升就成为增强竞争力的重要因素。另一方面，创意的培育要求对文化

消费的特点和主体（细分市场）有所洞察。文化消费的产品和服务往往需要消费者的文化体验呼应，目标市场愈明确，消费人群的呼应度就愈高。当前的趋势是青少年成为主流文化消费者。文化创意应研究青少年文化娱乐的特点，特别是其注重时尚性、互动性、体验性和参与性的特点。青少年追求互动体验的文化生活形态的趋势值得重视，文化创意必须关注到他们越来越依赖互联网、手机消费的特点；同时，要注意到青少年已经不是传统意义上的被动接受的消费者，而是属于积极参与和追求高度体验的消费者，因而在培育创意时就要对传统娱乐的节目形态进行调整。事实上，创意驱动下的有效文化消费是文化产业发展的不竭动力。当前的一个重要问题是要区分何谓有效文化消费（作为世界第一出版大国，现有的出版冲动并非有效出版）和好的文化消费？有效消费才能支撑起健康理性的文化市场，是培育创意的支撑点。何谓好的文化消费？且不说"扫黄打非"意义上的恶的产品，文化产品中有一个文化含量的高低之分，以及文化创意的价值引导等问题。如在社区里是鼓励孩子打游戏和读书哪个更好？如在大型商业空间嵌入一个书店好还是引进一个游戏厅好？在大型居民小区是多一些实体书店好还是多几个电玩城、网吧好？好的文化消费有助于提升公众素养，陶冶情操和塑造民族品格，进而支撑起一个民族的脊梁！理念上的明确才能从根本上夯实"创意北京"建设的基础。

近年来实体书店倒闭的消息不断刺激着国民阅读者的神经。"到2009年底，纽约拥有书店7298家，巴黎6662家，东京4715家，伦敦2904家，都远远高于北京的1800家。从相对指标来看，每万人拥有的书店数分别是：纽约8.88，巴黎5.84，伦敦3.87，东京3.75，北京仅为1.06。每平方公里的书店数分别为：纽约9.30，东京2.16，伦敦1.08，巴黎0.55，北京只有0.11。"[5]这一数据表明，

---

5 张贺：《小书店如何支撑》，《人民日报》，2011年2月11日。

实体书店对形成一个城市的文化氛围具有重要价值，也是文化创意培育不可或缺的社会环境。而现实中，有关实体书店不断倒闭的新闻常常让读书人揪心！随着书店的逝去它也带走了我们一丝温暖的记忆，关于青春、关于浪漫，当然更关于人生成长的历程！书店曾经是一个城市最温暖最令人心仪的地方。可以说关于书店有着太多的情怀。但我们在此不是抒情，而是正视在租金上涨、网店冲击等因素影响下，体现城市文化底蕴、凝聚城市文化气质的实体书店举步维艰的现实。政府如何扶持书店（民营、新华书店）的发展？尽管实体书店的势微看起来不可避免，但公众对书店的文化情怀决定了实体书店，不单纯是一个图书买卖的地方，更应该是一个充满人文气息的公共空间（有时候逛书店就像是一次心灵之旅）。书店还是一座城市的文化守夜者，甚至是孩子们的精神家园，它会充实孩子们的心灵和擦亮他们的眼睛。在西方，书店甚至被喻为"上帝建在这个世界上的花房"，这是网络书店等其他形式所不能完全取代的。正是基于此，在发展文化产业的大环境下，各地政府（杭州、上海、北京等）出台政策扶持，对单个实体书店的资助有望突破50万元，这为书店发展带来了暖意。但更为根本的是要立足社区、建设文化集散地，向公共空间转型（如台湾地区的诚品书店）。可否借鉴当前在房地产商业开发中的"环评"经验增设"文评"条款？在大型商业住宅小区规划或者大型商业机构运行中，是否强制性为实体书店、图书室留下一脉书香？通过在其中嵌入书店等为全民营造一个读书的氛围。要知道，一个不喜欢和不热爱读书的民族，是不会形成世界文化创意高地的。

　　文化消费召唤文化创意。文化生产的规律正好相反，它是通过供给创造需求，有供给才可能有需求，当文化积淀、文化创意成为可听、可视、可读、可体验的产品后，它才会有需求。如何生产出有市场的产品和服务？文化创意是重要的支点。处于成长期的文化

产业亟须政策引导与合理规划，尤其需要文化创意的高度融入，应注重从GDP导向的投资驱动转向为服务社会导向的需求驱动。政府只有把职能转向服务和市场环境的改善上，在全社会营造有利于文化创意培育的氛围，才能真正有效破解拉不动文化消费内需的难题。近年来，文化娱乐业、新媒体产业发展迅猛，就与其中文化创意的融入、驱动分不开。

## 四、文化创意培育过程中的艺术氛围支撑——波西米亚族的生活方式影响创意的激发

（一）当创意成为经济发展的重要推动力，创意人才和人力资本就具有了重要的意义。理查·佛罗里达认为，在美国，社会分化成四个主要的职业群体：农业阶层、工业阶层、服务业阶层和创意阶层。创意阶层包括一个"超级创意核心"(super-creative core)，这个核心由来自"从事科学和工程学，建筑与设计，教育，艺术，音乐和娱乐的人们"构成……他们的工作是"创造新观念、新技术和(或)新的创造性内容。"除了这个核心，创意阶层还包括"更广泛的群体，即在商业和金融，法律，保健，以及相关领域的创造性专业人才。这些人从事复杂问题的解决，而这包括许多独立的判断，需要高水平的教育和技能资本"。简而言之，在佛罗里达看来，所有产生新观念、新技术和创意内容的人都属于创意阶层，但其中的艺术氛围是决定性的。正是那些"在技术、才能和宽容"的程度上排在前列的城市吸引大批创意阶层的成员，形成了自我促进的良性循环。反过来，"创意阶层"也培植了艺术、音乐、夜生活、创建了新的名胜，比如纽约的"硅港"，伦敦的切尔西(伦敦的自治城市，文艺界人士聚居地)。一个社区的艺术氛围越好，在吸引和挽留高学历、创造性人才方面成功的可能性就越大。

（二）文化创意产业的发展主要靠创意阶层，特别是创意阶层

中的富有创造性的高端创意人才，如设计师、艺术家、策划家、导演等，依托创意群体的高文化、高技术、发达的经济程度形成的"杂交"优势拓展产业链条。从产业链来看，文化创意人才主要包括文化创意资本运作投融资、经营管理、创意开发以及策划和营销管理等。2009年全国R&D资源清查数据显示，北京市从事R&D活动的单位数量达到10804个，从业人员达到25.3万人，其中本科以上学历达到15.8万人，博士毕业生达到3.76万人，按照现有的研究成果和标准，这些人都是"创意阶层"。其中与文化创意培育相关的信息传输、计算机服务和软件业的R&D人员达到3.3万人，科学研究、技术服务和地质普查的R&D人员达到9.4万人（2010年突破十万人）。北京市对于R&D的经费内部支出在2009年达到668.6亿元，占到当年全市GDP的5.5%，2010年增长至821.8亿元，占到GDP的5.82%，同比增长22.9%。尽管如此，北京文化创意阶层的集聚还不尽如人意，并未形成与"创意北京"建设和文化创意产业发展要求相适应的高度。

城市发展中各门类艺术家群体的存在，不仅活跃了城市的文化氛围，增强了城市发展的活力，还为文化创意培育中心建设奠定了人才基础。事实上，北京不仅汇集了众多的文化大家、名师，一大批对中华文化乃至世界文化产生影响的历史文化名人也从这里产生。另外，还有着无数的艺术家及其从业者群体，譬如"北漂族"的存在对形成北京的文化创意氛围至关重要，这种氛围是国内任何城市都难以复制的。经验表明，艺术氛围有利于导致创意灵感迸发。此外，北京的丰富文化资源和发展机会，吸引了国内外艺术人才，各类创意人才荟萃，众多的科研单位和培训机构，为各种文化创意人才的成长提供了肥沃的土壤和营养，形成了北京独具特色的培育文化创意人才的开放多元的文化氛围。

## 五、文化创意培育离不开市场机制的支撑

市场在资源配置中起决定作用和更好发挥政府作用是十八届三中全会提出的一个重大理论创新。理论和实践都证明，市场配置资源是最有效率的形式，市场经济本质上是市场决定资源配置的经济。文化创意培育需要发挥市场在资源配置中的决定性作用，说到底，文化创意是创意人才头脑中的灵感显现，需要激励和激发，市场配置资源的机制是激发创意的最有效途径。

《决定》提到市场在资源配置中起决定性作用，具体到文化领域，这句话应理解为文化市场建设的着力点是资源配置。纵观世界文化中心城市，都有一个共同特点，就是都拥有对某些文化要素资源的控制力、支配力或定价权。资源对企业乃至产业的发展极其重要。过去，企业寻找资源，努力实现有效配置有些困难，现在有了《决定》的指引，企业在寻求资源配置中会成为自觉行为，这有利于激发创意的培育。为什么以民营资本为代表的新经济、新文化能有蓬勃的发展，就在于它市场机制灵活，主动对接了人民的需求，资源配置比较有效。把企业做大，肯定要涉及兼并重组、资本、市场等概念。顺势而为对于一个企业发展，一个行业发展，甚至对于一个产业发展来说都非常重要。

就文化创意机构而言，大多是个体工作室或者小微企业。可以说，小微文化企业的存在对文化创意培育至关重要。在文化产业相对集聚的城市区域，小微文化企业不但是文化创意的蓄水池、消减文化投资风险的避震器，还是产业运行的润滑剂；而在农村区域这个广阔的天地中，小微文化企业更将充当主力军，配合公共服务体系以提供丰富的文化产品。但小微文化企业同时也面临着"小微"和"文化"双重身份带来的困境，尤其是投融资难题。因此，小微文化企业尤其是文化创意工作室既需要市场机制，还需要发挥政府的扶持和保护作用，以维护文化创意培育的生态基础。

## 六、文化创意培育中的品牌支撑

（一）文化创意培育高地及其影响力离不开品牌的号召力。随着文化时代的来临，文化越来越融入经济发展中，融入社会生活中，人们越来越认识到有文化融入的经济才是可持续的，经济因文化的融入而有品位。因此，世界经济大国纷纷向文化大国迈进。其中，作为经济竞争中重要砝码的品牌影响力不断凸显，品牌本指企业产品的技术性品牌，主要体现为商标及其符号应用。当下，随着品牌内涵的丰富和外延的拓展，以及文化含量的不断提升，尤其是文化创意的融入，品牌不断跃出原先的界域，而生成为企业核心竞争力的重要组成部分，甚至被誉为企业核心竞争力的灵魂。创意有助于品牌价值的提升，品牌反过来支撑创意培育的高地，使创意培育本身具有品牌影响力。

中国虽然是世界第二大经济体，但中国经济发展模式却是粗放型的：占据基础地位的加工制造业主要通过"贴牌生产"和"代工"，以消耗资源和能源以及环境污染为代价，使中国成了"世界工厂"，"made in china"在全球流行，通过这种方式崛起的中国远非世界经济强国。在国际分工的价值链中，中国经济大多处于产业链的中低端，中国产品还没有摆脱"低端制造"的形象，产品附加值低，价值链不完善、链条短，很多企业靠赚取廉价的加工费生存。在转变经济发展方式的过程中，品牌的缺失和竞争力不足成为制约中国迈入经济强国的瓶颈之一。文化创意的融入是提升品牌竞争力的重要基础。品牌的根基是文化，文化理念和文化价值是品牌影响力的核心，品牌作为企业精神和文化追求的载体，需要文化价值的引领，品牌感召力是消费者对凝聚其中的文化价值的认同。从价值建构角度看，中国企业普遍存在浮躁短视、急功近利的心态，企业文化生态不健全、价值诉求不明晰、价值导向偏颇，以诚信、创新、责任为基本价值的品牌文化缺失，使中国自主品牌生长的土壤

跨向世界创意高地

板结化。这种现状和窘境如不改善，中国经济就会持续在产业链低端徘徊，产品的国际竞争力就会受到制约，就难以改变"中国在国际市场上买什么，什么就贵，卖什么，什么就贱"的恶性循环。同时，从产业升级角度看，中国经济自身面临节能减排、降低能耗，转变发展方式的严峻压力，其有效突破离不开自主创新，检验自主创新的重要标准是自主品牌，有了自主品牌才能在市场上把技术成果转化为经济效益；有了自主品牌才能提升产品附加值，不仅做到"物有所值"，而且做到"物超所值"，有了自主品牌才能提高产品、企业和国家形象。可见，品牌的缺失和品牌塑造召唤创意的融入。

（二）品牌竞争力支撑创意价值的实现。随着经济与文化、文化与科技的不断交融，人们对产品的理解发生了变化，越来越多的企业家认识到：做企业、做产品最终是做文化，文化是真正的社会财富，文化价值是品牌竞争力的核心。品牌的建构离不开全民文化素质的提升，只有培育全民族的品牌文化意识，以涌现和拥有民族品牌为自豪，中国的品牌才会有深厚的文化土壤，才能避免海外品牌在中国市场独步天下。一个自主品牌的成长，离不开企业所有者和经营者的努力，离不开国人的支持和政府的政策扶持，尤其要在全社会形成珍惜、爱护和激励民族品牌的氛围。品牌的形成靠技术、靠工艺，更靠文化创意的融入。品牌走出去的实质是文化走出去，中西文化的差异和文化产业发展的不对等状态，使中国品牌走出去面临文化障碍，遭遇文化折扣。品牌的竞争力支撑创意的价值实现。品牌建构的关键是价值观，诚信、创新、责任是企业品牌的基本价值，其核心是一种文化上祈向"好"的超越性的人文价值，品牌因其关乎社会关怀和现实关怀，而不会形成对个人、社会和国家的某种戕害，惟此才可辨析品牌的高下和真假。在品牌成长中真正起主导作用的是人文价值（理念）而非现实功利性，就是说品牌不会以赚钱为至上或唯一目的。当然，品牌关乎现实功利，关乎市场价值，没有盈利就没有品牌，但要看到二者层次上的分别，有文化的品牌才会令人尊敬。品牌基于内见于外，可以通过符号和形象为人所感知。一定意义上，品牌竞争力是一个企业、城市和国家文化创意水平和能力的表征。因此，品牌的创新不止于技术创新，更有赖于文化创意、创新和价值观的传播。

　　世界的当下竞争，实质上是争夺资源整合主导权的竞争，而整合主导权的基本条件就是自主品牌。从品牌构成要素看，虽然我们在技术创新上落后，但在文化资源上有很大优势。因此，要找准优势——丰富的文化资源、深厚的内容基础、井喷的消费需求与潜力巨大的市场，大力发展文化产业，拓展中国文化的全球影响力，利用前导性的文化产业发展的手段与内容的矛盾（越往高端发展内容越稀缺），假借文化资源优势和后发的技术优势，有效控制新兴文化产业的内容生产，通过文化的弥散效应和溢出效应，提升中国产业经济的形态。而竞争性文化资源转化为内容离不开现代化的文化创新和文化创意，离不开知识产权保护。文化资源的开发潜力与文化创新力成正比，文化创新决定了文化产品的附加值。从资源潜力走向产业实力的关键是文化创新和文化创意，创意意味着产品形式的创新和市场的拓展与开辟，它后面跟着一个不断延伸的产业链。其核心理念——不是满足需求，而是创造欲求（把没有的变为渴望的，由此引导消费），发现和实现大众心中欲求是文化创意的关键环节。创意就是让消费者在产品中找到共鸣，如果品牌得不到大众认同，就不会有市场的认可。产品的价值由物质价值和非物质价值，即功能价值和象征价值构成，真正形成文化产品的高价格在于象征价值。只有充分提高文化产品的象征价值，才能维持文化产品的高价格，才能带来真正的规模经济效益，而非仅靠提高文化产品的数量。高端的产业价值链集聚的核心是由象征价值所形成的知识产权的流动产生的价值传递和价值递增。对品牌成长来讲，文化创

意是驱动力，没有文化创意，品牌就失去方向和价值定位，就没有发展的可持续性，而成为昙花一现。对于创意培育来讲，品牌对文化创意培育具有号召力。

（三）通过塑造品牌提升文化创意培育的水平和效益，打造一批具有首都文化个性、专业化水平高的创意品牌机构（市场主体）及其分类市场。通过品牌的力量辐射全国、沟通世界，不断扩大首都文化创意产业的竞争力、传播力和影响力。同时，推动文化创意企业以品牌为龙头开发衍生品、拓展产业链，形成品牌企业，增强其在国内外市场的竞争能力，是文化创意培育的重要使命。一定意义上讲，文化创意有助于建构城市品牌形象，一个优秀的城市品牌，不仅能提高市民的自豪感和归属感，增强城市的凝聚力，而且能够吸引世界有限的注意力资源，将形象转化为城市的竞争力和生产力。"创意北京"建设的关键在于形成一批有影响力的创意培育品牌，北京文化创意培育与文化品牌塑造的核心在于提高内容的原创性，形成自主知识产权。品牌的对外传播既要体现古老北京的文化经典，又要把古老北京的文化精神加以现代性地传承。在塑造北京文化品牌的进程中，知识版权贸易发展是一个重要方面，要不断完善图书版权贸易环境，培育国际版权贸易市场，扩大版权输出数量、提高产品质量、扩大海外影响力。继续吸引国际一流文化项目落户北京，全力打造北京标志性文化品牌，重点推出品牌文化活动。培育品牌必须加强对有较强国际影响力和竞争力的文化贸易市场主体的培育，推动大型国有文化骨干企业发展，打造引领产业发展、主导产业格局的旗舰型市场主体。加强品牌宣传力度，使各类主体的文化企业在推动对外文化交流与文化贸易的过程中，发挥更加积极的作用，促进北京文化出口产业和产业链的海外拓展。加强当代文学作品翻译推介，加强本土动漫、艺术演出、民俗文化等方面的培育，打造一批既体现北京特色，有科技和创意含量，又为海外市场接受的文化品牌，加强对软件、动漫、网络游戏等产品出口情况的监控和数据统计，对动漫、网络游戏、软件等外包贸易的发展进行科学管理。通过系列文化品牌的塑造，支撑文化创意培育的高地建设。

## 七、文化创意培育中的城市氛围（包括时尚流行文化和草根阶层）支撑

城市的创业文化有利于激发创意的激情，而草根阶层的"微文化"与青年亚文化的"创意市集"活动则对创意培育具有"蓄水池"作用：通过人人参与和成果共享，不仅使碎片化的时间成为有效益的时间，还使大众成为培育文化创意的蓄水池。

（一）城市创意培育最根本的支撑是创意氛围，创意环境和社会氛围包括文化环境和生态环境。从文化环境看，文化创意的培育与城市的创业文化和消费文化有着内在的关联。创业文化是一个城市对于创新失败宽容和接受的程度，以创意个体和中小企业为主体进行文化艺术创新是创意产业的鲜明特点，高风险和不确定性意味着创意的培育和成果转化要经历多次失败。因此，创意培育、创意人才和创意企业偏爱具有鼓励冒险、包容失败、自由宽松的文化环境的城市。消费文化是城市对创意产品的消费偏好，决定着创意产品的市场需求，从而通过创意产品的消费带动创意培育及其产业发展。创意培育及其产业发展是一种低碳行为，它需要生态环境的支撑。对创意个体和机构来讲，它既是创意培育的主体也是创意产业发展的组织形态。文化资源积累丰厚、生态环境优美、旅游资源丰富的城市环境对创意培育具有较强的吸引力。作为创意培育的主体的创意人才喜欢自然、宽松的创意环境，同时还要寻求价格低廉、适合艺术创作的特殊空间。可见艺术创作类的创意培育和城市的创意氛围及其市场环境有很高的关联度。

（二）当今社会是一个信息碎片化的时代，不断泛化的"微文化"是大众日常消费的主要文化形态。随着现代化节奏的加快和城市生活的紧张，都市人特别是年轻人的时间愈发碎片化，为切合这种生存状态，一些"微文化"如微博、微信、微小说、微电影等开始受到年轻人的追捧，现在青年人能够安心地坐在电视机前按时收看自己喜欢的电视节目，走进影院看一场向往已久的电影都是一种奢侈，他们更喜欢在网络上快速得到自己想要的信息，在短时间内享受"微文化"带来的愉悦感。短小、灵活、即时性的"微文化"，包括微博、微信、微视等，大大满足了大众文化消费需求的变化，成为年轻群体消费的宠儿。可以说"微文化"有一个极大的消费群体，不仅带来了一个新的文化增长点，丰富了大众文化娱乐的新选择，还从中孕育了颇富想象力的创意。"微文化"现象与生活方式的转型紧密相连，是现代性向后现代性，工业化向后工业化转型的表现。"微文化"广泛辐射社会各领域。在经济领域，微贷款等行为反映了经济行为从大托拉斯式的生产企业转向灵活、小型、面向特殊群体的经济和服务方式。在政治领域，微博参政等也发展出更加灵活、快捷的政治参与方式。在艺术领域，微文化代表着审美观念的更新，它反映更加人性化的、微型的审美取向。在"微文化"的流行和时尚化的传播中，人人得以参与其中，尤其是年轻人乐在其中，无疑会激发他们创意的兴趣，看似不起眼的"小微文化"会含润着"大创意"，甚至成为培育文化创意的重要温床。北京要打造全国文化创意培育中心，就不能不关注备受年轻人喜爱的"小微文化"，在推动"小微文化"的发展中培育文化创意。

（三）具有亚文化特征的"创意市集"活动有利于形成社会浓厚的创意环境。2005年台湾设计师王怡颖在《创意市集》中，把伦敦设计师将自己的作品直接拿到市集售卖的形式称为"创意市集"。其内涵是指：在特定时间、地点展示、售卖创意性小型日常生活用品的市场，这种实际上的产品多以个性化的设计感、时尚气息及手工制作为主要特征，与之相类似的名称还有"艺术市集""流行市集"以及混杂于"跳蚤市场"中的个体设计师市集。创意市集是创意经济大潮中当代都市经济与文化生活中的一道独特风景，是以机动灵活的方式展示、售卖小型创意生活用品的平台，是立足于日常生活，人人都可为，彰显平民设计、草根设计的创意空间，是使生活与艺术、生活与设计融为一体的流行舞台。[6]北京市的创意市集以其规模大、影响广泛和可持续性，在全国创意市集的发展中令人瞩目，体现了北京草根阶层的创意精神和成绩。

北京第一个创意市集于2006年10月21-22日在中关村的"第三极创意天地"举办。市集的主题是"市集+创意"，市集的主体是创意跳蚤市场，有一百多个摊主参加了活动，现场的人流量约有5万人次。售卖的产品有各类手工艺品、时尚生活用品、绘画等。同时，还举办了创意书展、摄影展、文化艺术讲座、工作坊等形式多样的活动，并伴有本土原创摇滚乐队的现场表演，可谓一场展示生活艺术的创意嘉年华。2007年北京举办了8场创意市集活动，其中在北京国际图书博览会德国之夜的狂欢活动中，首次出现了音乐及视频节目表演，形成了主舞台+文学区+创意市集现场展示+露天电影放映的"通宵创意市集"。参加活动的除了北京本地的创意群体外，还有来自国内各地包括台湾地区的设计者与创意人。2008年北京有11场创意市集活动，其特点一是创意市集联姻京城时尚坐标。如以年轻、时尚、国际化为理念，定位于"中国国际化青年城"的西单大悦城和位于京东CBD繁华圈，现代商业与办公氛围著称的SOHO，成为创意市集的主办者和场所提供方。二是出现了特色创意市集。如"70/80怀旧市集"。三是更多主体成为创意市集主办

6 关于"创意市集"的写作部分，主要参考了龚小凡教授的《城市创意精神如何获得鲜活载体》，《中国文化产业发展报告》（2012-2013），社会科学文献出版社2013年版。

跨向世界创意高地

方，除了政府、商业机构、大学和新媒体都参与到活动中。2009年的创意市集活动中，南锣鼓巷创意市集倡导以"北京元素"为核心，融合传承与创新，对在创意市集中彰显传统资源与城市文化表现出自觉的认识，张扬了北京的创意城市形象。值得提及的是《城市画报》推出了iMART BEST100创意联盟计划，旨在联络全球范围100个关注原创的创意据点（店铺、书店、个性空间等），以及100个优秀创意品牌/设计师，共同推动创意产品的展示与销售。第一批入选的北京本土品牌有：钱粮胡同32号、伊比利亚艺术商店、"这个店""陈幸福"、创可贴-8。北京是此次入选品牌最多的城市，一定程度上显示了北京作为创意核心城市的能力和水准。2010年的新变化是出现了大型专题性动漫创意市集，通过对动漫书刊、玩具、服饰等各种动漫衍生品进行展示和交易，显现了北京创意市集细分的发展趋势，在北京和漫友人群中产生了很大影响。2011年的新特点是出现了北京市大学生创意市集，首届北京大学生创意市集由北京市教工委主办，以"创意艺术时尚"为主题，以"激扬青春创意有我"为口号，旨在培养首都大学生的创意和创新能力。20余所北京高校学生的近千件作品参加了市集。

总体来看，北京创意市集以发展势头强劲、规模大、影响广泛和具有可持续性引人瞩目，有些活动已成为大型文化艺术中的特色板块，吸引了不同社会主体参与和主办，一些支持并适宜创意市集生存发展的文化创意空间开始形成，原创性是北京创意市集的核心价值，个性化、小批量、手工制作是其基本特征。这一特定的民间创意产品交流形式的社会认知度与影响力不断提升，创意市集的前期筹备及活动现场都受到媒体广泛关注。这些年北京创意市集的参与者们，无论是产品的提供者还是消费者，都对参与创意市集的热情不减，充分展示了北京草根创意的活力和潜力，但民间所蕴含的巨大创意能量尚未充分释放。创意培育中心应在在深入调研的基础上，以全过程的参与和支持焕发其能量，通过引导其发展把功夫下在细微处。创意市集是民间创意设计的大聚会，当代设计不仅需要专业化、高端化的大设计、大制作，也需要草根阶层的民间设计。创意市集可以说是最好的创意培育的载体和温床，相关组织者特别是政府职能部门通过培育、历练、储备创意人才的开放空间，通过引导创意市集的层次，把城市创意氛围的营造和城市创意形象相融合，将会有利于提高全社会对创意的认知和兴趣，有利于形成浓厚的社会创意环境，为北京成为全国文化创意培育中心提供广泛的基础。有了创意的普及，还需要创意水平的提高，要引导创意市集"重创意""有个性""够时尚"，使其成为弘扬北京创新精神，建设北京城市新文化展示城市文化活力的有效载体。目前来看，社会尤其是政府职能部门对创意市集作为民间创意力量的认识与支持都不够。在对历届北京创意市集的报道中，鲜见主流媒体的声音，相关媒体主要是网络和网络群组等新媒体。政府要充分认识到北京创意市集对创意培育中心建设的重要作用，要加强对创意市集与创意设计、创意产业、青年亚文化、北京创新精神、时尚流行文化等方面的研究，使北京创意市集成为北京建设文化创意培育中心的有效载体和渠道，以及重要的民间创意力量的集合。

此外，从创意培育实践来看，影响文化创意生成的重要因素，主要包括[7]：

1. 经济发展水平。曼昆引用数据说，中国、印度、印度尼西亚和孟加拉国总人口超过了世界的40%，GDP占全球的5%，只赢得4%的奥林匹克奖牌，贫穷使有天赋的运动员无从发挥，这个观点或许可以引用到文化创意的生产规模上。

2. 政府开支。凯恩斯重视政府支出对于经济增长的作用。新古

7 参阅向勇、喻文益：《基于全要素生产率的文化创意与国民经济增长关系研究》，《福建论坛》，2011年第10期。

典主流综合派萨缪尔森则开出了"政府开支乘数"（政府用于商品和劳务上的开支每增加一美元所引起的GNP的增加量）。曼昆引用了苏联、罗马尼亚、前东德投入大量的资源用于运动员的培养并得到大量奖牌的事实，对政府开支增加文化创意产出也是一个支持。事实上，政府开支的一大部分都用在文化事业与原创孵化平台的投入上。有理由相信，政府对于文化创意的投入有可能产生更多的文化创意，即R&D投入对高技术产业发展起到积极的作用，公共部门的R&D活动是现阶段我国高技术产业快速发展的重要技术支撑。

3. 外国的文化创意输入与"追赶效应"。Coe、Helpman利用以色列和21个经济合作与发展组织（OECD）国家1971—1990年的数据，发现国内和国外的R&D活动对全要素生产率具有重要影响。在进口比重大的国家，国外R&D活动对全要素生产率影响更大。Guellec通过对16个OECD成员国的固定样本进行分析，得出了企业R&D经费、公共部门R&D经费和国外R&D经费每增长1%分别带动生产率增长0.13%、0.17%和0.46%的结果。曼昆提及了穷国的"追赶效应"，但没有分析"追赶效应"文化创意层面的原因。李明智、王娅莉认为在我国高技术产业的部分行业，技术创新存在大量模仿，企业自身R&D活动的水平不高、R&D投入的效益也不高；对外开放和一系列改革政策及其带来的变化，明显地促进了高技术产业的效益增长。这个结论是否可用于中国的文化创意领域，尚待分析与检验。

4. 历史文化与自然资源。根据生产函数$Y = AF（L，K，H，N）$，Y代表产量，L代表劳动量，K代表物质资本量，H代表人力资本量，N代表自然资源量，A随着技术进步而上升，很显然，包含着文化创意的A，包含着风景名胜的自然资源N，都是激发文化创意的强化因素。

5. 体制改革与创意自由。制度与创意产出之间关系的研究是一个传统课题。任保平、钞小静以全要素生产率研究中国经济的增长质量得出的结论是：中国1978－2004年间经济转型与经济增长质量的正向关系是成立的，我国的市场化进程、工业化进程都在一定程度上促进了经济增长质量的提高。由此可以进一步推论：经济管理体制、文化管理体制、政治管理体制的不断创新对于文化创意的发展是至关重要的。

6. 其他，如人口数量与年龄结构、人种、宗教、地理差异、城乡差别、教育等对文化创意的产出都有重要的影响。

# 第三节 文化创意培育的公共支持

通常意义上讲，公共文化服务是文化创意培育的温床，优质的公共服务是文化创意培育必不可少的支持因素。不断健全完善的文化设施与频繁的文化活动，包括实施全民阅读活动，都是激发文化创意的氛围和社会基础。文化创意的激发与每个人的日常生活和公民文化权益的实现密不可分，只有以人民群众真实的精神文化需求为出发点，不仅有自由选择享受文化成果的权利，还要有创造文化的权利——文化的自主表达权，才能从源头上解放文化生产力，培育有利于提高文化创意能力和水平的土壤。当前，最大的问题是未能充分认识公共服务与文化创意培育之间的内在关联，未能形成有效的互动和夯实激发创意的根基。

## 一、建构均等化的现代公共文化服务体系

所谓公共文化服务体系是指以保障公民基本文化权益、满足基本文化需求为目的，以政府为主导、以公共财政为支撑、以公益性文化单位为骨干，向全社会提供公共文化设施、产品、服务的制度体系。建构覆盖全社会的现代公共文化服务体系，是全面建成

小康社会的重要目标之一。基本公共文化服务的内涵可以概括为"5+1"，所谓"5"即听广播、读书、看报、看电影、进行文化鉴赏，参与公共文化活动；所谓"1"是公共图书馆、公共博物馆、科技馆、爱国主义教育基地的免费开放。"5+1"是为公众提供最基本的公共文化服务。这些服务由政府免费提供，提供的是否及时，公众是否愿意接受，各地情况不一，效果差异很大。探索基本公共文化服务的社会化，就是增强公共文化服务的互动性，建立群众评价和反馈机制，使文化服务项目和群众文化需求有效对接，提高公共文化服务的实效。如近几年上海、北京开展的文化消费优惠活动，就是探索基本公共文化服务社会化的尝试。活动的特点是社会化有利于把公众自觉自愿的消费与政府补贴结合在一起，让观众选择自己感兴趣的文化娱乐方式，改变以前政府包办基本公共文化服务的单一方式，弥补了"5+1"的不足。现代公共文化服务体系是现代化的国家治理体系的组成部分，是提高国家现代化治理能力的必要保障。

公共文化服务体系建设近年来普遍受到各个国家的高度重视，被视为提升国家软实力建设和国民素质的重要方式。就我国文化发展而言，公共文化服务体系建设是文化建设的重要抓手，是文化发展繁荣的基础，也是培育文化创意的基础。在文化建设上，我国目前主要采取公益性文化事业和经营性文化产业并行的基本架构，坚持双轮驱动、齐抓并进。一方面，以政府为主导大力发展公益性文化事业，主要体现为建立完善的公共文化服务体系，保障人民群众的基本文化权益，提升全民族的文化素质；另一方面，以市场为主导加快发展文化产业，推动文化产业成为国民经济支柱性产业，使之成为转变经济发展方式和经济结构战略性调整的重要着力点。通过建设公共文化服务体系，使人民基本文化权益得到更好保障，社会文化生活更加丰富多彩，人民精神风貌更加昂扬向上。

从2003年开始中央启动了新一轮的文化体制改革试点，并于2006年全面铺开。主要针对在文化发展布局上，城乡之间、区域之间、门类之间不平衡，各类文化设施、文化服务在大中城市较集中，在农村、基层很薄弱、很缺乏；在文化结构上，文化产业结构、文化产品结构、文化技术结构、文化进出口结构不尽合理，与发达国家比较，文化产业散、小、滥的问题依然存在，规模实力、抗风险能力不足，竞争力不强。党的十七届六中全会通过的《决定》指出：有影响的精品力作还不够多，文化产品创作生产引导力度需要加大；公共文化服务体系不健全，城乡、区域文化发展不平衡；文化产业规模不大、结构不合理，束缚文化生产力发展的体制机制问题尚未根本解决；文化走出去较为薄弱，中华文化国际影响力需要进一步增强；文化人才队伍急需加强。这些问题需要在文化改革发展中逐步解决，尤其是公共文化服务的均等化需要政府不断加大投入，不断创新机制。在公共文化服务体系建构中，根据中央的要求，要按照国家标准建设各级公共文化设施，形成省、市、县、乡（街道）、村（社区）五级联动、梯次辐射的公共文化设施网络，做到公共文化服务"城乡全覆盖"。按照公益性、基本性、均等性、便利性要求，加强文化基础设施建设，完善公共文化服务网络，让群众广泛享有免费或优惠的基本文化服务。

　　现在公共文化服务供给的问题是内容供需矛盾突出，集中表现为现有公共文化机构可以免费提供的内容总量严重不足与供需错位的双重矛盾。随着国家投入的加大，一些地方的硬件设施有了较大的改善，但因后续经费不足、管理缺位、功能单一等原因，一些基层文化设施长期处于闲置状态，使用效率低，没有发挥应有的学习、教育、娱乐等功能。此外，还存在部分公共文化产品和服务不对路，不能有效满足群众需求，送演出、送戏、送电影等送文化下乡活动，是政府送什么，农民就接收什么，从文化的表现形式到文

化产品的种类，选择余地不大，针对性不强，群众始终被动参与，积极性不高。因此，要根据人民群众的文化需求，不断加大经费投入，进一步扩大开放范围。在文化内容和表现形式上积极探索、大胆创新，打造群众喜闻乐见的文化品牌。

公共文化服务均等化的发展趋势是保障公民文化权益的内涵不断丰富和拓展。公民的文化权益包括享受文化成果的权利、接受文化教育的权利、参与文化活动的权利、开展文化创造的权利、文化权益受保护的权利等。现在，各级政府不断创新公共文化服务方式，引入竞争机制，广泛采取建立基金、政府招标、定向补贴等方式，进一步增强公共文化服务能力。与此同时，由于公众知识水准提高和闲暇时间增多，人民群众维护自身文化权益、参与文化创造活动的愿望更加强烈。需要加快公共文化服务体系建设，加大对中西部地区和基层农村文化建设的扶持力度，大力发展文化产业，切实增强文化产品和服务的供给能力，使全体公民在"文化享有"上各得其利，在"文化创造"上各尽其能。

下一步，公共文化服务体系建设侧重于消费权益的基本性和均等性，但随着公共文化服务设施建设的完成，基本文化消费权得以满足，新的文化表达权的实现成为落实人民群众文化权利的重要任务。让公共文化服务体系成为发挥主流文化影响力，贯彻社会核心价值观的有效载体和路径。要随着国家经济实力的提升实现文化发展的包容性增长，让老百姓享受文化、热爱文化，有一种生为中国人的文化自豪和文化自尊，这才是一道最为坚实的国家文化安全的心理屏障，这才是文化思想领域"守土有责"的最坚实壁垒。

## 二、通过创新公共文化服务运行机制提高文化创意培育的效率

党的十八届三中全会提出：坚持以人民为中心的工作导向，坚持把社会效益放在首位、社会效益和经济效益相统一，以激发全民

族文化创造活力为中心环节，深化文化体制改革。《决定》进一步提出："建立公共文化服务体系建设协调机制，统筹服务设施网络建设，促进基本公共文化服务标准化、均等化。建立群众评价和反馈机制，推动文化惠民项目与群众文化需求有效对接。整合基层宣传文化、党员教育、科学普及、体育健身等设施，建设综合性文化服务中心"。这是在国家文化治理方面作出的制度性安排，把构建完善现代公共文化服务体系放到制度建设总目标下进行协调，作为框架结构完整且运行有效的文化制度，现代公共文化服务体系的制度功能在于宪法权威下保障公民基本文化权益，社会主义核心价值目标下促进社会文化和谐，人民主体地位下建设民族精神家园以及公平正义原则下实现城乡公共文化服务均等化与全覆盖。

就"创意北京"建设的公共文化支持而言，北京的公共文化服务体系比较完善，基本建构了覆盖城乡的演出、电影、文化活动、公共图书馆服务体系和文化信息资源共享工程服务网络等公共文化服务体系，特别是向低收入群体提供免费的文化服务，促进了基本公共文化服务均等化。可以说，基本公共文化服务网络覆盖率有了很大提高，基本公共文化服务攻击能力有了很大改善，文化惠民重点工程进展顺利，如奥运文化广场的文化活动已成为基层文化品牌，2010年还获得文化部颁发的群星奖。文化创意培育的核心是孵化创意，而创意的形成往往需要一种轻松的社会氛围，良好的公共服务支持是形成轻松宽容社会氛围的必要因素。公共服务设施越齐备、服务观念越到位，就越能集聚文化创意培育的企业群和创意产品的消费群。通常认为，艺术家乐于集聚在纽约、伦敦、北京这样的国际化都市，这主要由于在相对发达的城市，人们可以享受便利的交通、舒适的生活、自由的人文环境，从而有利于激发创意灵感，迸发出贴近城市特色和现实生活的创意。北京拥有各类完善齐备的公共文化服务设施和良好的城市文化氛围和相对开放的市场环

境，为文化创意培育中心建设提供了现实基础。公共服务平台是文化创意培育中心建设的基础，为文化创意培育提供高水平服务的重要途径，加大对公共服务平台建设的投入，是"创意北京"建设的基础保障。从根本上讲，要把文化创意培育中心建设与公共文化服务体系的健全和完善关联起来，为文化创意的培育夯实广泛的公共基础和有效增强大众的创意创新意识。

## 第四节 文化创意培育的产业支撑

### 一、文化创意培育需要产业支撑

文化创意与文化创意产业发展可谓"魂"与"体"的关系，"魂"不强，则"体"不健。无"魂"则是行尸走肉，无"体"则无以显现创意之力量。说到底，文化产业是以文化创意为核心的产业，文化创意是文化产业链的关键要素。文化创意产业是一个以文化为基础、科技为载体、创意为核心的新兴产业，其关键是科技与文化的融合，即依靠人的头脑和创意，以高科技为载体对文化进行价值提升和物化，使其产业化。文化创意产业属于人才和知识密集型新兴产业，具有高度的融合性。它既在创意的驱动下体现着经济、文化、技术等的相互融合，也关联着旅游、传媒、艺术设计、影视等相关产业，甚至还可以辐射到基础制造业和农业。文化创意具有高度渗透性、高度倍增性和广泛带动性，它既是城市产业结构调整的催化剂，也是城市产业升级的重要推动力量，同时还为结构调整提供市场需求和技术支撑。在产业发展中，文化创意培育与文化创意产业之间的内在关联及其逻辑关系是：文化创意培育为产业发展强身健体，是产业竞争力的附加值与驱动力、发展引擎，是核心、灵魂和价值之源。文化创意影响经济结构通常有三种方式：其一，文化活力会影响经济效益；其二，文化价值会影响公平；其三，文化会影响甚至决定群体追求的经济或社会目标。高新技术应用创造的文化新业态启示我们：文化与科技的交融度越来越高，当今时代正在创造开发一系列新"资源"，像数字网络技术等高新科技，给世界创造了财富增长的新机会和巨大的资源。它所催生的创意新业态正越来越成为当代社会财富增值的源泉。创意产业是文化产业发展的高端形态，其根本理念是通过创新和创意创造出新的产业形态和内容产品，在不断创造一种新需求时，将不断驱动文化产业迈向价值链高端，成为先进生产力的代表。创意经济是艺术、商业、关联性、创新驱动和新商业模式的交叉融合，由最中心的创意开始，沿着文化产业价值链开始向外扩散。在此扩散和交融过程中，有三种能力驱动产业链延伸。其一是创新能力，只有不断地创新才会有源源不断的创意产生，才能使产业链的其他环节得以继续；其二是关联能力，文化产业的关联能力驱动以创意为中心扩散，并与其他产业相交融来拓展价值链；其三是集聚能力，文化产业的集群特性形成以创意为核心的集聚。

　　文化创意产业本质特征是以文化艺术与经济的融合为消费者提供物质和精神上的差异化体验。据此，一种经济活动要成为文化创意产业需要具备四个条件：人的创造力，没有创造力的活动或内容不能划入文化创意产业的范畴；文化内容，文化创意的根基是文化意蕴，没有文化内涵的内容，不能成为文化创意产业；科技支撑，一方面表现在科技为文化创意产业发展提供手段支撑，另一方面某些科技应用本身就是文化创意产业的组成内容之一；创意驱动，必须以产业化的能力或潜力拓展市场来创造效益。文化创意为消费者提供的差异化体验，不是一般的物质或精神体验，而是独特的、有别于其他的、差异化的、其他产品无法带来的体验。这种差异化体验能够极大地提高产品的附加值，提升产品的竞争力，开拓出新的

市场空间。一方面，文化创意产业利用科技创意来提升产品的使用价值，创造、组合、集成出以前没有的产品和服务，使消费者获得更多更新的物质体验，如更为方便、高效、舒适、安全、刺激等，从而体现出其他产品所不具备的价值，使产品附加值得到提升，实现传统产业向高附加值、高利润产业的升级。另一方面，文化创意产业以创意来提升产品的文化价值，使消费者获得一种消费其他产品难以体会到的精神体验，如幸福感、成功感、优越感等，由此实现产品的价值提升。文化创意产业的生产要素不再以廉价劳动力、能源、原材料为主，而是将文化和人类的创意作为产业发展资源，是一种以无形的智力来创造有形的价值的生产模式，其产值源于文化创意。究其实质，文化创意产业应以是否利用创意创造出差异化的体验，作为产业发展的驱动力，从而提升产品价值，通过创造需求来开拓新的市场。就此而言，文化创意产业具有很强的渗透性，能够带动传统产业通过思想创新实现产业升级，不断拓展产业链来提升其价值。

文化创意产业是当代服务经济中的高端形态，正日益成为我国经济发展新的增长点、经济结构战略性调整的重要支点、转变经济发展方式的重要着力点。作为一种先进的生产力，文化创意产业具有高附加值和高文化价值、经济价值，具有低碳环保、生态发展的基本特征，还具有创造大量就业岗位的优势。当前，我国产业结构的调整，要从低端制造业走向高端制造业，从以制造业为主逐步走向高端服务业，实现从"中国制造"到"中国创造"的转型，就必须大力发展文化创意产业以推动我国文化产业结构进一步优化，进而推动产业结构的升级、调整和重组。与世界各国创意经济发展的数据相比，我国的文化创意产业属于高增长、高利润的新兴产业，是升值空间巨大的"潜力股"。近年来，我国文化产业增加值的增长速度每年都在17%以上，高于我国国内生产总值的增长速度。

## 二、以文化创意驱动文化创意产业的发展

文化创意作为驱动经济社会发展的关键要素，它不会仅仅停留在抽象的价值层面，必然要转化为实实在在的生产力，经由市场兑现其价值，也就是要成为文化创意产业的核心和灵魂。通过创意提升文化产业的竞争力和发展形态，有利于城市经济结构的战略性调整，产业结构优化升级，优化城市空间布局，完善和提升城市服务功能。以文化创意为驱动要素的经济发展能够有利于促进产业融合，推动传统产业升级，直接带动工业设计、现代制造、金融、信息、旅游、商贸等生产性服务业的发展，同时，可以拉动科技、教育、培训等相关行业发展，形成一系列的融合产业、衍生产业、支持产业和关联配套产业。作为内容为王的文化创意产业，还可以激发大众的文化消费需求、引领时尚消费、改善居民消费结构，塑造城市现代文化氛围，扩大就业和创业，丰富市民的文化生活，提高民众的文化素质，进而提升首都的文化品格，创造文化价值，增强文化竞争力和影响力。

在城市转型中，创意的驱动和技术的支撑是建构现代文化产业的根本。促进文化创意产业发展，一是大力推动文化创意企业按照现代企业发展方式实现上市融资，以数字技术、网络技术等高新技术手段改造和提升旅游、演出、节庆、会议、展览乃至体育、休闲、娱乐等行业。二是大力推动广播、电影、电视、出版、设计、广告等目前影响最大的常态行业的数字化和产业化升级。三是大力发现、扶持和培育新业态，推动新兴业态不断创新，实现高端融合。从国际看，脸谱、推特等已成为世界上成长最快的新兴业态企业。从国内看，新浪、搜狐、盛大、阿里巴巴等企业，也都以极高的成长性、竞争力、产业规模和高速增量发展，成为文化创意产业的领头羊。目前，我国的信息产业、互联网和信息传播业的发展迫切需要内容文化产业的助推，尤其是文化创意的驱动。一方面要加

快推进以新兴数字技术为支持的新媒体信息内容文化率先走上产业化道路；另一方面应从文化创意产业入手，以数字、网络等高新技术和现代生产方式改造传统文化创作、生产和传播模式，促进文化的产业化，延伸文化产业链，带动整个文化产业全面发展和提升。

当前，我国文化产业发展的生产力结构并不均衡，基本上存在三种产业形态：以农耕文明为基础，以手工业为主要生产方式的"传统型文化产业形态"；以工业文明为基础，以大规模机器复制为主要生产方式的"现代型文化产业形态"；以信息文明为基础，以数字技术和互联网为主要生产方式的"生态型文化产业形态"。虽然不同的产业形态文化创意的含量不同，但三大产业形态各有其存在特点和价值实现方式的差异化，我们以图表形式进行区分：

### 文化生产力结构及其产业形态特点

| 产业形态 | 生产方式 | 特点 | 载体 | 文化行业 | 关键要素 | 价值实现特点 | 动力机制 |
|---|---|---|---|---|---|---|---|
| 传统型文化产业 | 在地生产 | 以城市和乡村特有的、不可移易的文化景观、文化资源为依托进行的文化生产和消费 | 物质文化遗产、自然景观、传统工艺、民俗活动、文化娱乐设施 | 文化旅游节庆活动特色文化产业工艺品 | 物质文化遗产资源，非物质文化遗产资源及其传承人，自然资源 | 收益较稳定，风险系数低；容易受季节、气候影响；对人员素质要求不高 | 资源驱动 |
| 现代型文化产业 | 在场生产 | 能突破地域限制、同时需要借助特定场合进行的文化生产和消费 | 场馆影院演艺场所公共空间 | 演艺活动电影放映艺术品巡展印刷业影视基地会展业 | 硬件设施现代物流人流 | 收益较为稳定、风险系数较低、受自然条件影响不大、受城市人流影响较大 | 投资驱动 |
| 生态型文化产业 | 在线生产 | 以影视制作技术、通信技术、网络技术、数字技术为平台进行的生产和消费 | 影视制作技术、广播电视网络、通信技术网络、数字技术 | 影视制作业图书出版业新闻报刊业广播电视内容产业动漫产业网络视频手机报 | 创意及其内容创新，高科集成应用水平及技术创新人才 | 市场不确定因素多，风险系数最高，收益最高对人员素质要求高需要相关产业配合 | 内生驱动消费拉动 |

主要从生产特点和价值实现方式的差异，我们区分了三种文化产业形态，要说明的是，实践中三种文化产业形态通常相互交融，而且呈现日益融合的发展趋势。从现实来看，尽管我国文化产业发展如火如荼、势头迅猛，但传统型文化产业形态仍占有很大比重，特别是一些为人所津津乐道的地域性特色文化产业，大多属于传统型文化产业形态。如全国闻名的福建莆田工艺美术行业，形成了以石雕、木雕、民族民间工艺品等为核心的产业链；浙江龙泉的青瓷、宝剑行业；山东潍坊以国际风筝节为展示平台形成的特色文化产业；河北以"天下杂技第一乡"自称的吴桥形成了以杂技为核心品牌的产业链；河南宝丰形成了以说书为核心的产业链；四川的自贡灯会已形成海内外著名的文化品牌等。可以说，这些地域特色的文化产业在整个文化产业中占有很大比重，更遑论及文化旅游行业了。这些传统文化产业形态面临以创意、设计和技术含量的融入来进行产业升级和结构调整的压力，只有创新商业模式和营销模式才能提升附加值和市场竞争力，从而改善当前的粗放式发展现状。2012年党的十八大和2013年"两会"提出的"新型城镇化"，应是一个很好的提升契机。现代型文化产业形态是我国当前文化产业发展的主力军和中坚力量，而生态型文化产业形态尽管所占比重不高，却是当前我国文化产业发展的亮点和趋势。从理论上讲，当下并存的三大产业形态基本对应了我国当前社会发展的前现代、现代、后现代相互叠加的形态，是同一空间下不同发展形态的共时呈现。可以说，这种发展现状与当前中国的经济发达程度以及文化发展现实一致，是现阶段文化产业处于转型与提速期的表征。其中，高新技术是推动文化创意产业变革的重要源泉。以高新技术为支撑的数字电影、数字电视、数字出版等新兴业态，已经成为我国文化产业增加值的主要贡献者，也是文化创意产业未来的主要增长点。虽然在某些领域和部门，文化产业的三大形态，可能会出现此消彼

长的情况，一些个别地方的文化产业会出现跨越式发展和单兵突进，但是，未来一个时期内"文化产业的三分法"仍将存在，只不过所占比重会随着时代和社会经济形态的变化，发生相应的变化。"十二五"期间，随着文化产业的升级及其自身转变发展方式和"美丽中国"概念的普遍被认同，建立在以信息文明和生态文明相融合基础上的、以文明转型为特征的"生态型文化产业"将成为文化发展的主流，这是提升三大文化产业形态的目标方向。

## 三、文化创意要在城市转型和经济发展中发挥引擎功能

随着文化时代的来临，文化创意在经济社会生活中日益凸显，并推动文化创意产业及其相关产业的迅猛发展，不断提升其附加值和迈向高端产业形态。21世纪以来，现代国家的竞争已演变成知识的竞争、技术的竞争、人才的竞争，创新能力成为国家核心竞争力。增强创新意识、提高创新能力，是国家在国际竞争中立于不败之地、谋求优势地位的主要途径。文化创意是驱动经济发展和社会进步的重要驱动力。2011年8月21日，美国副总统拜登在四川大学演讲中说：在20世纪，衡量国家财富的主要尺度是自然资源的丰裕程度、国土幅员、人口规模和军事力量。在21世纪，一个国家的真正财富在于国民的创造性思维和创新能力——开发的技术不仅催生新产品，而且能够创造和唤起全新的产业。美国的创新能力与生俱来。从一开始，它就是我们遗传基因的一部分。它使一代又一代美国人构想出改变世界的创意——从轧棉机到飞机，从微芯片到互联网，再如通用电气、福特、微软和谷歌等世界领先的公司。这样的例子不胜枚举。从其演讲中可以看到，文化创意能力是衡量21世纪国家竞争力的重要标志。因此，要充分认识促进文化创意与相关产业融合发展的重要意义。

当前，为适应国内经济形势新变化，加快形成新的经济发展方

式，把推动发展的立足点转到提高质量和效益上来是一项重大而紧迫的任务。大力促进文化创意与相关产业融合发展，正是培育国民经济新的增长点、提升文化软实力和产业竞争力的重大举措，是促进经济结构调整和发展方式转变、加快实现由"中国制造"向"中国创造"转变的内在要求，也是促进产品服务创新、催生新型业态、满足多样化消费需求、提高生活质量的重要途径。

（一）文化创意培育有利于推动文化产业成为国民经济支柱性产业。一般来说，支柱性产业的要求是产业增加值占GDP的比重达到5%以上。据国家统计局2013年8月底公布的数据，2012年，我国文化产业法人单位实现增加值18071亿元，按同口径和现价计算，比上年增长16.5%，比同期GDP现价增速高6.8个百分点，对当年经济总量增长的贡献率为5.5%，占GDP的3.48%。而这一高增加值在一定程度上正是来自于文化创意和设计服务的贡献，其增加值为3530亿元，占文化产业增加值的19.53%；相关企业17万家，占文化企业68万家的四分之一。由此可见，文化创意在推动文化产业成为国民经济支柱性产业中的分量。促进文化创意与相关经济融合发展，延伸文化产业链条，必将进一步提高文化创意的增加值。

（二）文化创意培育有利于促进经济结构调整、产业转型升级。当前，我国经济已进入新的发展阶段，必须更加注重依靠转型升级。要通过优化产业结构和转型升级，改变产品附加值低、产能过剩、高端产品供给不足的状况，提升产业整体素质，着力提高资源利用效率，促进产业发展模式向绿色低碳、清洁安全转变。文化创意作为服务业的重要内容，具有资源需求少、能源消耗低、发展潜力大的特点，对于进一步优化经济结构、提升经济发展质量，形成更为根本、更加持久、更难替代的竞争实力，具有独特优势。通过打造文化创意产业化、专业化、集约化、品牌化，促进文化创意与相关产业深度融合，催生新技术、新工艺、新产品，有利于构建

现代产业发展新体系，不断增强我国产业发展综合优势，推进产业结构优化升级。

（三）文化创意培育有利于扩大国内需求、满足人民群众日益增长的精神文化需要。国际经验表明，人均GDP达到3000美元时，居民消费进入物质消费和精神文化消费并重时期；超过5000美元时，居民消费进入精神文化需求旺盛时期。2012年，我国人均GDP为38354元，约合6100美元，全国人均GDP超过5000美元的省份达到23个，其中超过1万美元的有6个，超过全国平均水平的有14个。居民消费正由生存型、温饱型，向小康型、享受型转变，人们的精神文化需求呈现井喷式增长，文化消费、文化投资和文化创造的热情空前高涨，日益呈现出多样化、多层次、多方面的特点。但是，自主创新的文化产品供需矛盾和"结构性短缺"还比较突出。按国际经验测算，目前我国每年文化消费可达5万亿元，而实际消费才2万多亿元。文化领域成为我国少数几个总供给还不能满足总需求的领域之一。大力促进文化创意与相关产业融合发展，着眼于打造蕴含中国文化元素的自有品牌，提升文化产品的艺术品位，提升产品和服务的附加值，满足多样化的文化消费需求，繁荣文化市场，正是有效保障居民精神文化供给的有效途径。

# 第二章
## "创意北京"建设的SWOT分析

　　SWOT分析作为一种经济学模型，主要分析企业优势（strength）、劣势（weakness）、机会（opportunity）和威胁（threats），实际上是将对企业内外部条件各方面内容进行综合和概括，进而分析组织的优劣势、面临的机会和威胁的一种方法。现在已被广泛应用到行业、产业甚至城市的发展中。优劣势分析主要是着眼于特定分析对象的实力及其相互比较，显现为竞争优势及其面临的机会和挑战。既包括内部因素（即优劣势），也包括用外部的力量来对这些因素进行的创造性转化。

　　当前，北京正在引领全国城市功能转型，打造全国文化中心。契合文化创意时代的来临，由经济建设向文化建设转型，以文化含量的融入提升经济的品格，以科技的力量提升文化创意产业的竞争力，推动文化经济的可持续发展。这实际上是要一种有文化品位的经济、有经济实力的文化繁荣，是一种发展观念和发展方式的转型，是城市功能的转型——宜居城市、国家首都、世界城市、文化名城。由功能城市转向文化城市，实质是经济发展形态的升级和民族文化位态的提升，要充分激发文化创意裂变的辐射功能和示范带动效应，把北京培育

为全国文化创意高地，在文化产业发展中凸显"核心创意"的价值。在建设全国文化创意培育中心时，一定要洞察北京的优劣势及其面临的机遇和挑战。

## 第一节 "创意北京"建设的基础理论

随着创意时代的来临，创意经济成为社会发展的主要驱动力。"创意"越来越多地被用来形容国民经济中从事于利用人的"智力资本"的文化服务和文化产品的生产与流通的部分，其重要性愈发凸显。它也被用来区分传统的受赞助的艺术部门和通过知识产权的开发而具有创造财富的巨大潜能的文化产业。一方面，创意产业在整体上与当代信息网络技术（ICT）部门有密切的亲缘关系；另一方面，它又在内容方面对文化蕴含和艺术的创造、理解有着很高的要求。有研究表明，从事于诸如广告、建筑、交互休闲软件、音乐、电视和电影等创意产业工作者，至少受过三级教育。因而，智力资本、创新能力和新的信息技术之间已经建立起全面的联系，作为高度推崇个体创造性的创意产业来说，创意人才更是具有举足轻重的意义。英国学者佛罗里达在他的《创意阶层》一书中，强调了创意阶层对于创意产业发展的极端重要性。他认为，从根本上看，文化创意产业的高速发展依靠文化创意人力资本的投入产出和文化创意阶层的崛起。事实上，几乎所有保持了长久生命力的世界著名企业都是创意高度发达的企业，而多数世界著名企业家都是富有创意、推崇创意的企业家。其实，创意并不神秘，它的培育有规律可循，文化活力和国民想像力是其基础，因此创意更多地集中在文化及与其相关的产业领域。创意产业建立在教育的高度发展基础上，其发展依托于国民素质的普遍提高和国民创造力的激励发扬。1998年英国国会在一个报告中指出，"人民的想象力是国家的最大资源。想象力孕育着发明、经济效益、科学发现、科技改良、优越的管理、就业机会、社群与更安稳的社会。想象力主要源于文学熏陶。文艺可以使数学、科学与技术更加多彩，而不会取代它。整个社会的兴旺繁荣也因此应运而生。"创造性教育与创意开发是创意产业可持续发展的深厚基础。

"创意北京"建设的基础条件及其支撑要素的理论分析。作为文化创意培育中心，"创意北京"的建设需要一些基础条件，如文化艺术活动和艺术团体的分布，区域创新体系，城市基础设施和创意环境，城市内部区位（租金便宜、紧邻市中心、服务设施齐全）。而创意人群、政府激励、文化、科技创新、创意环境、产业基础和城市功能是支撑"创意北京"建设的关键要素。

通常，创意培育中心的选择具有城市指向性，既要求包含共性条件的综合性要求的满足，也需坚持特殊性要素满足设计类、艺术类、传媒类、软件类等不同创意培育所需的个性条件。如"创意培育的城市选择与要素支撑"图所示[1]：

创意培育的城市选择与要素支撑

1 本图制表参阅了尹宏：《现代城市创意经济发展研究》，中国经济出版社2009年版，第223页图5-1，并做了相应的修改。

作为综合性的共性条件来讲，城市经济发展水平、城市功能、产业配置和非政府激励等是创意培育及其产业发展所需的基本条件，这决定了创意培育中心在区位选择上倾向于区位势能较高的城市。在国外如伦敦、纽约、巴黎、东京等，国内则是北京、上海、香港等国际化大城市。在区位势能作用下，城市和创意培育及其产业发展会在多方面产生相互耦合与功能叠加，出现向着区位势能高的城市布局的强烈冲动。但区位势能高的城市并非是所有创意行业都发达的城市，因为不同创意行业发展需要城市具有一定厚度的特殊性要素支撑。如包括工业设计、建筑、广告、时尚设计和时尚生活等在内的设计类创意行业，无论是创意的培育还是成果转化，其对创意人才的个人创造力、技能、才华、知识等人力资本具有很强的依赖性。这类创意产品生产具有小批量、差异化的专精特点，需要创意人员的相互交流和持续创新，以提高生产效率和专业化程度。因此，这类行业在城市区位选择上要趋于专业性创意人才集中的地方，在相关院校和科研院所周边往往形成设计类行业的集聚。如北京工业设计集中的DRC基地。

而包括软件设计、互动休闲软件等在内的软件类创意培育机构，更多地依托先进技术及其应用体验的支持，这类产品的生产、流通、交换活动，高度依赖于城市的科学技术水平，如信息技术、数字技术、通讯技术等先进技术的普及。因此其往往集聚在有利于技术创新和成果转化的区域——在高新技术产业发达、基础设施效率高的地方，如数字娱乐产业园、动漫产业基地等。通过技术的互补性、依赖性和关联性，降低技术交易成本；同时分享集群的集聚效应，共享技术性基础设施和技术服务。这类创意培育及其成果转化的机构和企业的组织形态具有少数大企业和大量中小企业杂糅的特点，就单个企业来讲，无力购买昂贵的技术设备搭建技术开发平台，也无力支付在企业发展过程中需要的知识产权保护、人才培训、法律中介、管理咨询等服务成本。通过集聚一方面能够分享技术基础设施，降低人才、信息等交易成本，以及政府的扶持政策等；另一方面可以分享包括技术服务和公共服务在内的产业孵化服务，降低创业期的风险。高新技术产业与创意培育的内在技术关联，使其可以借助先进技术和产业基础优势，实现艺术与技术的融合，促进科技成果向创意产品的转化，拓展高新技术产业链，形成创意培育的产业发展与信息产业、软件产业等高新技术产业的良性互动。如中关村创意产业先导基地、北京数字娱乐产业示范基地等。

而包括艺术与古玩交易、音乐、表演艺术在内的艺术类创意培育及其产业发展，则对城市的文化创新环境和消费市场的要求较高。具有鼓励冒险、宽容失败的创业文化以及紧随潮流、追求时尚的消费文化的城市，往往是艺术类创意培育活动繁荣之地。这类创意培育需要创意个体、艺术作品经营机构的相互协作，以及城市艺术教育和培训的供给。一个城市的创新环境和消费市场往往带有明显的地域特色，包括城市的历史基础和国际化程度、文化属性和艺术活力、创新精神和包容性以及市场的开放度等。创意氛围浓郁的城市，通常拥有各种层次的文化设施、众多的文化艺术团体和大量的文化交流活动等，适宜以艺术作品创作为主要收入来源的创意人群的生存。同时，艺术类创意活动主要以创意个体为主，其工作和生活相互交融，既需要有价格低廉、宽松自由的生态环境，又需要各种完善的城市服务。此外，这类创意培育活动对于市场需求变化以及市场行情的波动很敏感，必须近距离地贴近消费市场，灵活开展生产经营活动，因此，这些创意培育的集聚趋向于创新环境好、消费市场开放度高的区域，常常围绕创意产品消费市场集聚，如北京天桥演艺区。

文化创意培育中心的内部空间选择应以文化创意产业集聚区为主，其集聚分布模式可归纳为：特殊载体（如工业、建筑设计等特

定行业要求）的集聚布局、大学周边（如电影、戏剧、美术、音乐等）的集聚布局、产业集群集聚布局、消费市场（如琉璃厂、潘家园等）集聚布局和生态景观区集聚布局等。在城市的区位选择上还要求四种指向，即人力资本指向、先进技术指向、城市文化指向、创新环境指向，城市文化指向主要指城市的创意氛围和社会环境，而创新指向主要指城市的创业文化，最为关键的是人才和技术要素，正是这些关键要素支撑着文化创意培育中心建设的高度。

创意人才是一个城市文化创意培育和产业发展的核心要素，创意人才的质量和数量是衡量"创意北京"的创意人力资本丰厚度的主要指标。国际经验表明，创意产业发达的城市是创意人才的富集地。创意人才分为核心创意人才和专业性创意人才。核心人才包括科学家、建筑设计师、作家、艺术家、时装设计师、导演等高端专业化人才。专业性创意人才包括所有从事专业思维和复杂沟通的专业技能型人员。

高科技支撑。文化创意的培育和成果转化都需要高科技的支撑及其技术要素的投入。文化创意产业一定程度上是借助高科技对文化生产方式和传播以及消费方式的创新，并利用新技术把文化、艺术元素融入生产和产品的过程。技术创新是新技术的研发及其应用，进而产生经济、社会效益的商业化全过程的活动。技术研发能力指科学技术研发和产业技术创新能力，包括高等院校、科研院所等机构的数量和影响力，城市科技研发投入占地区生产总值的比例，专利、设计、商标等知识产权的申请和授予量等。技术成果的转化能力指技术在生产、流通、消费中的应用，通常以高新技术产业在城市产业增加值中的比重、城市基础设施的信息化程度等来衡量。此外，科技水平的优势还体现在城市基础设施效率高，信息化水平、国际化水平领先，具有较强的物质流、信息流、能量流的对外交换能力。

从理论上说，"创意北京"建设旨在通过文化创意培育有效提升北京的文化凝聚力、文化生产力和文化创造力，为全国文化中心建设提供软实力支撑。作为全国文化创意培育中心，创意北京成为城市可持续发展的"推进器"。创意北京建设的着力点要放在创新教育模式，注重对创意权益的保护，科学规划城市空间，营造创意氛围和社会环境，研究城市创意指数，发展优势行业等；同时，把文化创意培育中心建设融入北京城市转型发展和创新驱动战略，提高北京文化创意培育的质量和效益，其实现途径包括优化产业结构、集约利用空间资源、转变经济发展方式、转变城市功能、集聚创新人才等。

# 第二节 "创意北京"建设的优劣势

## 一、首都经济社会发展情况

（一）首都经济保持平稳健康增长势头。2012年北京实现地区生产总值1.78万亿元，增长7.7%；人均地区生产总值13797美元，第三产业所占比重达到76.4%。

（二）创新驱动格局加快形成。2012年，中关村示范区企业总收入和利润分别增长25%和16.6%，对全市经济增长的贡献率达31.6%。全社会研发强度达到5.8%，技术合同成交额占全国的38.2%。

（三）保障和改善民生取得新成效。全市进一步扩大了社会保障覆盖范围，提高了企业城镇居民医疗保险住院最高支付限额、报销标准。加大住房保障力度，2012年全年建设收购各类保障性住房18万套，基本完成10万套，完成配租配售保障性住房9.3万套。全面推进学前教育、中小学建设、市属高校三年行动计划，稳步推进幼

跨向世界创意高地

儿园收费调整等价格改革。

（四）进一步提高城乡建设管理水平。实施了城南行动三年计划，扎实推进重点新城建设和42个重点镇建设，圆满完成城乡结合部50个重点村城市化建设的阶段性任务。加大地铁等公共交通基础设施建设，新增4条地铁线路，运营总里程达到456公里，公交出行比例达到44%。加强城市精细化管理，完善网格化管理机制，从解决群众危房问题、煤改电问题、停车难问题等入手，积极破解人口交通环境等难题。

（五）社会管理创新进入新阶段。全面推进网格化社会服务体系建设，加强城市社区建设，分类推进郊区县村庄社区化管理，积极探索政府购买公共服务机制，发挥"枢纽型"社会组织的作用。深入推进"平安北京"建设，认真落实维稳工作责任制，健全重大决策社会稳定风险评估机制，切实加强信访和矛盾纠纷排查化解工作，着力推动交通、治安、环境三大秩序整治工作，确保了首都安全稳定。

（六）开创生态文明建设新局面。连续实施了16个阶段控制大气污染措施，抓了城乡结合部地区50个重点村环境整治，在老城区持续实施了"煤改电"工程，启动了平原地区大规模造林工程。近五年来空气中主要污染物浓度平均下降29%，生活垃圾焚烧和生化处理比重提高到50%，污水处理率、再生水利用率分别达到83%和61%。2013年投入1000亿元，针对大气环境、污水、垃圾和违法建设等问题。2013年5月18日开幕的园博会，通过生态修复技术，把昔日的建筑垃圾填埋场等城市废弃地改造为群众休闲娱乐的绿地，成为北京推动生态文明建设的一种新形式。

从现实优势来看，首都北京经济社会发展整体情况表征着城市的功能转型，说明北京已进入实施"人文北京、科技北京、绿色北京"战略的关键阶段，迈入了中国特色世界城市的重要阶段，为推动北京成为全国文化创意培育中心提供了可能。总体上看，首都经济服务业主导格局已经确立，经济发展方式的转型初见成效，文化经济方兴未艾，文化消费进入快速增长期，文化创新日益成为推动首都科学发展的强大引擎，为文化创意培育提供了经济基础。首都社会转型加速，社会结构和形态深刻变化，社会利益诉求更趋多元，市民精神文化需求快速增长，文化引领日益成为促进首都社会和谐的重要支撑，这为首都北京文化创意培育提供了自由空间。首都城市布局和形态走向完善，城市规划、建设、管理中的文化作用更加凸显，提升城市文明程度成为社会各界的热切期望，文化塑造日益成为提升首都城市品质和形象的巨大力量，这为推动北京成为全国文化创意培育中心提供了城市发展基础。首都开放程度日益扩大，随着我国国际地位不断提升和奥运会的成功举办，世界更加关注中国、关注北京，增强首都文化软实力日益成为提升国家形象和文化影响力的重要标志，这为促进文化创意培育提供了社会环境。但在现实中，我们看到首都文化发展的质量水平与首都经济社会发展的吁求，与人民群众日益增长的精神文化需求，与不断扩大的对外开放的要求还不完全适应，加快文化改革发展，推动首都北京文化大发展大繁荣需求迫切、任务艰巨、责任重大。

## 二、"创意北京"建设的现实条件

北京作为全国的政治、文化中心，以及"国家首都，国际城市，文化名城，宜居城市"的功能定位，为"创意北京"建设提供了区位优势。北京有3000多年建城史和800多年建都史，是历史文化名城和世界著名古都，历史文化资源非常丰富，为"创意北京"建设提供了沃土。打造中国特色社会主义先进文化之都，建设具有世界影响力的文化中心城市，是当前和今后一个时期首都北京重要

而紧迫的战略任务。北京按照首善的标准，自觉地承担起推动社会主义先进文化发展的重任，自觉承担起传承中华民族优秀文化的重任，自觉担当起满足人民群众更高精神文化需求的重任，自觉承担起为提高国家软实力服务的重任。从现实基础看，北京成为全国文化创意培育中心具备以下优势。

## （一）作为首都北京发展的高端属性

从文化属性的视角看，北京可谓大气醇和、积淀深厚、开放包容、活力创新、高端示范。但要明白的是，文化属性与属性的发挥毕竟不同，具有某种属性仅仅是潜在基础，属性的充分发挥还要取决于是否具有某种基础条件的支撑。这好比中国是文化资源大国但不是文化产业强国一样，从资源优势转化为产业优势，最关键的一个制约因素就是文化创意创新能力。

北京是一个集政治、经济、军事、外交、科技、文化、教育、体育、信息等各种中心功能于一身的全能型城市。第三产业比重达到76.9%，在全国居首位，已经达到发达国家的指标，经济增长的质量和效益显著靠前。北京集中了全国最多的科研机构、最好的知名大学和深厚的信息网络资源，有政府科研机构263个，占全国的6.5%；高等院校科研机构650个，占全国的17.6%。[2]有上百万的知识分子，80多所高校，25万多科学家和工程师，700多个院士以及众多设计室、制作中心，拥有科技人员数量为54.6万人，位于全国前列，其中科学家和工程师占比1/7；拥有两院院士数量占比46.7%。全国标准研发机构有1/6集中在北京，标准研发人员约有10%集中在北京。北京的研发投入全国领先，占到GDP的7%，研发产出也居全国前列。[3]截至2010年，全市拥有注册博物馆156座，重点文物保护单位98处，市级文物保护单位224处。北京拥有各类

2 参见《2011北京统计手册》，第40页。

3 参阅李岱松、张革、李建玲等著：《区域技术标准创新 北京地区实证研究》，科学出版社2009年版，第28页。

完善齐备的公共文化服务设施，A级以上及重点旅游景区205家；公共图书馆25个，总藏书量4451万册；出版社数量、报纸、期刊的种类、印数全国领先，图书出版数量占全国的41%，报刊种类占全国的30%，音像出品占全国的43%；拥有全国90%的重点门户网站；广播影视基础设施发达，有2座中央电台、1座市级电台、中央电视台、北京电视台，其中中央电视台是当今中国最具竞争力的主流媒体之一，是目前唯一进入世界100名的中国文化品牌。北京影视业发达，城市影院数、银幕数全国最多，也是中国最大的票仓。怀柔影视基地是全球最大面积的影视摄影棚，是全国乃至亚洲最大的影视拍摄及后期制作基地，生产能力居全国第一位，其生产能力占全国的60%。有全国最大的国家级剧院、博物馆、图书馆、体育馆以及众多优质的出版新闻传播机构和最高水平的演艺团体，国家每年支出的文化建设费中，有相当数量投在北京。北京每年举办大量的国内国际文化、艺术、体育等交流活动，尤其是每年一度的北京文化创意产业博览会的影响力和知名度越来越大，所展示的文化创意成果吸引了越来越多的目光，北京是各国大使馆的驻地，是世界精英文化人物和重要信息的出入港和集散地，多元文化在这里相互交融、展示。北京市有156个大使馆，20多个国际组织，200多家国际新闻单位，7000多家外商企业，24个跨国公司总部，3万多留学生，5万多外国人，每年300多万入境游客，国际性纪念日几十个，每年150位以上的重要国宾来访。国际经验表明，只有人口国际流动性高，才能提高城市人口异质性，只有人口异质性提高，才能使城市真正成为世界文化交流中心和世界科技创新中心。国际性移民是新文化和新文明的传播使者，移民文化是新文化的催化剂，是促进文明国际化的重要方面。[4]在培育"世界城市"过程中，一项重

4 杨立勋著《城市化与城市发展战略》，广东高等教育出版社，1999年版，第358页。

跨向世界创意高地

要内容就是要有意识的构建和形成高级劳动力国际流动模式。跨国精英在跨国公司办公网络的集中与流动，对发挥世界城市的首要功能特别是国际金融业、先进的服务行业有着积极的促进作用。所谓"世界城市"是指在以信息技术为主导的全球化过程中，具有国际影响力的大城市所具有的独特形态，又称"全球城市"。其定位是在产业结构调整后，以服务经济为主导的，有国际影响力的新型大都市。

## （二）"创意北京"建设的城市发展基础

首先，"创意北京"建设的公共文化服务基础：文化基础设施居全国第一位，博物馆数量居世界第二位，仅次于伦敦；公共图书馆数量居世界第四位。近年来，北京市进一步加大公共文化服务体系建设力度，加强和完善了公共文化服务体系的投入机制，充实了公共文化服务体系建设的人才队伍，基本建成全市和各区县、街道、社区（行政村）四级公共文化服务体系，基本实现了北京市农村基础文化设施全覆盖的目标。文化惠民工程大幅度发展，目前建成文化信息资源共享中心各级中心、基层服务点4295个，覆盖率达100%；圆满完成广播电视"村村通"的工程建设任务。2012年，首都六大联盟推出9大类100多项文化惠民措施，全市实现了文化馆、公共图书馆和博物馆的免费开放。公共图书馆计算机信息服务网络覆盖全市。在全国公共文化服务综合指数总量排名中，北京人均公共文化服务指数居全国前列，而公共文化服务指数排名则靠后，北京市民对公共文化服务体系参与度不高，导致评价指标的人均数据得分不高，表明北京在公共文化服务设施供给量、公共文化服务参与度、公共文化服务力、公共文化服务机制等方面需要加强，尽管北京有着密集的科教资源，但与庞大的人口数量相比仍显不足，普通市民对公共文化活动参与的积极性不高，二者共同造成了人们对公共文化偏低的享受度。一定意义上，文化创意培育离不开公共文化服务体系的完善和大众广泛的参与。尽管北京有很好的基础，但这方面仍要加强，要为"创意北京"建设夯实社会大众基础。北京要加快公共文化服务与文化创意产业的协调发展，要按照党的十八届三中全会全面深化文化体制改革的要求，一方面建立健全现代文化市场体系，发挥市场在资源配置中的决定性作用；另一方面构建现代公共文化服务体系，保障市民文化权益均等化的城乡全覆盖。在城市文化设施方面，与纽约、伦敦、巴黎、东京相比，除博物馆数量占有优势外，北京的图书馆数量、美术馆数量、剧院数量都远远少于这几个世界城市，显示出北京在公共文化设施方面的差距。2012年，北京启动了公共文化服务设施达标、服务达标、活动达标、经费达标和管理达标五项评审，每三年评审一次，要求进一步缩小城乡、区域之间在公共文化服务方面的差距，针对首都流动人口较多的实际，解决他们的基本文化需求，加强基层文化建设。2012年，北京市实施公共文化十大工程，为群众提供更多更好更便利的文化产品，其中数字化工程依托北京信息系统，将电子图书等专题视频资料引入社区公共文化站，创建融信息查询、文化传播、艺术欣赏、交流互动为一体的公共文化数字新平台。基层公共文化设施全年免费，郊区农民和城区居民同步看大片，来京务工人员享受市民同等文化服务待遇，大幅度提高了市民的文化生活水平。在城乡文化服务结合方面，北京将推进重点惠民工程，推动开展面向郊区居民的"文艺演出星火工程"和"周末场演出计划"、面向城区居民的"百姓周末大舞台"和"百姓大戏节"、面向未成年人的"民族艺术进校园"和"打开艺术之门"、面向弱势群体的"走进长安戏曲之门"和让低收入人群"走进剧场看戏"四个系列八大品牌文艺演出惠民活动。

其次，"创意北京"建设的商务服务业基础：商业服务业是文化创意培育的相关产业，是广告会展、设计服务等生产型服务业

跨向世界创意高地

的主要服务对象。2010年北京市商务服务业的法人数量达到69347个，是所有第三产业部门中法人数量最多的，就业人数达68.1万人，是第三产业中就业最大的门类，利润达到1940亿元，仅次于金融业。其突出特点表现在：总部经济优势明显；国际化程度较高，全球50强咨询公司有35家入驻北京，世界十大会计师事务所有6家入驻北京；国内商务服务业也以高级生产性服务业为主，国内百强中北京占到57家，30强律师事务所中北京占22家，20强国内会计师事务所北京有14家，知识产权代理机构北京占全国的1/4，代理专利申请量占全国的28%，其中代理境外向我国申请的专利量达到全国的71%。商务服务业的集聚有利于文化创意培育中心建设，其与传媒产业、广告会展业等在空间上相关联，也是文化创意产业发展的重要空间依托。

与文化创意培育关系最为密切的设计服务业发展基础：北京的设计服务业优势突出，机构众多，有20000多家设计企业和设计院，约占全市企业总数的6.1%。工业产品设计机构100多家，约占全国总数的20%。建筑设计和规划设计机构有5000多家，其中较大规模设计院1000多家。另有10000多家机构从事图文、形象、展示设计，产品研发、工艺流程设计等服务。设计人才资源优势明显，有100多所各类设计专业院校和教育机构，在校学生3万多人，有25万人的设计工作从业者，占全市从业者的3.6%。据北京工业设计促进中心测算，2009年设计服务收入超过800亿元，占当年全市地区生产总值的6.7%。发挥重点项目的示范引领作用。总结鸟巢、水立方等重大项目建设促进创意设计的经验，以重点工程、重大项目建设及重大活动举办为载体植入北京设计，拉动设计服务等创意产业的发展；选择有设计基础的企业建设设计示范工程，争取创出系列品牌产品，不断增强示范工程的影响力，为更多的企业提供设计服务。

与文化创意最为密切的文化创意产业基础：文化创意企业门类

和总量居全国之首；文化原创性最强，全市著作权登记数占全国的50%，拥有全国三大版权交易中心；网络资源最丰富，网站总数突破30万家，其中全国重点网站90%都在北京，在境外上市的网站达到29家，总市值980亿美元；广播影视发展水平全国最高，电视剧生产数量全国第一，电影生产制作占全国的1/2，数字电影后期制作占全国的2/3，电影票房连续五年居全国之首。新闻出版业规模最大，其中图书出版单位占全国的41%，报刊种类占全国的30%，音像出版单位占全国的43%，均为全国第一；率先在全国建立了文化创意产业的投融资服务体系，市财政每年专项扶持资金5亿元。

再次，"创意北京"建设的智力基础：北京作为首都始终显现出改革开放的风气之先，在文化领域更是解放思想、转变观念的践行者，在深化文化体制改革中积极地从生产源头解放文化生产力。文化设施与文化活动，包括全民阅读活动纲要的实施，与每个人的日常生活和公民文化权益的实现密不可分，要以人民群众真实的精神文化需求为出发点，不仅有自由选择享受文化成果的权利，还要有创造文化的权利——文化的自主表达权，这样才能从源头解放文化生产力培育有利于提高文化创意能力和水平的土壤。高学历、高技术人才在北京比较密集，为文化创意培育中心建设提供了思想和学术基础。北京市的高校主要分布在海淀区、西城区和朝阳区，这也是北京文化创意培育和产业集聚的区域，其中主要院校均有信息技术、计算机和软件等相关专业；部分综合性大学如北京大学、清华大学、人民大学等均有艺术学院，清华大学还设有建筑、工业设计等相关专业。以演艺行业为例，北京拥有众多的国家级文艺团体和剧场，汇集了全国演艺行业一流的创作人才和演艺人才，有国家大剧院等著名的演出场地，每年创作演出众多优秀剧目，为全国各族人民提供了丰富的文化消费产品和平台。北京作为国家级文化活动和文化项目的主要供应与消费市场，是由文化生产与文化消费过

程的同一性决定的。一些重要的国家庆典表彰、开幕仪式、重大赛事、新闻发布等活动在北京举行，相应的文化消费和服务也同时在北京发生。知识生产的密集型特点为北京文化创意培育中心建设提供了良好的文化生产与消费基础。

与之相关联的社会网络支撑基础：文化创意培育需要成熟的公共服务平台和中介机构的支撑，需要大众的广泛参与，这对营造创意氛围和沟通政府与创意群体的关系有积极作用。近年来，北京市相继成立了电影发行放映、演出、音像制品分销、影视动画、动漫游戏产业联盟等16个一级行业协会，还进一步发挥了北京国际文化创意产业联盟、北京设计创意产业联盟、网络出版产业联盟、中关村创意产业联盟等组织在产业链合作、项目孵化、资源共享、成果转化、产权保护、市场推广等方面的促进作用，促进了文化创意与文化产品和生产要素的流动。目前，北京已有与文化创意培育及其产业发展相关联的行业自律组织近30家。

### 北京市文化创意产业相关的行业协会名录

| 序号 | 行业协会名称 |
|------|------------|
| 1 | 工艺美术行业协会 |
| 2 | 北京软件行业协会 |
| 3 | 北京市广告协会 |
| 4 | 北京国际会议展览业协会 |
| 5 | 北京工业设计促进会 |
| 6 | 北京拍卖行业协会 |
| 7 | 北京动漫游戏产业联盟 |
| 8 | 北京体育休闲产业协会 |
| 9 | 中关村手机动漫产业联盟 |
| 10 | 北京演出行业协会 |
| 11 | 北京电影协会 |
| 12 | 北京市电影发行放映协会 |
| 13 | 北京电影家协会 |

| 序号 | 行业协会名称 |
|------|------------|
| 14 | 首都广播电视节目制作业协会 |
| 15 | 北京电影艺术家协会 |
| 16 | 北京多媒体行业协会 |
| 17 | 中国软件行业协会游戏软件分会 |
| 18 | 北京影视动画协会 |
| 19 | 北京服装纺织行业协会 |
| 20 | 北京市出版工作者协会 |
| 21 | 北京版权保护协会 |
| 22 | 北京书刊发行业协会 |
| 23 | 中国手机游戏开发商联盟 |
| 24 | 新传媒产业联盟 |
| 25 | 北京中关村自主品牌创新发展协会 |
| 26 | 北京市旅游行业协会 |
| 27 | 北京市朝阳区创意产业协会 |
| 28 | 北京市海淀区创意产业协会 |
| 29 | 北京市昌平区文化创意产业协会 |

这些中介组织有效地推动了文化创意培育的快速发展，为北京建设全国文化创意培育中心奠定了基础。但因这些中介协会多有着官方背景，不少协会均与主管部门的办公地点接近，主要集中在科委、工信委、中关村科技园区管委会、文化与宣传系统等，真正着眼于服务文化创意培育的自发性的协会很少。

此外，北京文化创意培育的要素市场初具规模，产权市场、技术市场、资本市场稳步发展。据互联网数据初步统计，北京现有国际版权交易中心、北京产权交易所等与文化创意培育相关的要素市场10多家。

跨向世界创意高地

**北京市文化创意产业相关交易所名录**

| 序号 | 交易所名称 |
|------|-----------|
| 1 | 国际版权交易中心 |
| 2 | 北京产权交易所 |
| 3 | 北京金融资产交易所 |
| 4 | 北京大宗商品交易所 |
| 5 | 金马甲网络交易平台 |
| 6 | 中国技术交易所 |
| 7 | 新华金融信息交易所 |
| 8 | 九歌艺术品交易所 |
| 9 | 北京华彬艺术品产权交易所 |
| 10 | 北京皇城艺术品交易中心 |
| 11 | 北京国际艺术品沙龙 |

文化外贸基础及其发展趋势：北京文化贸易在实现数量稳步增长的过程中，文化产业规模不断扩大，文化产品出口结构多样化；新兴文化产业发展迅猛，为文化产品输出提供新渠道；文化贸易经营主体收益呈现规模化发展态势；文化贸易企业境外投资趋势明显；文化产品出口导向型向合作互利型转变；文化产品原创品牌竞争力的作用进一步凸显。在建构对外文化产品供给体系中，要有针对性地扩大文化产品出口，开发多元化的相关产品，参与国际市场及其产业链分工体系，努力拓展海外市场。积极吸收和融合国外的产业分类标准，把我国的文化产业指导目录与联合国文化产业标准进行比较分析，积极扶持拥有自主知识产权的关键技术和核心技术的文化出口企业，采用高新技术和现代生产方式，改造传统的文化生产方式，推进文化产业升级，延伸文化产业链条。

最后，"创意北京"建设的政策支撑基础：近年来，北京市出台了一系列支持文化创意培育和文化创意产业发展的政策文件，整合中央和市属资源，培育文化新业态，推动文化与科技、金融等领域的融合发展。鼓励企事业单位及个体创意人员，利用一切符合文化创意产业生产规律的经营方式和组织形式，发展文化创意产业。支持创意研发，鼓励自主创新；保护知识产权，营造创意环境；加大资金支持，拓宽融资渠道。自2006年起，市政府每年安排5亿元文化创意产业发展专项资金（以下简称"财政专项资金"），采取贷款贴息、项目补贴、政府重点采购、后期赎买和后期奖励等方式，对符合政府重点支持方向的文化创意产品、服务和项目予以扶持。拉动市场需求，促进内外贸易。扩大对文化创意产品和服务的政府采购范围。市政府设立文化创意奖，对发展文化创意产业做出突出贡献的集体和个人给予表彰和奖励，所得奖金免征个人所得税。文化创意企业以股权、期权等形式给予其高级管理人员的奖励，按现行税收政策规定在计征个人所得税时给予优惠。完善统筹机制，加强组织协调。建立健全文化创意产业发展推进机制。成立北京市文化创意产业促进中心。此外，在政策支撑上，北京市委市政府在2012年还制定了《关于发挥文化中心作用加快建设中国特色社会主义先进文化之都的意见》，提出扎实推进思想道德引领、文化创新科技创新双轮驱动两大战略和文化精品工程等九大文化工程。从政策扶持上为北京成为全国文化创意培育中心提供了平台。不断完善配套政策，制定"1+X"政策体系（"1"是指《关于发挥文化中心作用加快建设中国特色社会主义先进文化之都的意见》；"X"是指围绕《意见》研究制定的相关配套政策），出台了金融、工商支持文化创意产业发展的政策，研究制定了文化与科技融合发展、文化与旅游融合发展等专项政策。每年统筹100亿元文化创新发展专项资金，支持北京文化事业和文化产业发展，完善了项目资金决策、预决算、申报、论证、检查监督、项目评价等六项运行机制，提高了资金使用效益。同时，统筹中央、市属、民营文化资源，组建了首都六大文化联盟。

北京建设具有世界影响力的文化中心城市，首先应该是国内城市中具有城市总体竞争力和文化实力的城市。从现实优劣势来看，北京具备了建设全国文化创意培育中心的发展实力，虽然有些方面还存在一些差距，但正在弥补中。有学者通过比较分析指出：北京的综合竞争力位于国内前列，是国内具有竞争力的城市；北京的文化产业发展在国内居第一位，在文化创意产业发展方面是最具竞争力的城市；在公共文化服务方面，主要是市民的参与度不高，导致排名不高；在城市创新力方面，北京依托首都的优势，在科技创新和文化创新方面具有优势和强势竞争力。但在城市特色方面则有些不足，说明在现代化和全球化进程中，如何保护和延续城市特色文化方面还要作出努力。[5]此外，在思想观念上对文化创意的认知还不够深刻，丰富的文化资源尚未经过创意转化为产业优势，创意产业链条不够完善和顺畅、创意人才开发培养尚需进一步完善、创意知识产权保护有待加强，对文化创意的资金、资本的融合尚需强化。

## 第三节 "创意北京"建设的机遇和挑战

在党中央的部署和中央领导同志的指示下，北京的城市发展定位越来越清晰。2020年，要把首都北京建设成为在国内发挥示范带动作用、在国际上具有重大影响力的著名文化中心城市，充分发挥好首都文化中心的表率引领作用、辐射带动作用、提升驱动作用、桥梁纽带作用、荟萃集聚作用。在未来远景规划中，首都北京面临重大机遇：

文化事业全面繁荣。率先建成高水平、全覆盖的公共文化服务体系，建成一批国家级标志性公共文化设施，实现公共文化服务均

5 参阅李建盛主编：《北京文化发展报告（2012—2013）》，社会科学文献出版社2013年版，第17—18页。

等化，公共文化服务信息化、现代化水平显著提高。

文化创意产业发达。率先建成现代文化产业体系，不断提高发展的质量，文化创意产业增加值占全市地区生产总值的比重力争达到18%，整体实力和国际竞争力位居全国前列。

文化名家精品荟萃。高层次领军人物和高素质文化人才不断涌现，建成具有世界影响力的文化产品原创中心、展示中心和国家优秀文化产品生产中心，"北京创意""中国创造"成为首都文化的鲜明标志。

文化科技高度融合。科技创新优势转化为文化发展的强大动力和现实竞争力，文化的信息化、现代化走在全国前列，网络文化健康发展，新兴文化业态充分发育，文化科技融合机制不断成熟。

## 一、"文化立市、创意兴市"的发展观为"创意北京"建设提供机遇

在"文化立市、创意兴市"的发展观指导下，"创意北京"建设面临重要发展机遇。因此，要自觉增强文化创意对城市发展的引领作用，实现文化创新驱动北京发展的全面转型。在城市转型中，强化创意引领，双轮驱动发展。充分整合北京的创意资源优势，实施创意驱动的城市发展导向，在以科技创新驱动经济发展转型的同时，突出文化创意对城市发展转型的驱动作用，使城市发展从主要依赖对自然客体资源的开发转向对文化及其创意等主体资源的开发，使文化创意成为驱动城市经济发展的重要因素和内生驱动力，率先在全国形成文化创意创新和科技创新双轮驱动的发展格局。充分发挥北京对全国城市的展示功能，并与全球"创意之都"（如伦敦、纽约等）进行对话和交流，提升"创意北京"建设的全球视野和国际化程度；发挥"创意北京"的辐射功能，作为全国文化创意培育中心，不断向外辐射引领其他城市文化创意培育的发展，特别

是在环渤海经济圈的京津冀一体化进程中发挥辐射功能，优化产业结构、提升经济形态及其梯次布局；以"创意北京"建设的可行性发展模式，发挥示范带动功能，带动全国城市文化创意培育水平的提高。

在全国文化创意培育中心的打造过程中，北京要以提升创意能力和创意水平为诉求，以平台建设为载体促进资源整合。(1)塑造面向全国和国际的文化市场与交易平台。加快各种综合性、规模性、专业性和品牌化的文化产品中心市场、文化产权交易中心的建设发展，构建具有全国知名度和吸引、辐射作用的中国文化市场中心和文化交易平台，为文化创意培育营造良好的市场环境。(2)塑造服务全国和国际的文化中介和文化市场服务机构。推动文化交易要素集聚，加快文化服务信息平台、文化成果评估机构、文化咨询机构、文化展示机构、文化专利和知识产权代理、文化法律事务、文化人才等的服务集聚区和服务平台建设。(3)充分发挥北京作为重要会展城市的功能，加强国内纵向一体化和国际横向一体化的国内国际文化交流、文化合作、文化对话的渠道平台建设，促进高水平、高品质、高成效的国际国内文化交流活动和重大品牌活动的常态化和长效化发展。通过国内外文化交流为文化创意培育营造良好的社会氛围，为文化创意培育中心建设提供良好的社会基础。

作为全国的文化中心，北京不仅要有发达的创意能力和文化市场，还要在价值观和生活方式上对全国城市发挥示范和辐射作用，在国际上具有文化影响力和国际交往能力。一定意义上，以文化创意驱动会助推城市走上发展转型之路，城市发展的着力点从以物为中心转变为以人为中心，有利于体现中央"以人为本"的发展理念，形成关心人的成长、重视人的创造、体现人的价值的发展环境；有利于建构共同的文化认同感，培育和践行社会主义核心价值观，增强首都的文化自觉和文化自信；有利于落实民众的文化权益，促进社会公平正义，实现人的自由全面发展；有利于形成城市管理的文化思维和推动工作全面开展的文化视野，为建设首善之区贡献力量。尽管"创意北京"建设面临重大机遇，在经济实力、人力资源、文化资源等方面具有明显优势，但与国际上的文化中心城市相比还有很大的差距。从理念、政策导向、综合实力、市民的文化素养以及城市的文化发达程度上还面临一些威胁，影响"创意北京"建设。下一步，北京文化创意发展需要在规模化、集约化、专业化方面加强的同时，要强化文化创意的品牌化建设，重点加强文化创意发展的体制机制建设，形成有利于提升首都创新水平、创意设计、创造能力的政策机制、社会环境和文化氛围；加强文化创新、技术创新和创意设计，转变北京目前粗放型、数量型、分散型、低效型的文化创意发展模式，向现代型、生态型的新兴文化产业趋近。

## 二、强大的人才汇聚功能使"创意北京"建设面临机遇

创意培育中心建设要树立以人为本的理念，尊重创意人群的主体地位。当前，在文化消费中过于注重物化的经济欲求，忽视人的精神思想追求。没有精神思想的追求会有什么好的文化创意？对文化项目的投资如果考虑的是资金、土地、技术等有形的资产，而没有足够的创意人才支撑，会有优秀的文化思想、文化精品、文化服务吗？何谓文化领域的以人为本？有学者认为有三个层面——以历史上杰出人物为本，证明文化有底蕴有未来；以当下的文化生产从业者为本，使文化产品、服务、项目如有源之水浩浩荡荡；以各类文化消费群体中的人为本，因为文化来自人、为了人、服务人。不少认可"以人为本"原则者，只强调第三层面，绝大部分文化规划中都没有关于文化需求认识的状况，而且现实中的文化消费者，尤其公共文化服务的消费者，普遍没有表达权、知情权、参与权、决

策权，甚至没有建成后的文化设施的使用权。[6]作为文化中心城市普通公民不仅要有自由选择文化成果的权利，还要有自由创造文化成果的权利。这就要鼓励市民积极参与公共文化活动，在市民现代意识和文化权益的提升中催生文化创意的火花。鼓励艺术院校与社区结对建立艺术实践基地，支持艺术类院校毕业生参与社区文化建设。也就是说，文化创意培育中心建设要汇聚人才。

创意的激发需要异质文化的交流与刺激。国际经验表明：拥有一定规模的国际人口与跨国精英已成为国际大都市的共性，也成为拥有强大创意能力的基础。多元文化色彩和文化的多样性有助于创意灵感的激发，国际移民中的精英人才又是新文化的创造者、传播者和催化剂。"创意北京"建设要依托国际友好城市、驻外机构、海外华人等资源，积极协助文化创意企业开拓海外市场，建立国际化的营销渠道。积极扶持文化产品和服务的出口，支持文化产品出口基地和北京国际文化贸易服务中心建设，支持优秀剧目、文化艺术品海外巡演巡展，支持图书出版、影视作品、动漫网游等文化企业开拓国际市场，支持企业参与国际文化市场竞争，加快培育外向型文化企业和对外文化中介机构，完善译制、推介、咨询等方面扶持机制，进一步扩大对外文化贸易。值得注意的是，所谓保护文化多样性除了加强国际间的文化交流和贸易外，还要注意保护本国本区域的地域文化价值和社区文化价值。

总体来看，北京是全国创意人群、创意企业和机构集聚程度最高的城市之一，全国文化名人、文学家、艺术家、影视导演、编剧、演员、文化经纪人、表演艺术家、文化管理人员等，大多集中在北京，高端人口的比例对一个城市的发展活力至关重要。众多的研发设计、创意咨询、广告资讯机构吸引了各个领域的设计人员

---

6 沈望舒：《略谈全国文化中心的内涵与功能建设》，北京市人大常委会课题组编《推进全国文化中心建设》，红旗出版社2013年版，第242页。

和创意人才。尽管如此，"创意北京"建设还面临一些短板：在文化创意人才集聚上还不够积极主动，政策立意高，执行力不高，协同力不强，产业结构失衡，计划经济色彩较浓，行政化考核方式依旧存在，主动创新、应对市场的能力较弱，经营者普遍缺乏市场化思维，文化企业创新动力不足，过分依赖现有文化资源。缺乏龙头领军企业，难以造就一流的大师、一流的文艺作品、一流的文化品牌，弱化了"创意北京"对全国的引领、辐射和带动作用。虽然公共文化设施较为健全，但公众参与度相对不高。如2009年世界访问量最多的5个博物馆分别是巴黎的卢浮宫博物馆、伦敦的大英博物馆、纽约的大都会博物馆，以及伦敦的国家美术馆和泰特博物馆。北京的公共美术馆数量（6个）远远低于东京、巴黎和伦敦，表演艺术及其剧场影院等的数量（184个剧场、音乐厅、影院），远落后于其他国际文化城市。就现有的设施来看，主要是供演出和展览之用，市民的参与形式主要还是观赏和欣赏，基本上停留在被动消费的阶段，还谈不上自主创造文化、表达文化等，蕴含其中的创意能量远没有释放出来。市民有效利用文化设施并积极参与文化活动，市民的素质和参与度构成城市文化创意培育中心的软环境，不仅有利于培育文化消费者，拉动文化内需，还有利于形成城市的文化创意氛围，北京在这方面有很好的基础，但在吸引国际人才方面还有明显的差距。

## 三、在国际经验的借鉴和启示中克服短板

具有世界影响力的文化中心城市，必须是在国际和世界城市体系中具有文化实力和文化竞争力的城市。北京可以说是具有一定世界影响力的城市，但与纽约、伦敦、巴黎、东京、香港等城市相比仍有较大差距。尤其是北京的公共文化设施、公共文化活动和公共文化参与度有待进一步加强，其中要加强的就是扶持在互联网冲击

下的实体书店（城市的一抹书香和夜晚的亮色）。相关数据表明：目前北京的外籍人口占总人口比重仅为0.53%，远低于纽约、伦敦、巴黎和东京；国际总部数量更是屈指可数；年入境旅游人次北京高于东京，但低于纽约、伦敦、巴黎；留学生数量同样较低。而这几项内容既涉及城市文化融合与文化认可度，也影响世界城市文化交流与传播，在发挥和显示城市文化影响力方面具有重要作用，尤其影响到文化创意培育的社会环境和文化氛围。

与文化创意培育密切相关的文化企业竞争力来看，北京则差距甚远。据亚太总裁协会2012年9月发布的国际文化产业领军企业30强名单显示。公认的世界城市中纽约有15家文化企业，涉及文化产业领域中的唱片、娱乐、报业、传媒、教育类图书出版、互联网服务、印刷出版、新闻、财经、投资管理、杂志、工业书刊出版等，在世界城市中遥遥领先，可谓世界上真正的文化产业领军企业集聚之都，可见其文化产业实力和文化创意能力之强！巴黎有两家文化企业位居前30强，涉及广告传媒和财经新闻与分析；伦敦有两家文化企业入围，涉及医学与其他科学文献出版、娱乐等；东京有3家文化企业进入30强，设计综合出版、文学书刊出版、综合性图书出版，体现了日本的"出版立国"战略的效果。中国没有文化企业进入前30强，在50强中仅有中国出版集团排名第40位，中国电影集团排名第44位，中国凤凰出版传媒集团排名第47位。这表明中国的文化产业开始崛起并跻身世界50强，北京有两家文化企业进入50强，但仍然缺乏有强势竞争力的文化领军企业，表明北京的文化产业在世界城市格局中的竞争力不强。而文化产业发展实力和潜力最能显现一个城市的文化创意培育的实力和水平。

它山之石，可以攻玉。国际文化中心特别是世界性大都市除了有各自的发展特色之外，还存在一些共同的特征：适宜的文化发展理念、宽松而完善的法制环境、雄厚的综合实力、较高的市民文明素质和文化素养、发达的文化产业和公共文化设施以及较强的国际影响力等，这些经验对北京打造全国文化创意培育中心方面具有诸多的启示。

纵观全球世界发达国家的文化创意培育中心城市都形成了自己独特的城市文化精神或者理念。譬如，巴黎的文脉绵延不绝、经久不衰，普遍而高度的文化自觉与自豪是巴黎的文化精神。可以说，艺术文化是巴黎人的灵魂和骄傲。巴黎市政府和市民对文化、艺术具有高度的推崇与敬仰之情并把这种情结付诸行动，这种精神使巴黎在当今世界现代化发展中始终保持着自己特有的文化品牌和魅力，也使其当之无愧地成为国家文化中心乃至世界重要文化中心之一。北京和巴黎有诸多相似之处，北京在文化创意中心的培育中既要建立发扬自身文化优势的自觉，也要建立吸收别人文化之长的自觉，唯此才能建设成赢得世界尊重的现代文化中心城市。相比较其他国际文化中心城市特别是文化创意培育城市，北京的文化发展理念还不是很清晰，特别是在精准的特色定位方面还需要进一步提炼。

国际经验表明，一定的政策法制对文化创意培育具有重要的导向和支撑作用。美国政府虽然没有文化管理部门，但有着完善的法律法规。纽约市在推动城市文化发展中明确提出：促进和保持纽约文化的可持续发展，提高对经济活力的贡献度。在其政策导向中，并不提文化发展要达到何种高度，而是关注如何保持当前文化繁荣的景象，使普通市民都能享受到文化繁荣的成果。虽然他们把文化发展的最终落脚点指向经济，但在战略实施过程中他们还是竭力从促进文化发展出发，注重以文化发展带动经济增长。其文化发展战略对内维护美国的主流价值观念，注重文化艺术和公共设施在价值导向中的作用，对外把文化渗透扩散至美国的政治、经济、外交、军事政策中，服从于国家全方位的文化扩张与渗透。从中体现了一个国家的文化中心在文化价值观和生活方式上，对全国城市文化发

展的引领和示范作用。在具体的策略上，纽约注重推动创意人群、创意企业和创意团体的集聚。纽约和纽约都市圈有80多所大学和学院以及众多的社会科学、人文科学研究机构和大企业研发中心。纽约还是各类创意人群的集聚地。集中了超过全美1/3的演员、27%的时尚设计师、12%的电影导演、10%的场景设计师、9%的图像设计师、8%的建筑设计师和7%的美术大师。还集中了约2000家文化艺术类非营利组织、500多家艺术展馆、2300多个设计服务商、1100多家广告类企业、700家图书杂志出版商和145个电影制作机构。纽约是美国广播电视系统的总部，集中了全球最大的传媒群体，是众多新闻媒体的中心。排名前5名的音乐录音制作企业中有3家总部设在纽约；全球著名的传媒集团大都在纽约设立总部或分公司。纽约的非营利艺术部门充满活力，为诸如剧本、音乐剧等创意产品提供上映场地，剧作家、场景设计师和服装设计师等新老创意人都能在纽约找到证明其个人价值的演出场所。20世纪大量重要的艺术形式，如热烈奔放的咆哮爵士、抽象表现主义、口语体诗歌、嘻哈音乐和说唱音乐、波普艺术均是在此诞生并相继获得世界认可。有案例总结了"创意纽约"打造经验：行业协会和艺术服务组织为纽约的创意培育发挥了重要作用，如美国图文艺术研究会、广告经销协会、国家视觉艺术互助协会和纽约生产同盟等，这些组织的服务范围很广泛，从新科技和商业技巧的培训到产品宣传和交流活动。在纽约，工会是创意产业中大多数创意群体的代表，特别是电影、戏剧和电视等创意行业领域更是如此。纽约至少有15个工会和50家工会分会为创意群体服务，包括演员公正协会、美国音乐艺术家协会、美国全行业艺术家互助会、美国电视广播艺术家联盟等，工会组织为纽约就业的创意人群提供技能培训和权益保护等服务。本课题认为，"创意纽约"另一条重要经验是健全创意产业链为创意培育提供产业支撑。

伦敦是世界上第一个明确提出发展创意产业的国际大都市，也是当今世界文化创意最发达的文化城市。2003年2月，伦敦市长提出明确的文化政策和战略来维护和增强伦敦作为"世界卓越的创意和文化中心"的声誉，成为世界级文化城市。这些政策包括政府将更多的投资世界级文化设施的建设和维护、吸引和创办更多的世界级文化盛会、建立文化的特色品牌、推动创意产业的投资和发展、通过文化加强社会的联系、发展文化合作组织、充分发挥公共场所的文化潜力等。伦敦以创意文化的发展为导向，利用创意产业在促进文化、科技、经济一体化发展等方面的作用，培育新的经济增长点，实现城市产业结构的调整。从国家层面来看，英国政府推出了《创意五年策略（2008—2013）》，以此打造有创意的英国。伦敦作为全球"创意之都"，其最鲜明的特色或者优势就是拥有许多久负盛名的高等院校和著名的创意教育机构，如牛津大学、剑桥大学、伦敦经济学院、伦敦商学院等都是新思想、新知识核心技术的创新基地。而伦敦大学、皇家舞蹈学校、皇家音乐学院、皇家艺术学院和帝国理工学院等世界或英国著名教育创意机构吸引着世界各地的创意人群来此求学深造。同时，伦敦还吸引全球其他顶级创意教育机构在此开设分校。此外，伦敦还为创意培育机构提供各种专业性配套服务，如"伦敦城市共同体"是训练学生多样化技巧，以满足进入音乐产业需求的组织机构。同时，政府特别重视培养城市的创意生活和创意氛围。大量的移民和外来人口使伦敦市的人口结构呈现多元化特征，来自全球各地的时尚、观念、音乐、艺术等在伦敦汇集，形成了富有多样性的多元文化氛围；政府还注重特色文化的研究和保护，如黑人和亚洲文化遗产的收集和保护等，成为伦敦创意产业发展的独特优势。伦敦充分利用其人才、语言、文化、金融与商务服务的优势，提出了"创意城市"理念，营造使创意具有经济性的环境，以吸引需要生活便宜的年轻创意人群，以留住"酷"的因素。

东京则是在完善公共文化服务体系方面着力，其文化政策多是围绕为广大市民提供接近艺术文化的机会，如文化实施的普及、支持文化艺术的展示、扶植国际文化艺术的传播等。其发展战略旨在增强城市的活力和魅力，通过培育文化创意激活东京的文化资源，展示东京多样性的文化形态和国际前沿的文化视野，通过创造性的文化生产拓展东京的文化影响力。东京作为一个国际性的大都市，经常举办各种国际文化交流活动，如东京音乐节、东京国际电影节、东京国际动漫节和杉并卡通节等。

相比较而言，"创意北京"建设还缺乏立意深远的顶层设计和长远规划，尤其是缺乏文化创意培育的"战略意识"；同时促进和保护文化发展的相关政策尚需健全和完善，文化法制环境有较大欠缺，文化管理体制也不够顺畅。文化产业发展的主导优势不够突出，文化核心元素不明显，文化渗透力不够强，在国际上的文化影响力不够大。对外的文化吸引力不够强，对外的文化传播力还较弱，文化产品和服务的进出口比例不相匹配。相比其他世界文化中心城市，北京尚未在发展理念上真正把文化作为安身立命的根本，作为城市的灵魂注入发展的全过程。尽管在"文化强国战略"的推动下，强调"文化创新、科技创新"对全国文化中心建设的驱动作用，对文化在首都经济发展方式转变、特色城市构建、国际形象塑造以及竞争力提升等方面的认识有所提升，但"重经济、轻文化""重科技、轻创意"的观念还未彻底改变，对文化的价值和意义还未达到真正的自觉认同。

## 第四节 "创意北京"的发展实践

衡量一个城市创意水平的高低，主要看其创意成果转化、市场交易及其产业链发育程度，特别是文化创意产业的发达程度。通常，一个城市文化创意能力的强弱往往与其文化产业发达程度相关联，与文化激发的城市活力相关联。文化创意可以保持一个城市经济和社会的活力及其文化市场的活跃，是文化城市成功转型的标志。城市研究学者芒福德指出：衡量一个城市发展的重要尺度不是城市人口的增加，不是经济总量与财富的聚集，而是艺术和文化的繁荣。文化生产力提供的新生产要素与资源，给城市经济带来了活力和新的增长元素、增长方式，而城市经济的发展则为文化艺术的再生产创造了更好的物质条件和社会环境。在首都北京的城市转型中，不仅要把文化创意产业培育作为支柱产业，而且要利用文化创意的渗透、辐射与提升功能完成从第二产业的普通制造到服务业品牌创造的华丽转身。文化创意产业正在成为提升经济、产业和产品的文化内涵、促进首都经济增长的重要引擎；正在成为提升首都文化品格、增加吸引力、扩大影响力、提高竞争力的重要动力。在优化经济结构和产业升级、改善居民消费结构、扩大就业和创业、促进经济发展方式转变、保持经济社会可持续发展进程中，文化创意产业显示出不可替代的重要作用。

## 一、首都北京的文化创意产业发展现状

2005年，北京市确立了发展文化创意产业，打造"创意之都"的发展战略。2007年，北京市确定了文化创意产业的九大行业：文艺演出、出版发行和版权贸易、影视制作和交易、动漫游戏研发制作、广告和会展、古玩和艺术品交易、设计创意、文化旅游、文化体育休闲等。自2006年以来，北京市先后认定了30个产业集聚区，基本确立了集聚发展文化产业的格局。截至2012年，北京市文化创意产业共有法人单位5万多家，其中规模以上企业法人单位6800多家。全市全口径文化创意从业人员已经达到120多万人，从业规模居全国首位。可以说，北京文化创意产业产品和服务规模、质量

跨向世界创意高地

和影响全国领先。文化科技的融合度、文化创意创新能力明显提高，虽然文化产业创新能力和国际发达国家有很大距离，但在国内处于领先地位。中国人民大学发布的"中国省市文化产业发展指数（2013）"中，北京综合指数位居全国第一名，这是该指数自2010年发布以来，北京连续第四年位居综合指数第一名。北京市还不断加大投入重点文化工程和文化基础设施建设，在硬件方面主要指标达到或接近世界发达城市水平；以骨干文化企业和战略投资者为主体、以文化创意产业集聚区为依托的集聚——扩散型发展格局初步确立，文化创意产业所有制结构进一步优化；文化投融资服务体系不断健全；文化市场要素日益活跃。文化与科技融合持续深入，中关村国家自主创新示范区被认定为首批国家级文化和科技融合示范基地。新兴文化业态迅速成长，数字技术、新媒体技术、网络技术在新闻出版、广播电视等行业广泛应用。2012年，全市74家重点数字出版单位收入同比增长近20%，互联网信息服务、卫星传输服务行业收入增长近30%。实施重大项目带动战略，扎实推进首都核心演艺区等重点项目。文化投融资力度持续加大，2012年全市文化创意产业完成投资同比增长40%。文化走出去成果显著，着力打造高端国际品牌，电影节、文博会、设计周、艺术品产业博览会等平台交易取得丰硕成果。俏佳人、小马奔腾、万达集团、完美世界等一批优秀民营企业在海外文化市场业绩不俗。文化创意产业已成为北京市第三产业中仅次于金融业的第二大支柱产业，成为北京经济的支柱产业。2014年，北京文化创意产业实现增加值2794.3亿元，占全市GDP的比重提高到13.1%，创历史新高。截至2014年底，北京文化及相关产业企业已达17.1万户，同比增长15.8%；注册资本4338.5亿元，同比增长39.4%。规模以上法人单位实现收入11029亿元，同比增长9.5%；文化创意从业人员109.7万人，因此增长2.2%。在全国文化产业发展五强中，北京居于首位，其次是上海、广东、湖南、云南。北京的文化创意产业已在全国确立四大优势：文化特色和资源优势全国独具，创意培育和研发力量雄厚，电影票房、出版和网络游戏出口均居全国首位，文物拍卖首屈一指，"会都"地位名副其实。尽管当前文化产业发展的增幅放缓，但增长质量和内涵不断提高，到2020年北京有望跻身世界文化创意之都，成为全国文化产品走向国际的重要平台。可以说，北京的文化创意产业为"创意北京"建设提供了坚实的产业支撑。

从文化创意产业各行业来看，包括动漫游戏在内的软件、网络及计算机服务行业所占比重最大，广告会展紧随其后，新闻出版、旅游、休闲娱乐以及广播、电视、电影也占一定的份额；从各行业收入比重看，北京数字新媒体、互联网等行业蓬勃发展，在文化产业创造的增加值中所占比重较大，艺术品交易行业发展迅速，增幅较大。这些行业往往都离不开文化创意和科技创新的支撑，和文化创意培育关系密切。文化创意培育不仅与行业内容有关联，也与一定的地理位置有关系。据统计，北京的文化企业主要分布在城市功能拓展区，共有企业约7.6万家，占整体的61.7%。其中，海淀3.2万家，注册资本727亿元；朝阳3.1万家，注册资本509亿元。城市发展新区、首都功能核心区占15%左右，生态涵养区仅占6.3%。可见，文化企业不同于一般的工业制造业，可以远离市区和人口居住区，它离不开人气、商气的聚集和完备的城市公共服务体系，但也要考虑租金等问题。

文艺演出、新闻出版、广播电视电影、艺术品交易等发展较成熟的行业是北京的优势行业。北京艺术演出观众人次位居全国第一，全国演艺中心的地位正在形成，但与上海等地相比，北京艺术表演团体的国内演出场次和观众人次差距较大。演艺产业处于文化创意产业的核心层，是最注重内容原创、最需要依托文化创意获得发展的行业。2012年，北京各类营业性演出场次突破21000场，各

类营业性演出收入超过15亿元。尽管总体增速明显，但仍然处于产业发展的初级阶段，缺乏成熟稳定的商业模式、文化创意含量不高、演出产品供应不足、剧场链建设薄弱、市场空间有待拓展等一系列问题突出。新闻出版是北京最具实力的行业，是贡献增加值最多的行业，资产总额和利润均位居全国第一，但出现增速放缓甚至营业收入下降的趋势。北京的广播影视资源丰富，综合实力全国领先，但产值和增加值不大。艺术品交易发展势头甚猛，北京已成为全国最大的传统工艺品交易集散地、高端文物流通和艺术品交易中心，成为继纽约、伦敦、香港之后的"全球第四大艺术品市场"，是文化产业所有行业中增幅最快的领域。但是，北京优势行业的营业收入占总收入的比重之和仅为21.9%（2010年数据），与这些行业的影响力不相称，制约其快速提升的主因就是文化创意的不足，这已经引起政府和业界的重视。

北京的软件、网络、计算机、动漫游戏等新兴行业发展很好，自主研发和原创能力较强。软件、网络及计算机服务（含动漫游戏）收入比重从2006年的33.7%上升为2010年的37.6%。

北京文化创意的融合行业：文化创意与旅游、会展、休闲等产业融合发展，助推文化旅游、广告会展等行业平稳增长，但平均增速不高，相比新兴行业占比有所下降。2010年，文化旅游和广告会展两个行业收入占比达到19.5%，广告业发展态势很好，营业额位居全国首位，会议业国际化趋势明显；文化旅游业中的文化创意元素日益增多，时代性、历史性、创意性相结合成为北京文化旅游新亮点。

北京的民营文化企业很活跃。在文艺演出、出版、影视、计算机与网络以及艺术品交易市场表现活跃，2011年，在规模以上文化创意产业单位中，非公有制及混合所有制单位实现收入5000亿元，占全市规模以上文化创意产业比重80.5%，但是政府对民营文化企业投入的资金支持仅有8%，投入与产出不成正比。

## 二、北京文化创意产业的发展趋势及突破方向

从发展现状来看，北京文化创意产业的资产与收入规模增长迅速，新兴支柱产业的趋势明显。2011年北京市文化创意产业资产合计1.3万亿元，年复合增长率高达20%，表明文化创意产业在投资和收入两方面保持较快的发展势头。当前，最关键的是发挥市场在资源配置中的决定性作用，清除壁垒、促进文化要素和资源的流动，建立健全现代文化市场体系。

一是坚持融合式发展，实施双轮驱动战略。所谓双轮驱动是指文化创新和科技创新，充分利用中关村科技资源优势，高标准规划建设中关村国家级文化和科技融合示范基地，大力培育新兴业态，提升文化产品的科技含量，推动文化科技融合发展。

二是坚持内涵式发展，实现包容性增长，提高整体质量效益。真正把文化创意作为文化产业的核心，聚焦文化产业的高端环节，优化产业结构，大力推动文化产业从粗放型经营向内涵式集约化发展转变。实施重大文化项目带动战略，抓好一批龙头项目。积极拓展大众文化消费市场，实现文化由主要依靠投资拉动向依靠消费、投资协调拉动转变。

三是坚持集群化发展，发挥集聚区的溢出效应。根据各区县的主导产业优势，培育特色文化产业集群。对全市的文化产业集聚区、文化园区、文化基地进行资源整合，提高文化产业规模化、集约化、专业化水平。

四是坚持品牌化发展，增强文化企业竞争力。提高国有文化企业的市场化程度和经营能力，完善企业法人治理结构，整合首都文化资源，打造一批具有重要影响力和竞争力的骨干文化企业和文化航母。同时，积极扶持和鼓励优秀民营文化企业发展壮大。运用好

国内国际两个市场、两种资源，积极培育各类文化产品和要素市场，完善文化投融资体系。

五是坚持国际化发展，推动文化走出去。在国家的统筹下，依托市场机制和主导产业优势，瞄准重点国家和地区的主流社会、主流人群，推动文化产品和服务走出去。加快培育一批外向型文化企业和对外文化中介机构，支持企业参与国际文化市场竞争。加大对外文化传播力度，组织对外翻译优秀学术成果和文化精品。着力推进北京国际文化贸易服务中心建设，发展好文化保税区，利用好这一文化"走出去"平台。在文化产业对外贸易中，要着力培养国际文化市场的竞争主体，培育和发展实力雄厚的大型国有文化企业，积极开拓国际市场，使之成为文化出口的主导力量；也要创造公平的市场环境和良好的政策、法治环境，鼓励、支持、引导符合条件的非公有制文化企业从事国家法律法规允许经营的文化产品和服务出口业务，并与国企享有同等待遇；同时，鼓励中小企业投入文化出口的经营与项目合作。

## 三、北京文化创意产业集聚区、重点行业及其大型骨干文化企业

文化创意产业集聚区是北京重要的文化生产基地、文化消费场所和文化经济政策的实验场所，也是文化创意培育的重要基地。所谓"创意产业区"，是指"基于特定的当地文化和制度背景所形成的创意网络，创意活动在城市特定空间相邻集聚，大量创意企业和相关机构通过竞争和合作关系形成创意集中、创新和合作竞争的产业空间组织。其最显著特征是产品原创性、产品外向性和关系多维性。"[7]北京的文化创意产业园区基本覆盖了产业链的整个环节，

---

7 李殿伟等：《经济空间视角的创意产业区发展：经济、空间和社会转型》，《科技管理研究》，2009年第12期。

这说明北京的集聚区既是创意人群工作和生活的场所，是创意培育和创意成果产品化的生产空间，也是重要的文化经济的消费空间。这些集聚区集中了全市大部分的创意产业资源，成为创意产业发展重要的空间依托，也体现了不同类型的文化创意培育机构选择的重要区位指向。目前，北京有市级文化创意产业集聚区30个，100多个区级集聚区和为数众多的各具特色的文化创意街区，产业集聚规模进一步扩大，产业发展迅速，吸纳了上百万人口就业。从集聚区在城市功能区的分布来看，首都功能核心区有4个，城市功能拓展区有15个，城市发展新区有6个，生态涵养发展区有5个，已基本覆盖全市16个区县。在优化产业布局方面，北京市提出：以首都功能核心区和朝阳区、海淀区为中心，优化产业布局，集中力量建设好海淀文化和科技融合发展示范区、朝阳CBD-定福庄传媒走廊、怀柔文化科技高端产业新区、通州新城文化创意产业园等集聚区。据统计，2010年北京文化创意产业集聚区，年主营业务收入500万元以上的文化创意产业法人单位（其中批发企业年销售额2000万元以上）近700家，实现收入630.3亿元，比2009年增长22.5%，高于全市文化创意产业收入平均增速2.8个百分点；从业人数7.8万人，比2009年增长10.8%，高于全市文化创意产业从业人员平均增速4.7个百分点。北京市30个市级集聚区无论是经济总量还是辐射力、影响力在全市文化创意产业中都具有重要作用，成为全市文化创意培育及其成果产业发展的重要载体。从文化创意产业集聚区的主导产业定位来看，软件网络、计算机服务以及广告会展等领域发展较突出，但存在同质化竞争现象。个别成熟的集聚区已具有一定的品牌效应，如798、中关村软件园等，但大部分集聚区效果不理想。

目前，北京市文化创意产业集聚区主要集中在城市功能拓展区，以海淀和朝阳两区最多，且与中关村科技园重合度较高。以海淀、石景山为核心的城西地区，凭借科技资源形成了以动漫游戏等

计算机软件及服务业为主的科技创意园区；以东城、西城为代表的城中心区，凭借其历史、人文资源形成了以古玩艺术品交易、旅游休闲为代表的传统文化区；以朝阳、通州为代表的城东地区，则得益于城市快速建设，形成了以传媒、设计创意为代表的门类繁多的新型文化产业园区；以房山、怀柔、延庆、密云、平谷等周边区县为代表的生态涵养区，凭借独特的旅游资源，形成了以文化旅游、影视制作和交易为主的远郊旅游休闲区。文化集聚区不仅改变了原有的城市空间结构布局，愈加凸显了北京的文化特色与风貌，还赋予了老城区新的活力，形成城市空间结构新格局。创意产业在老工业区的集聚发展，把老工业区转化为了文化区，带动了本地区的经济发展实现了旧城区的复兴。文化创意产业发展不但盘活了工业建筑遗产，使之成为新的生产力载体，而且使其间凝聚的历史价值融入了艺术气息，使老旧建筑获得了新生，成为新的亮丽的都市风景，甚至成为城市的新名片，城市空间布局也突破了过去那种忽略文化的单纯产业结构模式。但随着租金上涨、游客进入、大型企业入驻尤其是商业品牌的落户，园区的商业氛围愈加浓厚，园区将从原创艺术的集聚转为艺术品交易、传媒产业等高营利性产业的集聚。有学者研究了北京文化创意产业空间分布的影响[8]：其一，影响文化创意产业空间布局的主要因素突出表现在文化设施的数量和使用效率上，表明这一因素是文化创意产业发展的必要条件和共性条件，即文化创意产业的发展需要文化设施的支持，也需要交流及其产生的知识外溢；其他影响因素包括第三产业增加值和人均非食品类消费支出等，均为正向的促进作用，这表明文化创意产业的发展需要依靠第三产业支撑，尤其是要重视创意的交流和消费市场的规模。其二，从政策对文化创意产业空间选择和发展的影响作用

---

8 黄斌等：《北京市文化创意空间影响机制与政策建议》，《北京文化发展报告（2012—2013）》，社会科学文献出版社2013年版，第168—170页。

来看，地方公共财政支出和文化创意产业集聚区数量在促进文化创意产业发展的作用较为微弱，一些可以推动文化创意产业发展的政策措施目前尚不明确。一是文化创意产业集聚区基于政策均衡的考量，与北京市文化创意产业发展阶段不相吻合；二是文化创意产业集聚区目前主要是健全和完善硬件设施上，对园区企业的支持不多，而且硬件的完善还带来了地价和租金的上涨，甚至对小微文化创意企业和创意阶层产生了挤出效应。其三，偶然性是文化创意产业空间发生的重要原因，但自发生成后产业集群的发展主要依靠核心人物和企业的社会网络。其四，政府主导的园区对于高科技类文化创意产业、处于起步阶段的地区有一定的促进作用，但对于艺术传媒类文化创意产业、已经发展较为成熟的区域则应有不同的应对策略。其五，不同类型文化创意产业需要的资源不同。艺术传媒类文化创意产业倾向于选择旧城、废弃工厂，不仅因为租金便宜、交通便利，还因为旧城的空间符号可以内化为文化资本进行投入；而高科技类文化创意产业对于研究性的、科技性的产业资源需求较大，因此，更倾向于选择高校周边、交通便利的郊区等低价、租金便宜的区域发展。

近年来，北京市比较注重重大项目带动作用。逐步确立了中国动漫游戏城、中影数字电影制作基地、国家动画产业基地、北京国家音乐产业基地、中国北京出版创意产业园、中国北京星光电视节目制作基地、中华文化主题公园、西山创意大道、CBD—定福庄走廊、平谷中国乐谷、中国艺术品交易中心、天桥演艺文化区、卢沟桥文化创意产业集聚区、云居寺历史文化风景区、大山子艺术和设计产业功能区等重大文化创意产业项目，发挥其在各自领域的龙头带动作用，支持北京文艺演出中心、出版发行和版权贸易中心、广播影视节目制作和交易中心、动漫和网络游戏研发制作中心、广告和会展中心、古玩艺术品中心、设计创意中心等几大中心建设，为

夯实全国文化中心城市建设尤其是文化创意培育中心建设奠定产业基础。集聚区的规划和建设要重视宽容的社会氛围和包容的文化环境以及创意基础结构的培育；集聚区的管理和发展要重视确立适应型的管理模式，并保持和扩大区域的决定性的竞争优势。一定意义上讲，从文化集聚区设立的初衷和现实作用来看，它对文化创意的培育和文化创意产业的发展有着积极作用，但在不同的集聚区的作用效果差异很大，其促进作用不尽相同。从集聚区视角来看，它对文化创意培育的积极作用尚未充分发挥，其裂变效应还有很大空间。

## 四、北京文化创意培育的溢出效应：产业融合、创新驱动、跨界发展

文化创意与个人创造力和知识产权相关，已超越了一般的文化产业概念，不仅关注文化的经济功能，更关注文化创意对传统产业的渗透与融合，这种"跨界"有利于促使不同地域、领域、行业资源的整合与重组。产业融合是文化创意培育的最直接溢出效应，文化元素和创意正在深刻地渗透到国民经济的各行业中，包括信息服务业、装备制造业、电子制造业、终端制造业、包装业、装饰设计业、现代服务业等。可以说，文化创意已经渗透和融入经济社会发展的全过程，历史、传统、民族等文化资源和要素，日益成为价值创造的重要支点，品牌、形象、美誉度等形态的文化资产，日益成为市场竞争的关键，文化本身不仅仅作为文化产业直接贡献于经济发展，还以其文化创意提升经济发展质量，对调结构、转方式发挥重要作用。

文化创意具有融合性、高附加值、低耗资源的特征，符合首都城市定位和发展导向。同时，文化创意产业能够和首都比较优势充分契合，北京具有厚重的皇城文化和现代的新文化资源，为文化创意培育提供了资源基础。培育文化创意与首都发展具有很强的兼容

性和高度的互动性，是促进城市发展模式转变的着力点；文化创意产业是人才和创意密集型企业，通过与资本和文化资源的融合，占据产业价值链高端，对其他产业有很强的渗透力和辐射力，能够促进科技、文化、制造等产业融合，推动制造业向高增加值产业升级，发展文化创意产业是推动经济发展方式转变的重要力量。

文化创意直接生成为文化产业的核心和新兴业态，成为文化产业自身转变发展方式的重要驱动力和内生动力。保持文化产业的竞争优势地位就要不断增强首都文化创意产业的辐射力、竞争力、影响力，实现文化产业经济效益和社会效益的最大化。对此，要集聚一批从事内容创作、策划、生产的各类创意人才，而这类人才在市场中往往是稀缺资源，除了充分利用首都现有人才资源外，还需要加大这类创意人才的培养、引进和使用，建立与文化产业发展规律和市场经济规律相适应分配激励机制，实现业绩与收入挂钩，建立人才高地，使人才引得进、留得住。此外，还应创造适合人才成长、发展的环境，对于领军人才，要在奖励机制上对现有政策有所突破，如持有一定的股份等激励机制；对内容策划、编剧和创意设计的个体工作室、小微企业、研发机构给予更多的关注和奖励支持。

北京实施的"双轮驱动战略"，不仅有力地推动了经济发展方式的转变，还为文化发展提供了重要的动力和技术手段，创造了新的文化业态的培育，提升了文化产品的技术含量和时尚化的表现形式，有利于文化品牌的打造和提升。北京市通过产业融合、创新驱动和跨界发展，拓展了产业链条。一是发挥文化创意和设计对制造业附加值的提升，促进创意设计与制造业的融合。利用好"北京国际设计周"和设计基地的作用，服务于北京的高端制造业；二是鼓励现代制造业企业参与文化产品生产，促进产业融合；三是探索文化与旅游等传统服务业的融合及其附加值的提升，完善产业链条和业态的创新。

从"创意北京"发展实践来看，尽管北京的文化创意产业发展位于全国前列，但文化创意的驱动和支撑作用尚未充分发挥，主流文化价值观的引领作用还有待进一步加强，在文化产业的做大做强方面需要科技创新、文化创意的驱动。在文化创意产业发展方面也缺乏科学规划和顶层设计。尽管出台了一些列政策文件，但仍未打破原有体制按行政、层级、各部门、各行业规划文化资源的方式。由于未能从首都发展的宏观视角对各区域、各部门、各行业进行科学统筹，导致诸多乱象，制约了政策的协调推进。尤其是在法律法规缺位的背景下，文化创意产业的运行、发展更多依靠政府的行政力量来调配、干预和推动。作为配置资源的手段，由于市场机制缺位，政府长期行使管理者的角色，对投资审批、市场准入许可以及价格管制等拥有过多自行决定权，从而形成以不受约束的权力为背景的行政垄断、机会不平等，等等问题，从而造成很多文化企业创造力、竞争力下降。在文化保护和推广方面，北京与巴黎相比，市民对公共文化活动的参与性不足，对文化保护的意识不强，在政策执行上多有不到位之处。与东京相比，在文化创意提升城市文化影响力方面，东京形成了具有核心竞争力的产业——动漫创意产业。虽然文化创意产业已成为北京市的支柱产业，但各行业市场集中度偏低，创意性不强，具有世界显著竞争力优势的主导产业缺乏，世界知名文化品牌缺失。这些难题都在制约着"创意北京"建设。

# 第三章
# "创意北京"建设的重点和难点

　　文化创意原本是指文学艺术创作活动中的灵感现象，在日益受到社会、经济、文化关注的语境下不断蔓延，现已成为经济社会文化发展中的一种主要驱动要素，对于推动经济社会发展转型具有重要意义和价值。一定意义上，文化创意人才已成为衡量国家竞争力的一项指标，一个国家或城市拥有越多的创意人才，就越能推动创意经济高速发展。但是，文化创意如何培育？文化创意能否管理？谁是文化创意培育的主体？在信息社会和人人都是艺术家的氛围中，文化创意培育不再由政府唱独角戏，而是逐渐被政府的公共部门、企业、民间的私人部门以及非营利组织等分担。随着国家治理体系现代化进程中由文化管理走向文化治理，相应的观念转变、体制机制创新和相关配套政策的供给，都会成为"创意北京"建设的关注点。

## 第一节 文化创意培育的政策干预

　　十八届三中全会提出了国家治理的概念，这会促使人们对创意认知的深化，和"创意治理"范式发生转变，相应地创意管理方式、手段及其政策工具也会发生改变。特别是有关艺术和艺术家

跨向世界创意高地

的文化政策，以及文化经济政策都会影响到"文化创意"的发挥和"文化创意的治理"。尤其要在全社会广泛树立"创意"是资源，甚至是经济社会发展的"重要资源"的理念，在全社会形成鼓励文化创意培育的环境和氛围。进一步明晰和深化对文化创意功能的认知（突出有创意的理念及其活动），不能仅仅局限于某些产业门类（如上海的文化创意仅指研发设计创意、建筑设计创意、文化艺术创意、时尚消费创意和咨询策划创意这五大类创意产业中的一类），而建议以职业即从事文化创意及其产业延伸、拓展为主体的活动来定义创意者，以此建构相应的指标统计体系，使文化创意由无形的虚灵化观念获得有形的实体产业支撑（从创意理念-创意产业-创意经济-创意城市不断提升其功能和层次）。

## 一、文化创意培育管理的政策取向

对文化创意培育的管理人们越来越倾向于建构一套政府——企业（创意机构）——协会（非营利组织）——个人多元互动的伙伴关系的共同治理模式的管理体制。文化创意集散地（培育中心）的特征是创意人群生活和工作结合、文化产品生产与消费结合，需要量化的宽松环境，有独特的本地人文特征，只有形成文化企业、非营利组织和个体艺术家集聚和互动的伙伴关系，才能有利于文化创意培育，而这些需要政府的推动和协调。政策在什么时机介入和干预到什么程度？考验着政府的执政能力和水平。从国家文化治理的视角看，需要政府、市场和企业与社会机构协同推进，提高文化创意培育的质量和效率。这种创意治理与创意管理的新观念将引发政策的调整，向平行的、联合的、协商的公私伙伴关系转变。政府、民间机构、个人和非营利组织的共同参与，给从业者或创意项目、活动提供资金，或者发挥其在创意产品价值链中的中介作用，而创意人员师和培训师、金融家、赞助机构、文化政策制定者、文化企业家、消费者、职业艺术家和基金会等，都在文化创意培育中分担角色。只有完善创意培育管理机制，才能规范创意阶层的行为，使之有利于机构和企业的发展。在创新型社会和城市功能转型中，即使像北京这样的国际大都市，都存在着文化创新创意人才不足、社会创意意识不高、对外开放水平和政府财政与社会资金对文化创意支持力度不够等问题，面临着如何理顺政府、市场、企业与文化创意主体之间的关系。政府如何实施有效的政策干预，以及营造有利于激发文化创意的社会环境，是摆在政府和文化管理职能部门面前的难题。

对于文化创意的倚重和创意管理，是近年来国际社会尤其是发达国家和地区如欧盟等普遍关注的课题。欧盟在一份报告中指出：艺术创作和文化创新依赖于一个广泛的机构网络的信任和经验。这个网络由中介人和管理者（批评家、代理商、专业机构、手工艺人、店主和艺术及媒体实验室等）构成，创意人员或网络因相互依赖形成的集聚使创意活动及其结果被所谓创意"治理人"（他们掌握着财政资源和法律框架）所了解，这个过程就是"创意管理"。从中可见，这个过程已超出对创意产品生产和销售的简单管理，因此需要一整套文化政策或"创意政策"，包括实现它的有效贯彻机制。支持艺术创意的法规、政策及措施，在它们能确保新的创新理念与洞见产生，以及确保这些创新理念与洞见能被一种不仅有效而且新颖的方式所管理与销售时，则被认为是"成功的"。换句话说，"创意政策"的发展需要在两个方面平行推进：一方面要对新理念与洞见的生产予以支持；另一方面要使这些洞见与理念的销售渠道能够进入公共领域并被公众知晓，这时它们才是成功的。重要的是，这种新颖有效的创意管理不以过度限制与干预为前提，即它应在财政或不同文化视野方面提供灵活多样的选择性。评价创意的新标准和财政系统新机构的设置是为了保持欧洲文化多样性与艺术

创意的可持续性。出于同样的目的，欧洲需要一个更好更简明的信息系统以检测各种原创项目。[1]在欧盟的政策框架内，往往通过几种模式的相互协同实现政策的干预取向。

其一是"创意取向"，包括培育早期阶段的创意研发和识别天才、奖励精品及国际推广的政策措施。例如对创意、创新进行投入的"研发补贴"或对信息社会语言即"电子内容"进行投入的各种直接资助的新措施，它们不是单纯从经济角度考虑，而是依照让艺术与科学从平等起点出发的观点考虑制定。这体现了对创意价值的尊重，也是体现政策前瞻性的地方，但现实中的政策取向尚未顾及到。

其二是"专业市场取向"，主要指提供经济政策法规以弥补市场失灵，这种取向不仅使其工作获得专业认可，还使他们有足够的机会从对增加值的贡献及其创意产品被公众和私人使用的结果中获取相应回报。

其三是直接体现"干预取向"，其重点在于调动政府的行政资源，借助各种手段体现引导功能，如把某些创意产品纳入政府采购目录、政府购买公共服务、开展大众教育等，引发、扩大并促成多样化公众的消费需求；同时，通过提供基础设施、贷款和银行担保增加供给，通过税收优惠减免等政策的调节以降低价格壁垒。

文化创意管理的政策干预取向涉及地方创意特质等多方面的关系和要素。首先从宏观上考虑，保持城市的历史特色和文化底蕴需处理好历史传承与创意开发之间的关系：创意开发不能失去城市的历史文化特色，创新不能失去基调和底色。其次在具体微观方面要对创意的内涵、层次和结构及其价值导向有明确的认知。尤其要明确一个城市的文化生产力结构及其发展方向，洞察生态科技型文化

---

1 丹尼尔·克利谢等：《〈创意欧洲〉项目的"结论和政策建议"》，吴思富译，张晓明等：《中国文化产业发展报告》（2012—2013），社会科学文献出版社2013年版。

创意产业的发展趋势，发挥其引领作用。

　　对文化创意培育的管理既要充分发挥文化创意产业在创造社会财富、创造就业机会和实现经济发展中的重要作用，又要全面适应和满足人民群众对高尚的精神价值、科学的知识方法、健康的审美情趣的需要。一定意义上讲，政策干预对于文化创意培育管理具有重要作用。无论是通过建构现代公共文化服务体系，提供均等化的公共文化服务；还是通过建立健全现代文化市场体系，发挥市场在资源配置中的决定性作用，都是为了激发文化创造活力，为文化创意培育提供现实基础和支撑作用。此外，还要通过加强政策引导和舆论宣传，形成强势的鼓励创意的氛围及其市场环境，使文化创意走进社区、市民，进入大众的日常生活中，使创意创新深深植根于民。在实现路径上，鼓励青年人探索通过激发创意进而就业的路径；引导企业广泛重视创意研发，改善消费环境，吸引广大群众消费创意产品和服务，形成创意价值实现的良好氛围；以创意培育为抓手，推动建筑设计、工业设计、服装设计、时尚流行设计做出特色，使设计业成为全社会激发创新、迸发创意、实现价值的典范，展现创意转化为生产力的示范引领作用。

　　对文化创意培育的管理要落实到专门的服务机构（政府的或非营利文化组织）。国外通常设立专门的促进创意培育的机构，其主要功能是提供政策咨询、战略规划、市场支持、融资指导、培训指导、相关信息的出版和传播等全方位的基本服务。推动文化创意培育开展细致入微的工作，从细微、细节、氛围营造做起，即使有政府投入也不应干预创意机构的微观运营。如澳大利亚创立的"昆士兰模式"，这是由当地政府和教育界共同发起建立布里斯班创意集聚区（培育中心），是澳大利亚第一个文化创意产业园区。除昆士兰州政府和昆士兰科技大学外，昆士兰模式的投资者还包括文化创意产业集聚区有限公司和与之相关的企业中心、澳大利亚创意产

跨向世界创意高地

→107←

业与创新国家重点研究中心、大洋洲互动设计合作研究中心、专业戏剧演出公司等产业界和学术研究界的机构。昆士兰模式是政府、教育界、产业界、研究机构等共同参与和推动的结果，具有较典型的官产学研相结合的特点，通过校区、园区、社区三位一体的发展机制，把文化创意创新和产业化很好地关联起来。再如伦敦成立了"创意伦敦"工作组，这是一个由伦敦发展署管理的战略团队，以政府和民间合作伙伴关系的方式运作，广泛汇集重要创意公司行政执行官、艺术组织和政府部门官员的建议，促进、支持和培育伦敦创意产业。纽约市政府设立了文化事务部和电影戏剧与广播市长办公室两个专门机构，通过资金支持等方式，加强对文化创意培育的扶持。

具体而言，以政策干预文化创意培育，促进"创意北京"建设要遵循以下原则：

其一，立足本土文化，借鉴外来文化，在文化多样性的交流交融中激发文化创意。文化创意需要以多元文化为依托，但要坚持主流文化价值诉求。

其二，特色原则。在文化创意培育中，要树立精品意识，坚持唯一、最佳的特色原则。特色因差异而形成，所谓差异既是现实中具象的差异，也有虚灵的理念差异。

其三，市场导向原则。遵循市场规律、减少盲目性。

其四，可持续发展原则。坚持低碳环保绿色的理念。

其五，经济效益和社会效益兼顾的原则。

## 二、影响文化创意培育的宏观要素

从整体上来看，影响文化创意培育的三个宏观要素，分别是全球性创新格局转变，主流文化价值取向，政策的有效性、完善性与持续性。从世界格局的大背景来看，全球性创新格局有了新的动向，表现为创意与社会责任的互生性加强、创意主体合作的全球化趋势明显，创意本土市场导向明确，客户体验对创意培育回报率增加以及创意培育平台的持续性加强。从主流文化价值取向上看，相对自由宽松的社会文化环境能够促进信息沟通的顺畅、保证创意主体工作的专注性、提升权力主体对创意带来的社会巨变承受能力，从而间接促进文化创意培育。政府制定支持创意政策的有效性、完善性与持续性对创意培育也有着重要影响，政府作为政策制定的主体与市场监管的主导力量，明晰其公共服务的角色定位，让渡出创意自生空间，对于培育创意尤为重要。

## （一）全球性创新格局转变和创意的人性化趋势

根据通用电气《全球创新趋势报告》研究成果，自2010年以来的三年中，世界创新格局发生了转变。周祖怡在《GE深刻解读全球"创新"》一文中总结道："世界创新格局的转变主要发生在三个方面。第一，创造利润的多寡将不再是新时期衡量一项创新是否伟大的标准，取而代之的是该发明创造在多大程度上满足人类的基本需求。第二，新兴国家市场和中小企业在创新领域的作用逐渐凸显，创新越来越依赖于各类型创新主体间的合作。第三，除了制定相应的鼓励政策以外，政府也应该注重完善金融、投资市场及渠道，并倡导多元、宽容、合作的文化来更好地促进创新"。

具体地说，满足人类的基本需求，就是要求新时期的创新关注人的生活质量，关注对个体和社会需求的满足，将创新与创意落实到现实关怀的温情当中，将社会责任的承担与创意的孵化作为相互依存的两个方面。新兴国家市场对创意培育的作用主要体现在以市场作为桥梁沟通人的生活需要与创意之间的互动，真正地用活市场要素，将市场作为创意的驱动力与产品的检验场。新兴国家市场对创意培育的另外一项推动表现在用户体验对创意的回报率上。积极主动地让更多客户参与到创意合作中来，将客户意见有效吸收进

创意设计中，一方面有利于创意产品的市场竞争力提高，另一方面也有利于建立稳定的问题库，以利用更短的时间解决更多的问题。此外，因地制宜地针对本土市场的微观开发，也将成为创意来源之一。作为创意主体，中小企业推动创新的能力逐渐备受关注，相比大型企业，中小型企业的管理机制更加灵活，内部管理层级之间沟通效率较高，对问题的发现和解决的速度较之大型企业往往更快，中高层对创意的直接支持与直接关注度也会较高。此外，中小型企业在市场竞争中形成了独立、开拓、进取的企业文化为文化创意培育提供了便利条件。各类型创新主体间的合作，要求建立更多的持续性高质量创意对话平台，信息互动能够为创意提供灵感。

新格局下的创意培育需要紧跟时代步伐，深入社会调研，知社会之所需，将发力点放在于社会责任的承担中开发对人类生活有益的创意；注重引导消费，培养消费者互动意识；坚持市场化导向，完善客户体验回馈体系，培育互动平台；构建创意对话社区，促进创新信息沟通；促进跨学科间的专业人才沟通合作；注重中小企业及个人潜质的创意开发。

## （二）主流文化价值取向

实践表明，一个社会的主流文化价值取向对于创意培育有着广泛而深刻的影响。Scott A.Shane在《为何某些社群发明创造比别的社群更多？》一文中，论证了社会文化价值取向对社会创新精神与创新能力的影响。"层级制度""权力距离"是其展开这一论证的关键词。所谓"层级制度"的影响，指的是如果一个社会群体人事组织结构中，上下级之间服从关系占突出地位，那么原则上这个社群的创新精神与创新力将弱于非服从关系占主导的社群。社群中的层级制度能够影响到其文化价值取向，比如中小企业中相对个性化、自由化的人事组织结构能够促进企业在实践中塑造并实现其相对独立、进取的精神，形成相对轻松自由的氛围，这对于创新来说很重要。非服从关系占主导的群体中，信息的交流、人才选出、创新要务之外的干涉力较少，这些都有助于解释为何文化价值取向多元、文化环境宽松自由的社群，其发明创造和创意成果比别人多。

"权力距离"是用来表示人们对组织中权力分配不平等情况的接受程度。比如美国的权力指数较低，而阿拉伯国家的权力指数较高，因为从整体上看，美国人不是很看重权力，而是更加注重个人能力的发挥，阿拉伯国家则更注重权力的约束力，其政府部门或企业都或多或少带有权力色彩。中国在全球权力指数中排名较为靠前，处于前十位之中，这意味着总的来看，中国员工对企业中的权力集中能够更加容忍。上文已经论述到，企业中人事组织服从关系占主导对于培育创意并无太多帮助，权力的集中也难免会干预到创意培育需要的自由空间，干预到资源的优化配置。

对于创意培育而言，宽松自由的空间相当重要，鼓励创新就要给人以说真话办真事的自由。给予专家学者发布第三方立场的空间，激活市场机制要有高度的自信，允许多种声音和多元价值观的存在。同时要与外界信息保持同步，摈弃对中小企业的偏见与歧视，加大对科研人员的鼓励和社会认同感，鼓励具有创新能力的人才坚持不懈追求目标。创新需要广阔的视野，必要的信息交换，以及更好的人才选拔环境，也需要中高层管理者的直接支持，中小型企业在这方面的反应速度与效果要比高度组织化的大型企业做得好。中国的大型企业高层更多地将创新看作是一种自上而下，由国家引导的战略活动，主要因其思维惯例在创新上更依赖于政府的引导与财政支持，但是文化创意培育远不止是政府政策支持就可以解决的问题，全社会宽容与勇于开拓进取环境的形成，以及团队合作意识的加强，有利于形成吸引融资投资的环境与尊重知识与人才的氛围。基于"层级制度""权力距离"对创意培育的影响，政府应注意在创意培育过程中转变角色定位，将一部分自由空间让渡给市

场，做好公共服务工作。

### （三）政策的针对性、完善性与持续性

对于创意培育企业发展而言，政策的针对性、完善性与持续性是影响文化创意培育的重要外部因素。所谓针对性是指政策能否针对企业所面临的切实问题提供扶持，所谓完善性是指完整的政策支持体系的建备，所谓持续性是指政策制定要在因时制宜的基础上，尽量不因其突然中止或变动对企业发展造成冲击。

《2013年全球创新指数报告》显示，"百分之八十八的受访企业家认为更难争取到风险投资私人投资和政府拨款对创新的支持，百分之四十二的受访企业高管对政府支持创新的效率和协调运作成效不满。百分之六十七的受访企业家表示更愿意开展风险较低的流程和渐进式创新，百分之五十六的受访企业家表示企业取消或压缩既定研发计划的现象日趋普遍。与创新政策框架较弱的国家相比，创新政策更加完善，更有竞争力的国家，实际的经济增长也更加强劲"，这一材料表明，企业会在周转资金不足、承担风险较大的时候倾向于选择规避风险，从而取消或者压缩研发计划。

另外，高密度的创意产出离不开三方面的配合。一是完备的创新基础设施，包括全社会宏观科技政策机制，以及基础研究与高等教育的支撑力度。二是保证新创意赖以产生的科学技术知识储备及其应用。三是上述两者的结合程度。在同等的宏观条件下，产业内部集聚的微观经济状况，将会对创意密集度产生影响。也就是说在同等创新的基础设施条件下，高度密集的产业集聚更容易促进创意及其成果的转化。微观产业集聚中的企业竞争态势、专业开发能力、资源分享状况等因素都会对产业内创新产生影响。因此，在注重宏观经济环境，保证经济政策支持的同时，也要考虑到产业聚集中的特殊微观环境，建立宏观与微观之间的高度链接机制与产业内的微观深度开发机制。倘若开发机制不健全，产业内的新创意成果也会因此流向他国。

　　基于此，在金融可能出现压力的情况下，企业往往会缩减计划。目前全球经济复苏速度放缓，中国的企业创新外部环境好于国际平均水平，在此时期，政府应切实针对企业面临的融资问题提供财政扶持，并在可能出现的低谷期推动投融资的持续扶持。政府还应构建开放的创新体系，鼓励并帮助企业构建完善的沟通系统、国际创新情报体系，以实现创意产品的市场化。此外，政策制定时还要考虑到微观经济环境，要深入产业聚集区深度调研，制定出真正有效的政策。

## 三、政府政策干预的限度

　　政府通过政策的引导和对文化产业发展形势大趋势的判断，为文化创意培育搭建平台，激活文化创新机制，发挥市场机制在文化创意培育中的重要作用，建立健全创意培育的市场规则，通过建立正确的价值取向、规范的市场秩序、合理的利益分配机制、知识产权保护制度等市场规则，使以创新文化和创意生产为核心的文化创意产业获得良性发展。

　　当前，小企业或个体工作室即使有好的创意，也会因资质问题不能得到及时帮助，政府的专项资金应当着力在这些社会资本不愿介入的领域发挥作用，并以此对社会资金发挥引导性影响。事实上，政府的资金往往青睐于资质优良企业和项目，这些企业和项目往往生存能力强，政府投入反而导致政策资源的边际效益递减；而那些小企业和个体工作室对政策的需求更为迫切，政策资源在这些领域投入则会产生边际效益递增。遗憾的是政策却对其支持不足，对社会创意环境的营造发挥的实质性作用有限。政府可以通过更加灵活的资助或采购计划，扩大政府对文化创意产品和服务的政府采购，把文化创意产品和服务列入政府采购名录，逐步提高政府采购

中具有自主知识产权的创意产品和服务的比例；完善知识产权信用保障机制，发挥建筑规划设计、工业设计等知识产权无形资产的融资功能，鼓励和支持公民及法人以知识产权作价出资创办企业；鼓励金融机构开发服务于文化创意培育和创意产业的金融产品，推动有条件的创意企业上市融资；支持投资主体多元化。另外，由于小规模的、私人性的文化创意有其自发性、个体性和文化机构的特殊性，以及文化产品和服务的内容属性，政府不宜介入过多。但在文化创意的成果兑现、文化展示和文化交易活动日渐频繁的语境下，创意及其成果愈益具有公开性、公共性，政府就有责任进行监管，这不仅是保护文化产品消费者权益的体现，也是政府监管的义务。此外，当文化要素集聚产生裂变效应时，即核心文化资源要素的集聚达到一定规模，而将服务于该生产要素的相关产业服务和支撑机构置于特定空间中，形成相对完整的文化产业链和具有生态效应的文化消费群落时，市场本身难于解决由于文化经济迅速发展所提出的公共资源的配置问题，政府管理机构的介入和专门的管理机构的组建就显得不仅必要而且紧迫了。政府可以采取多种文化经济政策，包括资金补贴、资助、购买服务、税收减免、信息服务、教育培训等多种干预手段，以政策激励更多国有文化机构和国有文化企业参与文化创意培育，鼓励和促进民营资本进入文化创意培育和创意产业。一般来说，政府对文化创意培育的政策干预着眼于以下几方面：

（一）在支持的内涵和范围上，要从狭义的文化创意到广义的文化创意，从支持文化产业向大文化发展演变，尤其是现代公共文化服务体系的建构。加大向文化基础设施的投入，不仅要新建硬件设施以增加数量或扩大规模，也要增加其软件内容投入，更要重视其利用效率，通过减免费用或者政府发放消费券等途径鼓励市民参与公共文化服务活动，从根本上推动知识和创意的产生、交流和发展。

（二）从促进城区均衡发展到凸显创意高地，以培育全国文化创意中心为目标。北京文化创意有较好的基础，文化创意产业发展势头很好，各产业在空间上均呈现出极强的自我集聚性，从已实施的政策效率上看，集中式的产业发展政策效果更好，应将主要投资集中于当前文化创意产业集中的城区。

（三）文化创意的涵盖面很广，各产业间的差距很大，不能采用一刀切的管理政策，应以差别化的政策指导为主。从空间发展上看，应以科技类和文化传媒类区分文化创意及其产业发展。科技类文化创意产业可通过设立集聚区域以政策支持和集中发展；文化传媒类集聚区则应减少束缚，鼓励其自由发展。

（四）产业政策应更加体现对创意阶层的人文关怀和价值肯定，包括授予荣誉称号。目前的产业政策偏重于产业、空间和基础设施，其着眼点往往落在"物"上，其实，自发性的文化创意和园区的发展没有一个是因为硬件条件良好而催生出文化创意产业业态的，大多是偶然性发生后有核心人物或团队的凝聚作用、示范作用，甚至是一个小的创意火花而成燎原之势，从而带动了区域文化创意产业生产者网络的形成。

（五）鼓励文化的多元化发展和文化艺术表现形式的多样性，鼓励草根阶层的创意活动，发展"创意市集"等创意活动的常态化，积极寻求新的文化创意源及其增值空间，创造条件促进不能适应区域内发展的企业外转，使进入和流出形成机制化，进而形成文化创意培育的良性产业生态。

（六）协调法律和社会框架。通过法律框架和合同的标准化，以及对各自主张和成就的相互承认，支持艺术家的流动，激发多边创意的产生。政府通过多边或双边交流计划去培育实质性、整合性的伙伴关系和项目，以促使不同角色参与。面对不同文化、政治和经济背景，要支持跨界合作，给予民间的、外国的艺术家和创意产

跨向世界创意高地

品以平等的国民待遇。

（七）完善知识产权保护、管理和应用，使其成为企业提高成长性和竞争力、培育新业态和制定新标准的重要基础。知识产权制度对创意的保护体现在三个方面：一是解决创意的非排他性问题，保护创意的回报；二是建立合理的投入收益机制，使资源主动寻求创意；三是鼓励创意有偿扩散，扩大创意的应用范围。知识产权保护的是原创和创新，它并不阻止思想创意火花的迸发，一项创意得以安全展现很有可能激发另一项甚至多项创意的产生。在公益创意方面，成功的创意很有可能引致技术轨道的诞生，对未来技术的发展产生深远的影响。目前，现有知识产权保护体系越来越难以应对数字化时代变化着的创意过程及实践。传统的"个人著作""独创性""艺术引用""所有权""公共领域"和"公共利益"等观念已受到挑战。

究其实质，政策干预的核心是理顺政府和市场的关系，创造良好的市场环境、提供公共服务、弥补市场失灵。当前，随着社会主义市场经济的完善，政府应逐渐减少对文化创意培育市场的干预，给社会和市场留下更多的发展空间，维护良好的文化生态系统。另外，政策干预要以实现文化创意的"人的价值和对人的关怀"为诉求，而非单纯追求经济价值的实现。当前的诸多政策推动，最大的问题就是凸显"产业"维度，不见"文化情怀"，常常是资本和技术的狂欢，独独缺失文化生成和价值传播的自觉。

## 第二节 "创意北京"建设的重点

"创意北京"建设要牢固树立文化创意是生产力的理念，激发创意的活力，发挥文化创意的渗透和辐射作用，促其成果转化产业化，在首都经济发展方式转变中发挥引领带动作用。

## 一、"创意北京"旨在形成有利于文化创意的区位指向性

国际经验表明，创意培育中心（创意之都、创意城市）的形成和发展取决于城市优越的区位条件（一般是国际性、全国性和区域性的经济中心）、强大的要素配置能力（一是城市综合要素配置，一是某种类型的创意行业的专业化要素配置）、持续稳定的市场需求（创意及其成果的转化需要健全的市场，包括组织生产和传播消费等。如伦敦、纽约集聚了各类政府和非政府组织总部、各类企业和专业组织总部，其影响力能够辐射全球。此外，创意培育与发达的信息网络密切相关。创意成果转化离不开产业化能力和消费市场，更离不开信息传播能力。拥有强大的辐射范围，广泛的各类通信网络、传播媒介如报纸、杂志、电台、电视台、出版社、图书馆、文化馆等，是创意培育中心建设的支撑。就此而言，中国内地的北京、上海作为世界尤其是全国数据信息知识的传播中心，有利于创意人才获得最新、最前沿的信息。）、高效的创新环境（创意培育离不开对创造力的投入，包括教育基础设施和产业集群发展两个方面。城市创意能力的提升离不开持续的创新和人力资本投资，拥有高质量的培训教育和研究机构，有利于创意人力资本的提升。此外，产业集群的发育程度是衡量城市创意氛围的重要指标，如纽约的百老汇戏剧表演、伦敦的歌剧表演、巴黎的时装、米兰的家具设计、洛杉矶的电影产业等都离不开当地大量具有共同特征的文化生产部门、创意团体、个体艺术家和创意企业，这些团体和企业、非营利机构和个体艺术家集聚和互动，形成城市内部独特的区域创新体系——创意产业集群。就北京而言，其集中了国内最有影响力的高校、科研机构等技术创新和人文艺术教育基础，是新知识、新思想和新技术的发源地，吸纳创造性人力资本的磁力中心。）、独特的人文环境（一是有利于创意人群生产、体验和消费的文化环境，一是有利于创意人群生活的基础环境。所谓文化环境包括三个

层面：宽容的社会氛围，主要指市民宽容的态度，如鼓励创新、包容失败、崇尚个性、平等自由等；多样化的文化风格和多层次性的文化消费，尤其是具有实验意味的各类青年亚文化的活跃度；特色鲜明的地域文化，城市悠久的文化传统和充满活力的文化氛围，开放多元的文化环境有利于吸引具有国际影响力的艺术大师和波西米亚族群的入驻，形成多个以艺术家为主的艺术性聚落，与艺术紧密相连的广告设计、环境设计、产品设计、包装设计等工业设计得到快速发展。所谓生活环境包括适宜居住的生态环境、充实的商品市场和消费性服务、现代化的城市基础设施等。）

创意人才在市场流动中表现出强烈的城市文化环境指向，其区位选择影响创意培育及其产业发展的空间布局。创意人才关注城市服务、文化传统、自然环境以及良好的居住环境。地域文化特色鲜明的城市，有着独特的历史文化资源，或是某一产业非常发达，有大量专业化的创意人才和创意团队，在世界范围内具有影响力。创意经济发达的城市通常都聚集着大量的文化生产部门，具有较强的创意产品供给能力。以创意驱动城市产业升级，产业结构优化升级的过程，就是城市筛选主导产业，合理配置产业体系的过程。经济发展形态较高的城市，主导产业通常是一个系列化的产业群。文化创意产业通常具有需求弹性高、生产效率高、关联效应强、产业创新能力强等主导产业特点，"创意北京"建设应在城市转型发展中运用比较优势战略，根据自愿、技术和产业效率等，在京津冀一体化区域发展中，加强"创意培育中心"建设，通过文化创意培育推动创意产业发展，发挥主导产业的带动效应，促使产业结构优化升级。

## 二、"创意北京"旨在营造浓厚的创意氛围和社会环境

创意氛围的基础是公共文化服务体系建设的完善。公共文化服务体系建设虽由政府主导，有财政预算保障，但绝非靠政府单方面

力量。当前，我国公共文化设施短缺问题仍很突出，公共文化设施使用效率不高、闲置现象严重。解决这一矛盾，除了要继续加大公共文化投入，更重要的是通过建立群众评价和反馈机制整合文化系统内外的资源，提高服务效能。因此，党的十八届三中全会通过的《决定》提出"建立公共文化服务体系建设协调机制，统筹服务设施网络建设，促进基本公共文化服务标准化、均等化。建立群众评价和反馈机制，推动文化惠民项目与群众文化需求有效对接。整合基层宣传文化、党员教育、科学普及、体育健身等设施，建设综合性文化服务中心"，旨在建立有效的协调机制，对建构现代公共文化服务体系做出制度安排。即在宪法权威下保障公民基本文化权益，社会主义核心价值诉求下促进社会和谐，"以人民为中心"的公平正义原则下实现城乡公共文化服务均等化与全覆盖。消除城乡二元体制下的城乡文化差距和知识鸿沟，一是增加农村文化资源和服务总量，做大农村文化蛋糕；一是尽快把农民工纳入城市公共文化服务体系，以文化融入推动农民工的城市融入和社会融入。

　　建构公共文化服务体系的一项重要举措是建立和完善事业单位法人治理结构。《决定》提出"明确不同文化事业单位功能定位，建立法人治理结构，完善绩效考核机制。推动公共图书馆、博物馆、文化馆、科技馆等组建理事会，吸纳有关方面代表、专业人士、各界群众参与管理"，这些体制机制创新，着重解决政事不分、公益性文化单位活力缺失的顽疾。2003年以来，公益性文化事业单位按照"增加投入、转换机制、增强活力、改善服务"的要求改革，取得了显著成效，但仍存在管理体制不顺、运行机制不畅等问题。主要表现在：事业单位普遍存在着行政化现象，管办不分、效能不高、活力不足、监督机制不健全等。基于此，通过建立法人治理结构，一是明确文化事业单位的自主权，把行政主管部门对事业单位的具体管理职责交给决策层，以激发文化事业单位活力；二

是扩大社会参与，通过吸收文化事业单位外部人员进入决策层，扩大参与文化事业单位决策和监督的人员范围；三是规范运行机制，明确决策层和管理层的职责权限和运行规则，完善文化事业单位的激励约束机制，提高运行效率，确保公益文化目标的实现。建立和完善法人治理结构既要下放政府对文化事业单位的管理权限，减少对文化事业单位具体事务的干预，明确文化事业单位独立法人地位，使事业单位自主管理微观运营事务；也要强化对文化事业单位的宏观管理，加强绩效管理和目标考核，不断提高文化事业单位服务质量和效率，实现文化事业单位的公益目标。

在现代公共文化服务体系构建中实现国家文化治理，需要破除条条框框，大胆探索实践，不断创新解放文化生产力的文化制度条件，引导各种社会力量投身公共文化事业，引入竞争机制，推动公共文化服务社会化发展。发展公共文化服务不仅满足人民群众的文化消费需求，还培育了公民的文化消费习惯。激发文化创造活力不仅要通过现代市场体系建设，还要通过建构现代公共文化服务体系来支撑，其根本点是公民文化自主表达权的落实和保障，这是文化创造力之源，也是文化生产力之本。其深层意味则是对文化事业和文化产业区分的再认识，是在市场基础上重新聚焦文化改革发展的中心环节，通过文化体制机制创新实现文化发展繁荣。在国家文化治理体系中，文化事业、文化产业、公共文化服务三者密不可分。如果没有文化产业的发展，文化产品和服务就不会丰富，就不会有更多产品和服务用于公共文化体系，就难以满足人民群众的精神文化需求；如果没有公共文化服务体系的全覆盖，就不会激发公民和社会共同参与国家文化治理的热情。在完善文化生产经营能力，完善公共文化服务体系与转变政府文化职能的同时，积极建构企业法人治理、社团法人治理和国家治理相统一的"三位一体"的文化治理机制，能从根本上提高国家文化治理水平。可见，构建现代公共文化服务体系是推进国家治理体系和治理能力现代化的组成部分，实现文化治理体系和治理能力现代化，必须在经济理性与人文理性统一的基础上强化现代公共文化服务体系的公平正义与有效运行。

在公共文化服务领域探索机制创新、打破条块分割、政出多门、多头管理、同业竞争的格局，建立覆盖北京行政区划，包括中央、部委、驻京部队单位在内的首都文化管理体制，实现资源共享、优势互补。探索建立首都体制的公共文化政策发布平台，面向全社会发布公共文化服务体系指标、公共文明指导手册、文化产业发展目录、文化资源整合共享指导原则、文化人才培养使用政策等，使文化公共政策更加透明而有权威性。建立一个包括医疗、教育、科技、文化、体育等公共文化资源在内的覆盖北京地区的公共服务体系，实现首都资源能力与"四个服务"的首都城市功能有效对接。在加快首都的公共文化服务体系建立中，创新机制，引入竞争机制、提高公共服务的社会化程度，调动社会力量参与公共文化服务体系建设，有效避免重复建设、资源浪费，满足首都各界群众的基本文化需求，促进首都文化的创新发展。

在推动公共文化服务迈向国家文化治理的过程中，不断激发广大市民的文化参与意愿，使公共文化服务成为现代文化价值引导和现代意识养成的文化中心，为文化创意培育中心建设提供社会基础。北京市文化局从2010年开始研究制定基层公共文化服务规范和标准，通过建立公共文化服务需求机制、效果评价机制、投入机制、绩效考评机制和激励约束机制等管理制度，提升基层公共文化服务质量和服务水平。

进一步提高首都公共文化服务的质量，通过引入社会化服务来增强社会文化效益，从而夯实文化创意培育的社会大众基础。城市公共文化服务是满足城市居民生活、娱乐、休闲、文化意识养成、人文教化等需求的服务，也是体现城市人文关怀的重要尺度，完善

的服务体系、广泛的文化活动的参与有利于形成激发创意的氛围。虽然首都公共文化服务体系建设基本完成，但在软件内容供给和服务质量以及社会效益方面，尤其与建设全国文化中心还有一定的距离。为此：

第一，继续加大投入，突出标志性公共文化设施建设，尤其要发挥国家首都优势，争取国家级文化设施落地北京，提高首都公共文化服务的国际化水平，加速与国际接轨。

第二，打造品牌化的文化活动，如北京国际音乐节、北京国际戏剧节等，借鉴巴黎利用遗产日、艺术节普及文化的做法，以各种形式鼓励人们参与和互动，将之作为拓展首都公共文化服务的平台与载体，提高活动的社会效益。

第三，增强公共文化设施的公益性、开放性和参与性，尤其是针对具有重大历史价值、美学价值的历史建筑被占用的情况，应确保其公共文化设施的公益性和对广大市民的开放性。

第四，建立公共文化服务体系多元化投入机制，通过建构现代公共文化服务体系，引入竞争机制和社会化服务机制，改变目前由政府单一发挥作用的局面，鼓励商业资本、民间资本、基金会的进入，在政府、市场和民间力量之间形成良性互动的协作机制，共同推进首都公共文化服务体系建设。

第五，营造社区文化多样性的环境。所谓文化多样性既指国际交流，也包括国内各少数民族文化和地域文化的交流，文化多样性是激发文化创意活力的基础。国际经验表明，文化活力和多样性是一座城市综合竞争力的重要组成部分，也是文化创意培育中心建设的现实基础，更是吸引创意人才集聚和形成城市"创意阶层"的外在环境。这一点在伦敦体现得最为明显。2012年，伦敦创意产业产值约300亿英镑，成为与金融业并驾齐驱的行业。与其他城市相比，伦敦的剧场演出数量为17285次，高于纽约的12045次和巴黎的

15598次；音乐场所数目上，伦敦为400座，纽约和巴黎分别为151座和122座；在文化节数量上，伦敦为200个，高于纽约的81个和巴黎的40个。这表明了伦敦是富有激情和活力的文化都市。相比，北京的深厚文化底蕴和丰富的科教资源未能充分发挥，要成为有活力和激情的文化城市，北京的文化创意应该发挥强势的辐射作用。文化活力有利于文化创意的培育。"常住外籍居民比例"是世界城市的一项重要指标，是生态宜居的认可程度，也是城市魅力的展现。随着中国经济的持续发展，来北京工作、生活和学习的外国人越来越多，北京应该制定吸引外籍人口的有效政策，使北京越来越国际化和充满国际色彩，使北京的文化越来越多样化，更加精彩纷呈，更充满活力。同时，加强社区文化建设，使文化养心养魂，富有人文情怀贴近百姓需求，展示不同的地域文化色彩，也是保持和保护文化多样性的表现形式。

## 三、"创意北京"重在营造良好的市场环境

文化创意培育同样需要发挥市场的积极作用。探索建立首都体制的文化市场要素平台，发挥市场在文化创意资源配置中的决定性作用。建立健全现代文化市场体系，形成统一开放竞争有序的现代文化市场。一是按市场配置资源原则整合各层次的文化资源，促使文化资源在全市范围内流动，充分发挥市场在资源配置中的决定性作用，在资源整合中建立共享共赢机制。二是由中央和北京市共同设立国家文化中心建设专项资金，用于激活市场要素、带动社会资金、打造产业链等，提升文化创新能力。三是整合信息资源，建立首都文化信息资源共享体系。加快剧场院线使用、商业演出票房、版权和产权交易信息平台的建立，解决文化创新主体信息不对称问题。四是整合人才资源，建立人才灵活流动机制，着力做好复合型高端人才的培养和引进。以文化创意为起点和核心的文化产业是关

联度很高的产业集群，产业关联是基于经济技术联系起来的，发生关联必然涉及分工和市场交易，建立健全市场可以促进文化产业关联能力的发展。文化产业的价值链很长，各环节的可分性也很强。如果没有形成统一、开放、竞争、有序的现代文化市场体系，文化产品和要素市场就会出现条块分割、地区封锁、城乡分离的状态，这自然会弱化创意成果的转化能力和产业的关联能力。为改变这种现状必须以文化创意为基础，以资本为纽带，发挥市场在资源配置中的决定性作用，打破行政区划、地域分割和行业壁垒，使文化产品和要素在创意驱动下自由流动。通过市场促进各类资源和要素与资本融合，促使文化资源、创意人才和资本的合理运用。

实践中，正是由于市场化程度不高，北京文化创意的积极性没能充分发挥。一是文化市场存在过剩与不足的结构性矛盾，对此只有通过创意培育提升内容产业在文化创意产业中的比重，着力解决文化产品中的文化内涵和价值观问题，以出文化精品和名家大家为诉求目标，才能解决文化市场中过剩与不足的结构性矛盾。二是北京市文化"输入"与"输出"的巨大逆差导致北京的海外文化影响力不强。只有提高创意产品的市场化程度，才能发挥其驱动和拓展功能，推动文化产业迈向价值链的高度，培育北京市的优势主导产业。

第一，从全国文化中心和世界文化城市的建设高度，实施大项目带动战略，以集合创意的方式带动整体文化创意水平的提高，培育文化创意产业的航母。依托北京丰富的文化资源和深厚的文化底蕴，充分整合中央在京文化企业、市属文化企业、民营文化企业的力量，通过重大产业项目带动，在加快文化资源向文化资本的转化过程中，培育一批在世界范围内具有市场竞争力、品牌影响力的骨干文化企业和文化创意机构。

第二，创意北京建设要着力培育主导优势文化创意产业。积极利用科技与创意对具有浓郁北京地域色彩或传统文化特征的文化行业进行改造和升级，如天桥的演艺业，提升传统文化行业的科技含量，以文化创意提升其业态，增强文化企业的产品附加值和文化行业的辐射力，彰显城市文化发展的差异性。

第三，从全国文化创意高地看，要着力提高全市30个文化集聚区的规模化、集约化、专业化水平，充分发挥集聚区对区域经济的集聚效应，提升文化创意产业的发展水平和质量，发挥首都在全国经济增长方式转变中的示范作用。尤其是北京的三大优势行业（软件服务业、广告会展业、新闻出版业）较为集中的集聚区，要在基础设施、技术平台、交易平台等硬件环境和政策配套、税收优惠、股权激励等软环境方面给予适当扶持，进一步提高行业的产业效率和国际竞争力。

第四，建设全国文化创意中心，必须发挥市场在文化要素资源配置中的决定性作用，促进校企联合，完善文化创新机制建设。根据首都高校集中、科研机构众多的资源优势，通过设立高校科技园区、创意孵化器等形式，促进产学研一体化发展，通过整合高校、科研单位的人力资源，激发创意潜能，提高文化创意水平。

## 四、"创意北京"建设重在推动文化创意的投融资机制创新

文化创意培育及其成果的产业发展大多是中小文化企业，其发展离不开资本的支持。尽管北京市每年统筹100亿元用于文化发展，但仅靠政府的资金支持远远不够，还需多力举措激励社会和民营资本的参与，引导基金会和企业等社会资本参与文化创意培育，鼓励文化创意机构进行产品和服务的自主创新研发。信用市场贷款是大力拓展的方向，据统计，我国对文化企业的贷款仅占银行贷款总额的1%左右，且大多采用"版权抵押和其他担保方式共存"的形式实施，贷款门槛高，难以满足中小文化企业的资金需求。政府要鼓励商业银行转变风险鼓励理念，从"物权控制"转向"未来现金

流"控制，加大知识产权、收益权等信贷产品的创新力度，加强信用风险控制工具等衍生金融产品的开发；建立行之有效的文化创意的信用担保体系，实行多元担保，疏通文化产业融资渠道，完善各种无形资产二级交易市场。完善交易信息发布平台，为文化创意与企业提供策划、咨询、评估、法律、审计、会计等方面服务。

针对目前北京市中小企业融资难问题，鼓励银企探索新的运作模式，创新利用无形资产质押贷款的信贷产品，为文化企业提供综合性金融服务。加大有效信贷投放，完善授信模式，合理确定贷款期限和利率，建立科学的信用评级制度和业务考评体系；根据文化创意的风险特征，按照项目周期的资金需求和现金流分布状况，合理确定差别化定价机制；建立和完善符合其特点的信用评级和信用评分制度，充分借鉴外部权威评级报告，建立有特色的内外部评级体系及针对文化创意行业的金融服务考评体系，努力强化正向激励机制；推动文化金融业务流程持续再造，将"版权质押+个人连带保证"引入信贷管理流程，实现对企业现金流和核心资产的有效控制，并将网络技术应用于贷款审批工作中，提高审贷过程透明度；引导银行探索文化金融产品创新机制，推出"版权信托+收益抵押担保"的文化企业贷款融资模式，结合知识产权质押贷款业务，解决单一知识产权质押担保能力不足的问题。2014年，北京市累计发放文化创意产业贷款823.4亿元，同比增长12.2%。中文在线等9家文化创意企业上市，占全市新上市企业的一半。截至2014年底，北教控股等141家文化企业在新三板挂牌，占全市挂牌企业的39.8%。

创新路径之一是资产证券化。资产证券化是近年来国际金融领域重要创新之一，知识产权资产证券化是金融资本与知识资本的一种有效结合，是以金融技术为依托，以知识产权的信用为担保，以证券化为载体的融资方式。它具有融资成本低，实施难度小，不影响知识产权权属和融资风险小等优势。在美国，知识资产证券化已广泛应用于文化产业的各个领域，从电子游戏、音乐、电影、休闲娱乐、演艺、主题公园等与文化产业关联的知识产权，到时装的品牌、最新医药产品的专利、半导体芯片，甚至专利诉讼的胜诉金，几乎都可以成为证券化的对象。北京建设全国文化创意培育中心必须完善文化创意评估体系，其资本运作离不开证券化渠道，这对于创意成果转化和市场价值实现以及创意机构借变现债权来改善现金流状况，优化自己的资产负债结构，提高资金周转率，利用所得价款进行后续研发，寻找更好的市场机会等具有重要意义。

降低金融风险，加大中小文化创意培育融资的服务力度。

（1）为降低金融机构风险，北京市通过风险补偿、贷款贴息、担保费补助、担保代偿损失补助等政策，鼓励金融机构为北京地区内的文化创意培育和产业发展融资，特别是鼓励金融机构以无形资产质押或以无形资产为主的组合贷款方式提供融资服务，同时，以上市培育对象资金奖励的方式鼓励和培育文化创意企业改制和上市融资，支持企业做大做强。

（2）北京市不断加大金融创新力度，鼓励地区内金融机构设立单独的"创意贷"文化产业指标，并制定《"创意贷"文化创意中小企业客户营销与管理指引》指导金融机构开展业务，根据文化创意企业的特点和门类细分为10类子产品，将"连锁贷""订单贷"等产品引入文化创意领域，推出动漫版权质押贷款，或将融资性保函运用于文化创意领域，创新文化创意企业信贷抵押方式。

（3）尝试建立文化银行、版权银行，构建国内首批权威、专业的版权托管服务机构，实现版权交易、版权内容托管、版权分发交付、版权使用监测、计费结算等功能。在这方面北京银行、中国工商银行北京分行、包商银行都进行了探索尝试。另外，在机制创新中着力建立健全包括文化金融、版权交易、法律咨询、人才培训、创意孵化、展示展播、信息发布等在内的专业化服务平台，为文化

创意培育和产业发展提供金融支持。重点完善政策服务平台、文化金融服务平台和文化人才培训平台，为"创意北京"建设提供金融服务支撑。

## 第三节 "创意北京"建设的难点

文化创意是在全球化消费结构升级、个性消费特征涌现的语境中凸显的。作为驱动要素它构成了创意经济的内核，通过对以创意为核心的知识产权的开发，实现其经济价值。文化创意作为创意经济和创造性产业的灵魂，以集聚创意人才为核心，以形成完整的产业链为目标诉求，以知识产权保护制度的完善为支撑。所谓文化创意培育中心并非实体的建筑，也不是人数的众多和豪华的硬件建设，而是形成一种影响力和感召力，对其他城市产生辐射和示范作用的创意能力和水平。

### 一、"创意北京"要紧紧抓住激发创意活力的中心环节，增强文化创意能力

尽管北京文化资源丰富、科研力量充裕，但自主创新能力不强，文化创意能力不足，在文化生产力源头上表现为创造力不足、产业竞争力不强、文化品牌缺失。当下的社会氛围中创意精神不够、创意资源的整合不足、文化创意能力不强，导致首都创意资源优势难以转化为产业优势。正是文化创意创新不足，使文化创意产业在低水平的竞争中博弈，难以发挥产业链的影响力、辐射力和带动力。

（一）积极搭建文化创意培育平台，完善创新体系。创意培育和创意产业具有一定的风险性，通常文化创意机构和企业都是中小微单位、民营企业，在发展中面临诸多困难，需要各类服务平台、

产业联盟等组织的帮扶，需要共享资源，相互协作获得发展。当前，由于文化创意单位规模小、分散，没有产业联盟或者政府部门统筹协调，难以在全国市场占据竞争优势，也无法实现辐射全国的构想。如能成立各类行业协会或者产业联盟，将会推动文化创意培育和创意企业的发展。首先，构建各类服务平台。积极建设网络信息、投资咨询、知识产权、人才培训、展示交易、研发设计和国际交流等公共服务平台，为创意培育机构提供普遍服务。鼓励依托企事业单位、社会机构和集聚区设立行业性质的服务平台，为各行业提供个性化服务。鼓励和支持经纪、代理、评估、鉴定、推介、咨询、拍卖等中介机构发展，为创意产业各领域提供社会化服务。建立完善创新体系。引导企业加大设计创新投入，鼓励建立设计开发促进中心，支持企业专业化发展，创新服务模式，提高专业服务水平。支持企业加强与高等院校、科研机构的联系，建立产学研合作机制，开展技术创新和重大专业技术攻关，促进形成以创意为核心、市场为导向、产学研相结合的创新体系；加强文化创意培育的基础工作。鼓励科研机构、高等院校开展基础性、通用性、前瞻性的创意研发。推进信息化与创意产业的融合，支持创意开发软件等信息技术产品的研发和推广应用。建立使用高效的工业设计创意开发基础数据库、资源信息库，加强资源共享；支持文化创意成果产业化。面向优势行业，加大文化创意、设计技术和设计成果的推广应用力度。重点支持拥有自主知识产权的成果产业化，鼓励发展体现中华民族传统工艺和首都文化特色的创意设计项目和产品。

（二）发挥文化创意的融合驱动作用。文化创意的辐射、渗透和融合作用的发挥主要有两个路径：一是产业链衍生，以先进技术和持续创新为依托，拓展创意产业链条；一是跨界衍生，打破传统行业和产业的边界融合发展。从价值链的高端出发，一方面通过知识产权转让实现创意产业化，另一方面通过向第三次产业延伸强化

生产过程的创意化，实现产业创意化。

（三）以文化创意培育为抓手，北京要继续推进集聚区建设。创意集聚区不仅是文化创意企业和机构的空间集聚，也要在业态交融和产业链完善方面加强合作。尤其是创意设计产业园区要坚持以人为本，突出满足设计者的需求，以原创设计为核心，文化创意为要素、相关产业链为聚合，形成设计领域和上下游产业的相对集聚。加强专业孵化体系建设。鼓励设计企业、高等学校、科研院所及各类社会力量建设孵化器，支持其专业化、市场化发展，提升技术转移、专业咨询及市场推广等方面专业能力，不断完善创业孵化功能，推动中小创意设计企业集聚和成长。创意的培育还离不开科技的支撑。文化创意产业最大的特点之一，就是借助高科技手段使创意产品迅速流通，只有快捷的传播速度才能保证其巨额利润。因此，要积极支持文化企业开展创意产品实现消费阶段所需要的应用技术研发。同时，要建立各类应用技术平台，整合文化创意产业领域各类创意创新资源，建立资源共享服务体系；搭建公共创新服务平台，为中小企业提供公共的技术开发工具平台、测试平台等服务；推动文化创意产业基地建设；扶持文化创意产业专业孵化器建设，增强孵化器的专业服务能力。

（四）创意培育要在保护存量中拓展增量。扶持现有文化创意培育机构作出特色和提升专业水平，鼓励有关单位盘活资源，利用工业厂房、仓储用房、传统商业街等存量房产、土地资源兴办创意企业。支持各类创意机构融入产业结构调整、产业转型升级、旧区改造和历史建筑风貌保护，盘活空间资源；同时，创意研发机构和工业企业加强联合，通过设计创新，促进工业企业的产品升级换代、市场拓展和品牌建设，鼓励工业企业把设计业务发包给工业设计企业，扩大工业设计服务市场。

（五）扶持一批能够发挥辐射带动效应的龙头企业，积极开拓国内和国际市场，形成区域性、全国性的创意企业集团。鼓励有条件的企业在国内外建立设计研发中心，参与有关国内国外标准的制定，引导并促进具备条件的企业形成设计服务型跨国公司；搭建产业供需平台，支持行业协会和产业联盟发挥资源整合作用，推动工业设计、建筑规划设计等行业增强竞争力，掌握市场的话语权和谈判主动权，以行业整体实力成功竞标国内外大单；建立各类设计要素交易市场。成立北京文化创意产权交易所、国家版权交易所和中国设计交易市场，提升首都文化创意产品创作、生产、交易的功能，面向全国和世界配置设计资源，对接设计供需关系；拓展创意设计内外贸易。积极参与国际竞争与合作，健全政策支持和服务体系，大力发展工业设计服务贸易，不断提高规模、层次和水平。培育辐射国内外的创意产业营销网络体系。支持创意企业与国内外的创意、制作、经纪、营销机构合作，拓展国内国际营销渠道和传媒影响力，形成包括销售代理、衍生产品开发、商业销售等在内的专业营销网络。

文化创意培育中心建设离不开对创意价值的认同，只有以质量和效益的显现才能提升文化创意在经济和社会发展中的地位。北京作为全国文化创意中心，要在国内市场分工中发挥引领、辐射和带动作用，充分发挥文化创意在经济社会发展中的驱动、引领和渗透作用，通过创意的融入提高产品的附加值，以文化创意驱动形成可赢利的商业模式。

## 二、"创意北京"建设的难点是集聚创意人才

人才是文化创意及其产业发展的最核心要素。调研中发现，人才缺乏是文化创意企业和集聚区发展最为重要的问题，70%以上的集聚区均反映高端创意人才和市场化人才缺乏，在一些新兴行业人才尤为缺乏，75%的文化艺术企业、68.1%的设计咨询企业、

68.7%的媒体服务类企业都认为应当加强创意人才的培养和引进工作。从创意的生成看，文化产业对人才有着突出的要求，人才的集聚会使各种思维碰撞从而产生有价值的创意。创意人才集聚后才会产生创意企业，继而会产生竞争力强大的文化企业集团。我国文化产业之所以集中在北京、上海、深圳和广州等大都市，就是得益于这些国际化的城市涌现的"创意阶层"。当前，文化创意人才培养层次低、同质化现象严重，人才使用机制不善和高水平人才匮乏是文化创意培育和创意产业发展的重大瓶颈。要充分借鉴和引进经济改革的成功经验，最重要的一点就是要引进经济领域、科技领域的先进人才——战略策划人才、企业管理人才、投融资人才、科技创新人才，特别是原创设计人才，培养不同行业的专门人才。由于历史原因，我国相关文化部门的一些从业人员长期在计划经济体制下工作，市场意识和产业意识较为淡薄，在思想观念、理论准备特别是实践操作等方面，比较缺乏相应的知识准备和实践能力。创意产业链需要创意激发、设计、技术、营销、渠道经营、管理、研发等各环节人才，但目前创意研发和设计、品牌营销经营管理是最薄弱环节，导致内容短缺成为创意产品研发的障碍。考虑到文化产业、文化市场有自己的产业、行业、企业的特点和运行规律，因此，当务之急是要培养和引进一批懂市场、懂经营的管理人才，努力造就一支精通文化工作、熟悉国际国内文化市场规则，具有先进管理理念和现代科学素养的复合型、外向型文化经营管理人才队伍，全面提高我国文化产业的运营水平。从现代产业经营与运作方式看，生产、营销各个环节都需要创新商业模式，管理各个环节需要创新管理模式，因此，建立健全业务培训和继续教育，培养懂文化、擅创意、会经营的高端复合型人才和各类操作型、技能型、实用型人才势在必行。从长期来看，必须改革现行的教育体制和人才培养机制，建立有效的文化创意人才支撑体系，加强人才的创新教育，为创意培育及其产业发展提供更多的高质量的创意人才。

（一）建构文化创意人才培育的支撑体系。首先，改革文化创意人才的培养模式，加强实践应用训练。相关院校应面向社会实际需要，大力培养实践型、应用型、研究型、复合型的多层次和多元化创意人才，使人才的知识结构和创意设计能力满足现实发展的实际需求。目前，有大学和政府部门及社会文化机构合作探索文化创意人才培养的跨学科大专业平台模式（一三五五工程）已初见成效。[2]即一心三翼五双五模块的创新型人才培养模式，一心即以培养文化创意人才为核心，三翼即以"创意思维输入、创意实验设计、创意实战参与"为培养模式的架构，而五双则是以"双纲导教、双师执教、双向考核、双重身份、双证就业"为实施保障的人才培养模式，五模块是指打破传统教学模式，以"创意教学、创意实验、创意展示、创意沙龙和创意产业孵化"为五个渐进的功能模块，不断提升学生的综合创新能力，培养学生的创意思维。

其次，着力培养策划家、工程师和设计师。以完善的教育体系培养种子人才，通过出国培训、国际实务合作等方式，建设高水准的创意设计人才队伍。尊重文化创意人才成长规律，支持中青年文化创意人才尽快脱颖而出，扩大名人效应，政府设立文化创意奖，对有突出贡献的集体和个人给予表彰和奖励。充分发挥文化产业集聚区对创意人才的吸引和集聚功能，提高各种文化创意人才的集聚度。加大文化创意人才引进力度，使文化创意高端人才能够流动起来。

第三，围绕创意人才的成长提供服务。支持有关部门与创意产业集聚区广泛合作，建立和完善包括创意人才认证、创意人力资源咨询和外包、创意人才推荐、创意人才培训等在内的专业服务。尤其是高等教育体制和学科设置上解放思想，使其在与现实的对接中

---

2 练红宇等：《构建跨学科大专业平台培养文化创意人才》，《成都学院学报》，2012年第8期。

完善学科建设。

　　文化产业的腾飞离不开创意，创意的生成要以人才为动力。美国在人才培养机制的建设和完善方面，非常注重创意人才链的构建，着重培养创意核心群体，同时集聚创意专业集群，如纽约SOHO艺术区。日本政府制定了人才培养的国家战略，出台了一系列创意人才培养计划，如"240万科技人才开发综合推进计划""21世纪卓越研究基地计划""科学技术人才培养综合计划"，这些计划的实施为日本培养了一大批具有国际水准的文化创意人才。韩国政府投入大量的资金为创意产业的提升和发展培养人力资源，完善人才管理系统。韩国实行多元化的文化人才培养方式，不仅把高校作为人才培养的重要途径，还十分重视利用网络及其他教育培训机构进行培养。这启示我们：首先，创意经济及其文化产业迅猛可持续发展的关键在于大力开发创意人才资源，文化创意人才是创意产业核心竞争力的灵魂，缺乏文化创意人才，创意产业就不可能快速发展；其次，培育和开发文化创意人才，必须对传统的人才体制与机制进行创新，应注重建立健全法律法规及政策，为文化创意人才的收益和知识产权提供相应的制度保障；再次，政府、社会、企业、文化园区、非营利组织和高校应同心协力，共同培养和吸引文化创意人才。现实中，因为缺乏创意人才，一方面文化产业缺乏原创核心价值，大量抄袭模仿复制，甚至沦为"文化加工厂"；一方面好的创意又缺乏市场运作机制，难以实现其经济价值，导致文化资源和市场的流失。因此，文化创意人才的培养要从娃娃抓起，充分发挥科技馆、博物馆、美术馆、文化馆、少年宫等公益性文化机构的服务功能，丰富孩子的想象力，引导孩子的精神追求，培养孩子的创新思维；同时，加强协同创新，建设以企业为主体、市场为导向、产学研相结合的文化创意人才培养体系，设计符合文化创意培育的课程体系，以中短期教育为主，培养各类复合型创意设计和管理人才，加强对数字技术、计算机仿真、仿生学、新媒体等前沿技术的研究，孵化文化创意团队和管理团队，使其成为专门培养文化创意人才的"摇篮"。

（二）针对不同类型的文化创意产业对人才的能力和素质的差异要求，完善文化创意人才核心竞争力的评估方法与指标体系的设计，尤其是实施股权、期权等激励机制，这是实现城市文化转型最为重要的软实力因素。文化创意人才的培育已成为衡量国家竞争力的一项指标，一个国家或城市拥有越多的创意人才，就越能推动创意经济的高度发展，推动中央和地方、不同所有制单位之间文化高端人才的交流与合作。统筹组织实施创新型人才、复合型人才、外向型人才、科技型人才以及宣传文化人才的培养、培训和素质提升计划。成立"文化创意产业人才培养委员会"，负责文化创意人才的培养和培训，成立"教育机构认证委员会"，对文化产业教育机构实行认证制，对优秀者给予奖励和提供资金支持。在教育体系中做出规划和调整，增强本国高校文化产业人才的培养能力，在社会分工中增设文化创意等专业技术职称评价体系，为文化创意人才的培养建立良好的运行机制。

在文化创意培育机构和产业发展中营造"人才资本是企业核心竞争力"的企业文化，充分发挥创意人才的积极性。针对人才短缺的结构性矛盾，要形成多渠道人才培育开发机制。经验表明：在人才集中的地区，特别是大学周围，容易形成各种创意工作室和创意群落，政府可因势利导，依托各大城市高等教育资源和人力资源相对集中的特点，使已经建好或正在建设的大学城成为文化产业发展的人才支撑。此外，应当允许和鼓励一批拥有特殊才能和自主知识产权的人才以知识产权、无形资产、技术要素等占有企业股份，参与利润分配。加快建立完善文化创意人才评价体系，允许文化创意人才通过技术、专利、品牌入股企业，探索高层次文化创意人才

协议工资制和项目工资制等多种分配形式；实施特级专家聘任制度，实施首席专家、文化大师工作室制度，进而完善高端人才激励制度，形成园区对高层次人才的吸附效应。坚持高层次人才引领战略，建设覆盖全市的文化人才特区。一是要高水平编制文化创意产业人才发展规划，将创意人才评价体系与区域发展定位结合起来，构建北京市文化创意人才评价理论体系和研究框架；二是要全面开展文化人才特区建设，搭建人才信息服务平台、健全文化人才创业引导机制、建设文化企业孵化器和留学生创业园、进一步完善和培育文化人才实训基地、建设高层次文化产业人才联合培养基地；三是深化人才激励机制改革。完善股权激励、人才引进等激励政策，支持企业开发自主知识产权，维护企业和创意人才的版权权益，推动创意成果产业化。针对创意人才和企业在创业之初的困境，制定"艺术启动"计划，每年向前来北京市从事创意产业的艺术专业毕业生、艺术家及专业机构提供创业资助；为艺术家和文化机构提供信息、物质和资源方面的服务，主要包括艺术家资格的授予、社区艺术发展项目、艺术管理项目等。构建文化创意人才数据库，将学界、机关、企业的专家名录登记入库，做好重点领域的高级人才培养工作。通过实行投资津贴等政策促进文化创意创新，北京市高端文化创意人才可以得到补助金，吸引高端文化创意团队和人才流入北京市。

## 三、"创意北京"建设的难点是形成完整的产业链支撑

当下，文化创意与个人创造力和知识产权相关联，已超越了一般的文化产业概念，不仅关注文化的经济功能，更关注文化创意对传统产业的渗透与融合。这种"跨界"发展有利于促使不同地域、领域、行业资源的整合与重组。在文化创意驱动下，文化创意产业能够把技术、商业、制造与文化融为一体，并在生产价值链中占据

高端，形成以创意为中心，生产和销售等环节为外围的产业组织。经济活动中所蕴含的文化创意越高，与文化产业的关联度越密切。许多产业正是有了创意和文化的融入而成为文化产业的分支。创意是文化产业的核心元素，同时也是辐射整个文化产业集群的核心要素，所有的关联和集聚都是由创意要素驱动实现的。如影视业和动漫业主要源自一个好的创意，并产生创意产品，在创意驱使下开发衍生品。从前向关联可以开发原声产品、玩具、游戏产品和服装等授权产品；从后向关联来看，这些产品会涉及创造、设计、信息、制造制片等诸多产业；从多项循环相关来看，上述前后向相关联的产业也会相互影响，以一种彼此关联的状态存在着，共同构成一个立体交叉的产业关联网络。如美国影片《哈利·波特》首先由图书出版向电影、录像带、电视片、唱片、游戏、广告等周边产品不断扩展，再衍生出不计其数的玩具、文具、服装、食品、饮料、手机等诸多特许经营商品，再到主题公园、主题旅游，最终形成一个庞大关联产业网。

（一）以创意培育为核心拓展完善产业链。围绕文化创意强化产业链意识，重视产业链中高附加值的上游创意研发、设计和下游的品牌营销与版权交易，多支持创造设计环节和内容服务的企业。做好健全产业链的服务配套，完善创意产业从上游到末端的配套体系，营造良好的产业基础环境，增强产业链整体竞争力；提高产业链整体效益。促进产业链整合过程中的知识共享和内部行业间的整合，支持基于产业链完善的兼并重组和联盟，促使产业链效益最大化；在产业链布局的设计中，要把各环节置于有利于区域经济社会协调发展的载体和空间，鼓励广泛开展各种创意活动，以合力创造文化创意品牌。

（二）以业态融合为文化创意培育提供市场空间。随着科技的进步、市场的培育和政策的扶持推动，演出市场与旅游、网络、动

漫等领域的跨界融合趋势日益明显，演出新业态不断涌现。近来兴起的旅游演出、动漫演出等大型演出活动为演出产品的创作、运营带来新的模式，注入新的活力，有助于提升演出产品的文化内涵、拓宽演出策划的融资渠道、推广演出宣传的品牌理念、挖掘演出消费的市场潜力。北京作为著名的旅游城市，演出和旅游融合最为显著。北京旅游演出收入稳步增长。此外，演出与动漫的融合趋势较为明显，2012年4月2日，北京欢乐谷动漫表演基地正式成立，这是国内首个主题公园内的大型动漫表演基地，也是北京地区最大规模的动漫表演基地。

（三）以创意驱动文化产业的集群化。在文化产业集群中，以创意为核心，集聚了大量的文化企业和科研机构以及与文化产业相关联的企业和机构，这些企业相互协作来完成对创意的生产输入、再生产和销售等。因此，有学者认为文化产业集群就表现为创意的加工基地和辐射地，并把创意通过产业链条传递到集群各个生产环节称为硬辐射，把创意对传统产业的渗透称为软辐射。[3] 从价值链视角看，文化产业的集聚不是围绕创意简单地堆砌，而是沿着以文化产业的生产价值链为主轴展开。一方面，文化产业的生产价值链很长，包括创意的涌现、产品的生产再生产、存储、分销等环节；一方面，文化产业各环节可分性也很强，虽然每个环节是围绕创意沿着价值链展开，但很多环节可以独立出来，成为单独的行业。北京的演艺产业是由演艺产品的创作、生产、表演、销售、消费和经纪代理、艺术表演场所等配套服务机构共同构成的产业体系。演艺产品和服务的具体形态包括音乐、歌舞、戏剧、戏曲、芭蕾、曲艺、杂技等。演艺产业处于文化创意产业的核心层，是最注重内容原创、最需要依托文化创意获得发展的行业。小剧场话剧是首都文艺演出业的一大亮点，在很大程度上代表了首都话剧演出业。据统

---

3 冯子标等：《文化产业运行论》，社会科学文献出版社2010年版，第116页。

计，2012年北京话剧演出4404场，占全年演出总场次的20%，其中民营小剧场话剧占绝大部分比重，并且有一批民营小剧场逐渐成长为品牌，如蜂巢剧场、开心麻花、戏逍堂等。话剧的商业化受市场经济发展的推动，也是文化艺术发展的需要。当前，北京剧场经营者正积极探索话剧商业化发展道路，以市场需求为导向，创作和营销相结合，逐步朝创作工厂化、营销院线化方向发展。如开心麻花系列剧就抓住了年轻人娱乐性、时尚性的消费心态，以相声、舞蹈以及夹枪带棒的话语风格，把时尚、快乐和智慧拧在一起，充分满足了消费者的需求，赢得了市场；以喜剧著名的"雷子乐笑工厂"，充分利用自身优势，为多家企业量身定制话剧，并获得认可。

## 四、"创意北京"建设的难点是提高文化消费的拉动作用

充分重视文化消费对文化创意培育的重要作用，健全市场流通体系和加大供给和扶持力度，鼓励提高消费层次和能力。传统产业注重改变产品的功能（使用价值），文化创意产业则依靠改变产品的观念价值获得市场和利润。创意产品是科技与文化的结合，其形成与推广中的每个环节都以消费者需求为导向，围绕顾客价值（对产品的文化认同）精心设计，通过对产品的创意融入激发消费者的购买欲望，不同于传统产品，创意产品是创造需求、引导消费，形成新的文化消费市场，提升社会品质。

扩大文化消费是促进文化创意培育中心建设的着力点。近年来，北京市民的消费增长极为迅速，消费结构也发生了变化。但总体上讲，尽管消费增幅较大但文化消费的规模还不够大，水平还不够高。2012年，北京市人均GDP达13797美元，而文化消费只有1658元人民币，仅占家庭收入的4%；2014年，北京城镇居民家庭人均文化娱乐消费支出3164元，同比增长8.7%。目前，北京文化消费占家庭总支出的比重约为11.3%，与欧美发达国家的水平差距不断

缩小，从一个侧面印证了北京市文化创意产业的发展进步，以及这两年实施"北京文化消费季"的效率。但整体上看，北京的文化消费表现仍不尽人意，最大的问题是文化消费意识没有培养起来，文化产品的有效供给不充分，文化消费实现的通道不畅。目前，朝阳区、海淀区和西城区是市民文化创意消费较为集中的区域。艺术类的消费主要集中在朝阳、海淀；设计类消费主要集中在海淀、朝阳和西城区；媒体类消费主要集中在西城、海淀和朝阳区。制约北京市民文化创意消费的主因是价格太贵、文化产品和服务品质较差，消费总类和选择性不强，消费场所环境不理想以及交通等因素。

连续两届北京文化消费季的成功实践。2013年北京消费季搭建了文化产品供销平台，供给与需求、厂商和消费者、产品与资金间实现无缝对接，充分调动了文化消费主体的积极性。北京消费季最具创造性的产品——文惠卡，通过折扣优惠和积分奖励，把文化消费季从一个短期的、临时的主题活动变成了一种稳定的常态化的生活方式。通过政府补贴或适当优惠等方式鼓励文化消费是国际上很多国家的通行做法，可以让群众参与到更多的文化活动中来，是打造城市文化消费长效机制的有益探索。当文化消费以一种便捷、开放的方式呈现在市民面前时，提升的不仅是经济消费的额度，还可以培养老百姓理性、持续的消费习惯，文化消费的常态化也会刺激创意的迸发。当每一个身处文化大超市的文化产品以自身独特的标签被消费者一眼相中时，文化消费市场自然就能被带动起来。惠民文化消费季的核心目的在于，通过搭建一个大平台，让企业的生产动力和消费者的消费潜力得到全面释放。在此过程中，既要强调市场这只"无形的手"，也不能忽视政府这只"有形的手"，事实上，在拉动文化消费的过程中，无论是市场的建设、引导，还是政策的制定、规范，都与政府息息相关，市场只有依靠政府，才能建立一个规范而健康的发展环境。政府也要依靠市场实现推动文化产业发展，丰富消费者精神文化需求的目的。

尊重文化消费的多层次性。对国内文化消费市场划分高中低层次，让不同收入水平、教育水平的人可以找到适合自己的文化消费产品和方式。以演出消费为例，既要有面向高收入群体的高端艺术形式，例如歌剧、交响音乐会、芭蕾舞剧等，也有面向中低收入群体的相声、小剧场演出等。所以，政府需要引导市场建立多层次文化消费体系，让文化消费潜力得到有效释放，这其中就需要文化创意的推动。发展文化消费，政府要制定一套市场评价指标体系，目前国内没有独立的文化消费指标体系，相关的指标都融入大的国家指标体系中。因此，建立独立的文化消费指标体系为政策制定和市场调整提供精准数据和参考，需要政府主导完成。政府在鼓励文化消费观念方面多做一些引导，采取一些鼓励措施，市场的发展就交给市场去调节，随着社会的发展，市场就会越来越趋向合理。

## 五、"创意北京"建设的难点是完善创意权益保护机制

文化产品主要是精神性产品，具有突出的外部性特征。这种外部性效应并未进入市场交易，不能成为文化创意企业或个人的直接收入，一定程度上影响到文化创意企业和个人的创意积极性。此外，文化创意产业的核心——创意，作为人的一种思想，很容易在交流中扩散或被复制，成为社会性思想，从而造成原创者的损失。文化创意产业政策作为政府的规制手段，可通过对文化创意企业和个人给予一定的补贴，弥补产品外部性的损失；并通过知识产权保护等方式，对文化创意思想实施有效保护，谨防创意的成果被不经授权地复制或扩散，从而提高创意者的积极性。

### （一）创意权益保护的难度

现实中，创意本身的抽象性、模糊性导致它与传统知识产权的保护客体（如发明、商标、作品、软件、外观设计等）存在较大差

异。因此，创意并不能完全适用传统的知识产权保护制度。实际上，创意的可操作性及其创意的价值等问题缺乏普遍接受的可行性评估方案和依据，一旦出现创意侵权纠纷，借助现行知识产权保护体系，无法达到令人满意的效果。此外，现有知识产权保护的法律法规内容不够完善、滞后于文化创意产业发展实际。以《著作权法》为例，只有"复制权、发行权、出租权和通过信息网络向公众传播权"等四项经济权利。对文化创意成果的法律保护仍然存在真空地带，特别是广告、建筑、时尚设计等行业由于设计作品同质性强，对剽窃、抄袭很难界定，相关法律法规在专利权、版权保护的内容与范围以及如何界定侵权等方面还留有空白。最大的挑战还是来源于互联网特别是新媒体。数字作品易复制、侵权较隐蔽，著作权人很难发现作品被侵权，发现了也难以追究（取证难、损失难估量、维权成本高、成效低）。保护创意是保护民族的原创力，激励文化创新（尽管创意被抄袭不会导致智力成果本身的损耗，也不会影响其原始拥有者继续持有该智力成果，但会因共享造成原始创意者的利益损失，从而消磨创意者的积极性）。创意属于一种智力成果，具备"无形资产"的诸多特征。同专利、商标等知识产权类型一样，创意还具有某种财产权的性质，一旦被利用，就会显现于产品、作品或其他物品的生产、销售等市场化活动中，就会带来巨大的经济效益。保护创意的法律体系如何与时俱进成为关键。

## （二）当前文化创意产业中知识产权建设存在的问题

### 1. 不注重保护，致使创意流失

目前的突出问题是大多数创意企业对知识产权的作用认识不足、运用不当，致使一些非常好的创意和产品在诞生初时没有得到适当的全方位保护而流失。首先，对创新成果保护意识不强。在形成了独创的技术成果后，对技术成果没有采取适当的保护措施，导致技术成果不能得到保护。其次，人员流动引起创意流失。如人员辞职与跳槽带走了专有技术和技术秘密，导致创意流失。最后，成果闲置造成创意流失。如研发出来的成果没有及时申请专利，新品牌没有及时注册商标，以致出现其他企业抢先申请或注册专利、商标等。

**2．侵权成本低廉，抑制了创新激情**

创意产业具体的载体通常是数字信息产品。相对于传统产品，数字信息产品有着开发难、复制容易的特点。对于文化创意产业，信息内涵的复制成本、制作成本与创意产品的开发相比接近于零，可以说，盗版猖獗已成为制约我国文化创意产业健康良性发展的顽疾。

**3．维权成本高**

区域经济发展不平衡、地方保护主义、网络信息传播技术日新月异等诸多因素造成维权成本高，即使打赢官司，也很难得到满意的赔偿。维权难执法难极大地阻碍了文化创意创新及其知识产权保护。

**（三）理顺知识产权管理与保护体制**

一方面，知识产权管理和保护涉及诸多行业，贯穿在创造、利用和保护知识产权的各个环节。涉及的管理部门较多，如国家知识产权局、国家工商总局商标局、国家版权局、工业和信息化部、海关总署等，分别负责专利、商标、著作权、互联网域名权等方面的行政管理事务。这种条块分割的管理体制，因缺乏有效的沟通渠道和协调机制，政策和管理之间不衔接，难以形成合力、统一作战，已成为全面、系统地推进知识产权战略实施的主要瓶颈之一。面对复杂多变的市场环境和市场主体，文化创意产业领域知识产权的有效监管难以实现，随着知识产权保护工作国际化趋势的发展，这些问题会变得越来越棘手。因此，应当有效地整合现有的知识产权相关管理部门的管理职能，尽快实行知识产权工作的归口管理，将专利、商标、版权等知识产权工作合为一体，提高知识产权管理与保护工作的效能。

另一方面，严厉打击侵权盗版，对侵权者尤其是故意侵权者除加重民事赔偿责任外，还要追究刑事责任，同时，加强对执法人员的培训与考核，提高执法人员的综合素质，实行严格的持证上岗制，以确保执法的合法有效；建立各项执法制度，健全各项执法监督机制，规范执法行为，提高办案效率；对典型案件进行曝光，充分发挥舆论监督作用；采用集中整治与分散治理相结合的形式，增加对侵犯知识产权活动查处的频率。

国际上，美国通过不断完善的版权保护制度，为版权产业的繁荣提供了法律保障，推动美国成为世界最大的版权产品出口国。美国实施的知识产权战略，在国内为文化创意产业的发展开辟了肥沃的"法治土壤"；在国外为其文化创意产业的发展开辟了广阔的空间。日本把《著作权法》修改为《著作权管理法》，还制定了《知识产权基本法》，并设立了知识产权高级法院，提高了审理知识产权侵权案件的权威性和速度；在保护和激励文化创意培育上，人才战略和分级制度是其两大政策亮点，其人才战略重视培养具有创意和数字化处理的实践性人才。由于动漫的全民性，无论是漫画的出版，还是动画的播出，都实行分级制，拓展了动漫消费的受众范围。

党的十八届三中全会提出：加强知识产权运用和保护，健全技术创新激励机制，探索建立知识产权法院，这对保护版权、推动文化创意培育、促进文化创意产业发展是极大的利好。知识产权是创意经济的基础，是创意产业的核心资产，创意经济借助知识产权的占有和交易，经由创意理念——创意产品——创意商品的转换，形成市场效应。因此，拥有知识产权是创意培育的权益，也是创意产业发展的根本，加强知识产权保护是创意产业的根基。创意产业的核心内容是创新活动，其本质特征体现在对创新产权的收益上，而保护知识产权实际上就是对创新成果的保护。

## 六、"创意北京"建设的难点是健全文化创意价值评估体系（其中的关键是做到利润指标与导向要求的统一）

在文化创意培育的诸多要素和驱动力量中，不能缺失反馈和评估激励机制。如何评估文化创意的价值，不仅关乎在产业化过程中文化创意的质押、入股、分红，而且有利于实现对文化创意的政策引导和价值提升。通常，对于多维价值的文化创意需要采取定性、定量相结合的评估机制。此外，要对创意大师授予荣誉称号，通过实行股权、期权、年薪制等多种方式增强对文化创意人才的吸引和激励。

对于新现象新问题，要有创意思维。文化创意的价值评估要通过可比较的信息以提高其透明度和专业性。同时，要建立数据库，对独立或受雇的作家、艺术家及相关专业人士的创意状况开展经验性研究以积累经验和数据资料，通过更持久、独立的监测服务覆盖，也对改变着的市场条件、公共援助的形式和流动的趋势等开展经验性研究。此外，还要通过组建文化创意机构联盟、加强行业技术标准的研发，完善文化创意产业标准体系和规范体系建设，加强知识产权保护，优化产业环境。鼓励非公经济参与文化创意培育活动。文化创意产业扶持资金等公共资源对社会力量一视同仁，相关部门规范公共资源安排相关办法，在安排文化创意项目财政预算内投资、专项建设资金、创业投资引导基金等资金以及协调调度其他公共资源时，要对民营企业与其他投资主体同等对待，最大限度调动社会资本参与文化创意培育的积极性。

完善文化创意及其培育的标准化认定体系，有利于对文化创意的保护。包括创意产品认定、创意人才认定、创意企业认定和创意园区认定等标准在内的整个标准化体系。文化创意产业（包括创意培育）的标准化工作不是把创意标准化，创意本身是无法标准化的，但作为产业来讲要规范发展，其中就关涉产业规范和技术标准

问题。通过调研和理论研究，建立文化创意产品、人才、企业和园区的认定制度，建构文化创意产业发展的标准化体系。通过创意产品标准化，满足产业发展中对创意保护、创意融资的需求；通过创意人才标准化，促进文化创意人才的培育和集聚；通过文化创意企业标准化，明确和规范政策的实施对象，划定资金、项目等的支持范围，提升政策效果；通过建立文化创意产业园区评价标准，构建评估信息系统，检测和揭示文化创意园区发展过程中的社会经济问题和环境问题，指导园区产业发展规划。

# 第四节 "创意北京"的目标指向

"创意北京"的实现要依靠内在的价值理念引导和外在的要素推动和集聚，它离不开激发创意的社会氛围，也不能缺失良好的市场环境，更需要公共服务的支撑。就其内在价值而言，文化创意在理念上要凸显人性理念、秉持人性关怀、满足人性诉求，以实现文化人的情怀；在价值追求上要有卓越性的品位、出奇制胜的创意、文化传承与现代创新融合的诉求；在创意价值的实现上要有跨界营销的商业模式，不断延伸和拓展产业链，实现创意成果的最大化和最优化。其外在层面的要素集聚和支撑是多方面的，创业的自由度、社会开放程度、文化的多样性和包容度、市场化程度、知识产权保护、公共服务的有效供给以及城市区位的指向性都会影响到不同类别的文化创意培育。

## 一、"创意北京"建设的内在诉求分析

文化创意的特性在于其非物性，在于其有品位、有格调的生活性，在于其深刻的精神价值弘扬。因此，文化创意产业不是单纯的技术与资本的堆积，不是简单的经济交换，而是人的追求和价值

认同，一种有尊严的存在和对生命的态度与对文化的尊重。人性化的理念诉求是文化创意的灵魂，也是形成品牌的价值原点。创意往往是在人文理念的引导下迸发的。以"诚品书店"的文化品牌的创意为例。台湾"诚品书店"的创始人吴清友，原先并未涉足文化产业，只因希望能够丰实现代人的精神世界才转行开书店。在他看来，心念在能力之上，生命在事业之上，人追求心理上的健康远比追求生理的健康更为重要。因此，他把推广阅读、激发创意、深耕文化、提升心灵作为企业的经营理念，提出要用书店攻占人心、让阅读永远不打烊的经营口号。据百度百科介绍，诚品书店1989年由台北仁爱路圆环创办第一家开始，本着人文、艺术、创意、生活的初衷，发展为今日以文化创意为核心的复合式经营模式。诚品是"城市人的集体创作"，连锁而不复制的经营模式，尊重各地文化特质，透过"人、空间、活动"的互动积累，发展出不同的场所精神和经营内容，塑造了城市中不同角落、不同内涵的文化氛围。就其理念诉求而言，吴清友以"诚品"表达书店的诚恳心意、执著关怀、专业素养和严谨选择，宣示书店对美好社会的追求与实践，告诉人们书店不仅是阅读的场域，更是一个传达温度和故事的地方，逛书店除了买书，还要享受阅读、享受艺术、享受生活。诚品书店基于推广阅读、激发创意、深耕文化、提升心灵的理念，自成立以来，在硬件的空间规划，软件的中外文书种，艺术文化活动的推广，以及复合式的经营手法上，努力营造出既具本地特色，又有国际视野的文化景观，通常而言，以文化为底蕴的创意品牌所生产的产品，其"美"不仅表现在外表的和谐上，而且触动心灵、表达情感、丰富精神、提升境界，从内蕴文化修养中焕发出人文情怀。又如台湾文化创意品牌"法兰瓷""剔透（琉园）"已成为陶瓷、水晶玻璃工艺品界高端、雅致、品位的代名词。可见，支撑品牌的文化创意离不开人文理念的引导。

（一）在人文理念指引下的"创意"经营模式和商业模式。如"诚品"不仅是书、买完书就走的地方，还包括着人文、创意、艺术、生活的精神。诚品每次选择分店都注重空间设计，完全针对"人"的感觉、需求，强调无障碍空间，目的就是让每一个人都呼吸顺畅、精神愉悦，不会有任何视觉压迫感；书店力图营造阅读空间与阅读心情，其书柜面板保持15度倾斜，体贴读者，书架上的书伸手可及，或站或坐，全随顾客意。诚品书店对读者的信任，也培养了读者的"诚信品质"，店中的书竟然连一页折痕也没有，像新的一样。以人性化的感性经营方式创造的是一种体验，一种令人感动和满意的体验。因此，诚品的品牌延伸是连锁而不是复制，其每一家分店都体现了地域的特色和感动人的力量。因彰显人性、适应和满足人性诉求而使人感动进而达到交汇交融，这是文化创意的核心，也是文化品牌育成的基础，正是文化创意的人性之光增强了产品的思想震撼力和艺术感染力，以理念和内容优势赢得了竞争优势。

就内在诉求而言，首先文化创意在价值上追求的是"奇"和创新（传统文化元素与现代科技观念的融合）。想象力和创造力是文化创意的激发器，它拒绝模仿、复制和墨守陈规。"奇"就是打破传统和日常惯例。如赖声川以中国传统的曲艺相声和舞台剧相结合的独创手法，创作了颇有创意的"相声剧"，以个人化、生活化对剧场艺术做了颠覆。成功地将"精致艺术"与"大众文化"巧妙结合，以最经济的舞台装饰表现出丰富的舞台效果，突破近年来台湾舞台戏剧表演陈陈相因的创作瓶颈。正是这种强烈持续的创意和取材上的别出心裁，直接丰富并提升了台湾的舞台表演艺术，间接刺激了许多新剧团的成立，催生了许多新舞台剧的创作，使观众再度走进剧场，给台湾剧场以新生命，为中国语文剧场拓展了新的艺术领域和表演境界。再如词人方文山，以其独特的创意理念颠覆了时下快餐式流行歌曲的固有模式，拆解语言使用的惯性，重新浇铸文字并赋予其新的意义，纺织出新的文字质地，建构了后现代的新词风，促发了音乐创作另类革命，成为两岸共同关注的"周杰伦现象"的开创者。其次，文化创意要有根，要深深扎根民族文化土壤，汲取传统文化智慧，融入现代科技理念和技术含量。文化产品的国际竞争越来越凸显特色优势，特色哪里来？就是传统文化元素及其普适性价值融入创意，加入新的现代的时尚的元素和科技理念与技术应用，在内容上进行集成创新。正是在人文理念指引下创意培育，因地制宜开发出精致细腻具有实用价值的作品，通过市场化运作机制和中介服务平台进行传播推广，最终实现文化创意的产业发展。

（二）文化资源和要素以"创意"实现集成创新。首先，用创意激活传统文化资源，使传统文化经创造性转换，创新性发展而产生新的价值。在竞争日趋激烈的语境下，如何以文化特色提升产品的附加值？创意的目光首先指向传统文化要素，它是我们民族的底色，也是我们民族遗传的基因，更是我们守护的价值根基。在全球化的语境中如何激活传统？台北故宫博物院以创意理念来展示典藏的65万件珍贵精美的文物，它们设立文化创意产业育成中心，把传统与现代相融合，为相关企业的设计团队开办免费文化创意课程，通过使用各种现代科技手段如高科技影像、数码技术典藏等来展示众多古画、古文物的风采，让沉寂多年的文物"动"起来、"说"出来、"秀"起来，吸引了大量游客和青少年。引导他们利用博物馆的丰富珍藏，从精美文物中吸取艺术养分，启发创意灵感，同时组织开发相关创意产品，经过层层选拔，遴选出16家台湾本土和国际知名厂家来设计、生产故宫相关的文化创意产品。不仅取得了可观的经济效益，还极大丰富了中华古典文化内涵。2008年台北故宫博物院相关创意产品营业额为3.6亿元，2010年则增至为6.8亿元，涨幅近九成，同时使越来越多的人爱上了博物馆，爱上了中华传统文化。

其次，通过传统文化与现代科技嫁接，使传统文化焕发生机。

如台湾瓷器品牌"法兰瓷"的创始人陈立恒提出：使瓷器的光辉重回中华。正是这种使命感，法兰瓷以儒家"仁"的理念为核心，以现代科技为后盾，把中国传统陶瓷工艺和现代创意设计、现代工艺技术相融合，把台湾一流的制陶工艺和工艺设计与高科技结合起来，经典而不失时尚，富于创新又韵味十足，融合了东方美学思考、华人审美情趣与西方新艺术的装饰风格和柔美线条，这种新颖而大胆的瓷艺创作自成一家，深得全球消费者的赞誉，开创了一个异彩纷呈的"新瓷器时代"，并以创意整合生产、营销与服务，仅仅四五年的时间，就创造出了颇具国际竞争力的品牌和价值链。再如台湾的"霹雳布袋戏"，在保留艺术传统、坚持传统木偶操作及一人口白表演的同时，注入新科技，创造出革命性的电影派布袋戏，并运用专业特效器材和数字动画科技，增强了影音效果，观赏性大为提高，创造出文化传承的新境界。设在宜兰的传统艺术中心曲艺馆播放的霹雳3D立体布袋戏动画片，引领观众进入超现实的霹雳魔幻奇境，受到游客的广泛赞誉。而"云门舞集"的创意就是熔传统与西方现代艺术于一炉，丰富了世界当代舞蹈。如"行草三部曲"取材于中华传统书法文化，以现代舞蹈演绎。穿着墨色服装的舞者，在白色的舞台上起舞，犹如宣纸上的墨迹，展现出书法家的精"气"运力变化，呈现出抑扬顿挫的律动和明晰的急缓行止。正是基于文化创意的引导，上海的"时空之旅"的艺术创新改写了观众对传统杂技的旧有观念，置身新的艺术幻境，靠文化创意支撑起了传统与现代的融合。

（三）以"文化创意"驱动"跨界营销"。文化创意不会停留在观念层面，而是在创意驱动下形成产品并不断延伸产业链条，展示出高度的融合性、广泛的辐射力和较强的渗透性特征。以创意为支点的"跨界营销"，有利于实现品牌的最大化和最优化。

首先，跨界营销要跨越经济与文化领域。在台湾，"把文化做成生意，把生意做成文化"成为民间口头语，表明文化与经济的高度融合与深度互动。"诚品"就是在创意驱动下实现跨界营销的典范。其发展策略就是以文化形象的包装来拓展其经营领域，实现同心圆效应。先有品牌奠定成功基础，再带动商场、书店与零售的"复合式营销"。打破了传统书店的经营模式，使诚品成为融合图书及创意产品营销、教育培训、艺术沙龙、文艺演出及购物、娱乐、餐饮等多项产业和包罗书店、家具、画廊、花店、瓷器、珠宝、餐厅等的复合组织，在创意驱动下其品牌影响力不断扩大。一方面，诚品书店利用其知名度成功地经营商场，将其产生的文化效应强力扩散到其他商品与商场；一方面，不少商家（如高雄汉神、桃源统领等）看中了诚品的号召力，纷纷以较低的租金来吸引诚品书店入驻；甚至有商务旅馆也看准了诚品书店的附加值，希望诚品入驻来提升商务旅馆的形象与价值。正是在创意的融合驱动下的经营策略，使"诚品书店"成为亚洲地区最具指标意义的文化企业之一。这表明好的创意如何支撑品牌的延伸和拓展，实现多环节盈利和业务开发。

其次，跨界营销还表现在文化领域内，跨越营利与非营利的界限。文化创意的观念可能源自公益文化激发、非物质文化遗产激发，也可能是文化市场激发，一旦形成明晰的创意观念就会产生外溢效应。如霹雳国际多媒体最初以布袋戏为出发点，自上世纪90年代中期，由于霹雳不断诞生的新角色偶像显示了传统文化艺术惊人的创造力，其布袋戏成为流行娱乐的一股风潮，为外围产品和相关产业链带来庞大商机，因而开始改变剧团经营方式，将布袋戏传统的戏团表演组织提升为企业化、人性化、多角化的经营，全方位地与各个不同领域的企业或媒体互相合作，包括采取整合式营销、授权与异业（如出版业、游戏软件业）结盟经营等。当下，"霹雳"已发展成为跨越节目录制、电影拍摄、书籍出版、衍生产品、音乐

编制、国内外业务推广及开放、国际影展的参与、卫星电视台等多项领域的台湾本土文化超级巨无霸，成为台湾最具独特性的文化及影视娱乐的代名词，其艺术文化成就及娱乐商业价值仍在发酵。

这启示"创意北京"建设要有高尚的人文理念诉求。对创意培育中的创意主体而言，应着眼于具体人类的基本需求满足，将创新与创意落实到现实关怀的温情当中，将社会责任感融入创意设计之中，实现社会发展与创意发展的双赢。

另外，要把人性化理念和人文关怀作为内在诉求目标。就内容理念而言，文化创意要有文化积淀和文化意识，文化积累的丰厚与贫瘠决定了创意的多寡，只有文化积淀到相当水平，创意才能做到新意迭出。对于我们来说，文化创意要有民族文化底色。一方面，中华文化资源要成为鲜活的生动的文化产品，必须与当代社会的精神状态和消费方式及其文化追求相一致，只有内在的关联才能使消费者真正理解和读懂中华文化，并通过文化消费使中华民族文化得到广泛的传播，形成感召力和影响力；一方面，在竞争愈发加剧的语境下，文化特色成为最有优势的竞争力，它给我们的经济和产业以文化的品位和格调，以创新展示出来的文化传统切近了大众的心理需求。

## 二、"创意北京"建设的要素集聚分析

文化创意培育在城市的区位选择上具有指向性，通常依托城市中的特殊载体形成创意产业的集聚区。创意培育和产业发展的生产协作网络（创意培育机构、创意企业、创意个体、中介组织、行业协会）和相关基础结构集中于一个区域，由于在地理上的临近和技术上的关联，可以使创意培育及其产业发展产生集聚经济效益，从而改善单个企业自身发展的外部环境，进一步强化城市对创意培育的凝聚力。在此凝聚力作用下，创意培育机构、创意人群、企业以及资本、技术和信息等经济要素，在空间上产生由内部制度安排、

创新网络、外部效应和范围经济构成的总体协同效应。由此，创意产业集聚区一方面带来知识溢出、相互学习和创新的环境，有助于构成以创意园区为核心的城市创新体系，提高创意培育及其产业发展的专业化能力和生产效率；一方面可以在人力资源市场、技术服务、公共服务等方面实现资源共享和要素整合，从而节省创意产业的投资成本，降低交易费用，营造创意培育和产业发展的环境，在城市内部形成新的价值增长空间。

创意的集聚特征导致空间上的极化现象，即创意人才、资金、技术、信息、文化等创意生产要素向着具有较高势能的优势区位流动，形成对周边地区具有吸引力和影响力的培育中心。

文化创意产业具有集群特征和集聚动力，这已为学界和业界普遍认可。但创意活动和地理环境的互动关系，地方环境对文化创意活动的支持、集聚过程中创意的外溢效果如何？越来越引发学者的关注和探讨。确定的是城市空间提供了文化创意活动所需的地方特质和创意环境，这有益于创意的激发。所谓地方特质主要指：地方宜人的环境、密集的社会文化活动、地方品牌和传统以及各种创意人才组成的社区。创意环境包含可以催生创意所必要的硬软件基础设施，强调创意人才组合的必要性。佛罗里达提出著名的3T理论：人才、技术和宽容。人们越来越注意到：训练有素的劳动力、协调的城市运作环境、配套的公共服务才能形成好的创意环境。文化创意虽是个体化的行为，但文化创意产品的生产和流通、消费却是一个系统性的行为，需要社会合力和多种要素的组合。有研究者在考查北京南锣鼓巷为什么成为创意社区时指出：文化创意社区的形成，不仅需要有利于创造力形成的地方人文环境，而且要依赖有形的、个性化的生长空间。良好的市场环境、宽松的氛围、创意环境，非常重要。南锣鼓巷凭借临近诸多国家艺术机构和地方历史文化空间，在营造地方创意环境中把这些优势发挥到极致。有学者指

出，打造文化创意园区并非唯一的发展之路，尤其不能形成"路径依赖"。是否能吸引具有创意潜质的人才，将其有机地组织并提升机体创造力，进而促进创意活动更密集地发生才是关键。[4]

北京不仅有数量可观的创意产业集聚区，在北京的很多老城区和城郊结合部还都有着深厚的文化积淀，有着便利的交通环境，良好的公共服务和多样化的文化氛围，关键是如何形成文化创意培育的动力机制以实现要素集聚，从而催生文化创意培育的高地，这是"创意北京"建设要思考的内容。

## 三、"创意北京"建设的外在效益诉求

不同于内在诉求的虚灵化，外在效益诉求需要一定的量化指标。有学者指出：不同于传统的制度创新与技术创新，新视野下的全要素生产率（TFP）应分为无形的技术创意、无形的组织创意和无形的文化创意。在宏观经济的总投入与总产出中，须增加无形的、未纳入统计或不便于统计的文化创意投入与文化创意产出两项，才能解释国家财富增长的秘密。文化创意及其引发的文化产业已经不满足于用经济增长的结果来解释，而要进入经济增长要素的行列，文化创意及其产业不能简单地理解为国民经济增长的结果，更应作为经济增长的动因。文化创意及其形成的文化产业不仅可以保障国民经济增长的量，更可以改进国民经济增长的质，服务于国民经济的可持续发展。[5]这是把文化创意效益与国家财富增长关联起来的科学阐释，也是思考"创意北京"建设的外在效益诉求的逻辑起点。

从世界范围来看，以文化创意来创造价值的经济形态逐渐形成，全球各国和地区都先后把文化产业作为支柱产业。但文化创

---

4 张纯等：《地方创意环境和实体空间对城市文化创意活动的影响——以北京市南锣鼓巷为例》，《地理研究》，2008年第2期。
5 向勇、喻文益：《基于全要素生产率的文化创意与国民经济增长关系研究》，《福建论坛》，2011年第10期。

意作为内生变量，并没有被提升到影响国民经济增长的高度，缺乏量化的效益分析，仅仅将文化创意看做是促进生产率的重要因素。学界还没有特别指出文化创意通过产业发展对于全要素生产率和经济增长的潜在提升作用与重要意义。

文化创意的光辉往往是强烈和共享的，众多的行业都在享受文化创意的思想光芒，这是文化产业的宏观外部正效应——可能促进生产率的全面提高，成为总效果提高的一大途径。在微观企业内，文化创意的正效用可能引致、诱发、激发技术创新INT和组织创意MIO的正效应及其相互作用，实现对资源最有价值的使用——姑且可以假设存在创意的"乘数效应"。无形的创意理念实际上充当了某种程度上的公共产品而不限于创意者本身的垄断权——这恰巧与有形的技术产品、企业组织和文化产品与服务的严格产权局限性相对照，也显现了文化创意的无效保护现状。借鉴、分享他人无形的文化创意虽关乎权益保护，但并不影响发明者本人和第三人的受用。

事实上，正是文化创意激发了技术创新／组织创新，进而产生创意的"乘数效应"，以及在创意乘数效应激发下的总产出的乘数效应，以此填补GDP缺口。这也就解释了为什么有些GDP的来源无法说清以及为什么文化创意水平和能力与产业结构特别是服务业发达程度而不是经济发达程度更相关。

艺术家、策划家等文化创意者进行的一些神秘的特殊的创造在人类创造力领域具有特别之处，创意者是"观念和符号创造者"，随着创意时代的来临，文化产业已成为经济、社会与文化变化的主要载体，符号创造力和信息传播正越来越接近社会和经济生活的中心，不断融入国家财富创造的奥秘中，文化创意正形成强势辐射，并影响着其他领域的产出与效率，并经由国家文化政策上升到国家战略高度。

创意虽然是无形的虚灵的，但创意的成果却产生积极的社会经

济文化价值，并日益形成广泛的社会共识。从文化创意到创意产业，这是一个值得高度肯定的转变。文化创意改变了企业组织模式，文化产业的出现正影响着其他的产业组织与市场运行方式。文化产业作为发展最快的产业，创造了大量的就业机会，从业人员的增加进一步激发了创意的培育。

总体来看，文化创意的活跃对全要素生产率是一个极大的促进，并产生内生正效应，带动技术创新与组织创新的联动；文化创意及其形成的文化产业大发展还可以形成外部正效应，为其他产业的发展提供良好的思想条件与创意氛围；在当前文化创意并不发达的前提下，对于文化产业的投入可望产生国民经济增长的乘数效应；正确估算国民总投入与总产出，应该加上无形的未统计的文化创意投入与无形的未统计的文化创意产出，如此才能全面地反映人类的经济活动；影响文化创意与国民经济发展之间的关系众多，唯有依靠更先进的创意才能解决落后的创意遗留的矛盾，不断实现资源的有效配置。我们有理由相信，文化创意及其产业的大发展将成为牵引国民经济发展的新引擎之一。只有基于全新视野中的文化创意在生产率中的投入与产出分析，我们才能领会文化创意对国民经济增长的作用与贡献，从而对创意在整个国民经济生产总值中的价值做出科学的评估。

# 第四章
## "创意北京"建设的政策推动及其效果评估

文化创意产业政策是指国家和地方根据特定的文化产业发展问题和文化产业发展规律的基本要求，对文化创意产业行为进行规范、引导、激励、约束的规定。文化创意产业政策主要通过影响产业发展环境和市场信息，直接或间接激励或约束微观主体活动，使之与国家或地区的调控目标相吻合。文化创意产业政策是我国产业政策的重要组成部分，是以文化创意及其产业发展作为作用对象的、一种特殊的产业政策，它在政策的目标诉求上应体现"文化创意"的特殊要求。本章主要以文化创意培育及其产业发展为核心，通过对政策实施效果评估的分析，探讨政策是否促进文化创意培育以及能否足够支撑"创意北京"建设。

文化创意是文化创意产业发展的核心和灵魂，政策是政府推动文化创意培育的重要抓手。影响文化创意培育的要素有创意培育基础设施、创意主体、创意集聚平台、创意选出平台、文化创意市场、创意理论研究、政府公共服务与发展规划、社会文化环境等。基础设施包括为创意培育提供公共服务的物质工程设施，这是创意培育赖以发展的一般物质条件。创意主体即创意人才包

括各类型文创企业、高等院校、科研机构、自由创意者，创意主体是创意培育的核心动力。文化创意平台，包括创意集聚平台和创意选出平台，文化创意平台能够为创意培育提供产学研一体的信息交换与人才集聚区位优势；创意选出平台包括人才选出与内容选出，为创意人才开发创意提供激励机制。创意成果转化意味着文化创意作品向产品、商品、消费品的转化，是文化创意走向市场的关键所在。创意市场具备三个基本条件，一是有能供大众消费并用于交换的创意产品和活动，要求创意成果转化，由文化创意作品转向产品、商品、消费品；二是有组织这种活动的经营者和需求者，要求市场管理者与行业协会积极发挥管理协调作用，也要求消费群体的存在；三是有适宜的交换条件，市场主体创造良好的营销网络满足更多人的需求。文化创意市场是文化创意的试金石，反过来对文化创意发展有直接影响。创意理论研究是指相关研究机构和个人对创意培育的理论研究，包括区位选择和产业布局。政府公共服务与发展规划，指的是政府为文化创意培育提供的服务，发展规划是政府从相对宏观的层面上，对特定时期和地区的文化创意培育程度的定位、规划，也包含对特定地区和时期内文化创意发展目标的确立以及规范的制定。社会文化环境指的是创意主体所处的社会结构、社会风俗和习惯、信仰和价值观念、行为规范、生活方式、文化传统、人口规模与地理分布等因素的形成和变动，社会文化环境对创意培育也会产生一定的影响。

文化创意产业是一种在经济全球化背景下产生的以创造力为核心的新兴产业，强调一种主体文化或文化因素依靠个人（团队）通过技术、创意和产业化的方式开发、营销知识产权的行业。可以说，文化创意产业中的创意要素、集聚要素与市场要素与文化创意培育各要素之间存在着一定的交叉融合。中央政府及各部委和北京市支持文创产业政策先后涉及文化创意涵盖的各要素，体现了以宏观方针引导，具体财政、税收、金融、土地、人才、文创产业园区、区域合作等政策支撑，行政法律法规干预，重点行业扶持等多个角度，这些政策有力地促进了"创意北京"建设。文化创意产业政策可分为产业政策、行业政策、集聚区政策等。产业政策是把文化产业作为整体制定的政策，通过鼓励、规范、限制等方式对产业的发展方式予以指导，明确重点鼓励行业与限制行业。行业政策主要针对文化产业内部的各个子行业的发展予以鼓励、规范或限制，对行业的发展方式予以指导，为行业发展营造良好的环境。集聚区政策主要针对文化产业发展过程中出现的集聚现象（如示范区、园区、基地等）予以鼓励、规范或限制，以期从集聚发展视角促进文化创意产业的健康理性成长。本章以文化创意培育为中心，结合中央及各部委和北京市文创产业政策体系及具体的行业政策展开分析，从政府、产业、学者与民间三个维度对文创产业政策实施效果进行了评估，对其中存在的问题提出相关对策与建议。

## 第一节 中央及各部委对"创意北京"的政策推动

国家政策是影响首都北京发展的重要因素和行政主导力量，在"创意北京"建设上，中央和各部委的文化政策起着非常重要的推

动作用。

## 一、中央政府的宏观政策鼓励文化创意及其产业发展

中央政府及各部委的宏观政策对文化创意培育的影响主要体现在对文化创意及其产业在国民经济中的定位、未来发展程度的目标确立，被支持的文创产业内涵及外延的规范，影响侧重于文化创意培育在可预期内的发展有定位、有重点、有目标、有规范。

2004年4月，国家统计局颁布了《文化及相关产业分类》，第一次明确了我国文化产业的统计范围、层次、内涵和外延，界定了我国文化及相关产业范围，为开展文化产业统计工作奠定了根基；为政府有关部门对文化产业实行规范化管理提供了参考，也解决了我国文化产业缺乏科学、统一的分类标准，文化产业的家底不清，文化产业在国民经济中的地位和对社会经济的作用不能得到很好的反映等难题。2012年8月，国家统计局颁布《文化及相关产业分类（2012）》，分类标准对2004年的分类标准进行了调整和修订，不仅完善了文化产业的内涵和外延，而且特别增加了文化创意、文化新业态、软件设计服务、具有文化内涵的特色产品的生产等内容和部分行业小类。除政策性支持外，文化部也对文化标准化提供衡量与参照的尺度，改变了图书馆等公共文化设施无据可循的局面。2007年颁发的《文化部印发〈文化标准化中长期发展规划(2007—2020)〉的通知》为文化设施建设提供严格的参照、规范、标准，图书馆、美术馆、博物馆、文化馆、剧院等公共文化设施的服务也将有"据"可循，逐步注重丰富文化产业的内涵，提升我国文化产业的质量与国际影响力。同年颁发的《文化部关于支持和促进文化产业发展的若干意见》注重对文化产业宏观趋势的把握，在实际行动上，将文化产业作为工作之重。文化产业是培育文化创意的产业基础，上述政策主要侧重对文化产业发展的支持。

2009年9月，国务院发布《文化产业振兴计划》，这是新中国成立60年来关于文化产业的第一次专项规划，为加大文化产业政策扶持力度、完善产业政策体系、推动产业跨越式发展提供了政策支持。"振兴规划"明确提出了"文化创新能力进一步提升""文化创意发展着重发展文化科技等企业"，这一政策试图以文化创意与创新为文化产业发展的核心，并作为驱动力拉动相关产业发展，为此，此项政策首次提出设立中国文化产业投资基金以促进文化产业及文化创意产业的发展。随后的《关于加快文化产业发展的指导意见》中，将文化创意和设计服务作为文化产业发展的重点，建立约束激励机制，一方面开展重点项目认定工作，一方面对重点企业给予奖励。《文化部"十二五"时期文化改革发展规划》提出将推动文化产业成为国民经济支柱产业。具体工作措施重点更突出、方式更具体，有着突出的亮点，国家艺术作品引导发展工程将不拘一格促进艺术作品创作，演艺院团的发展；公共文化服务体系建设尤其是博物馆免费开放政策将惠及更多群众；以现代化数字手段对非遗传承人进行抢救性记录，文化产业园区及产业集聚将更加突出优势特色，引领文化走出去的方式、市场监管模式进行新的创新，同时加强宏观文化体制改革，促进文化科技的创新。2012年《文化部关于印发〈文化部"十二五"时期文化产业倍增计划〉的通知》提出，把"创新精神贯穿文化创作生产全过程，把传统元素与时尚元素、民族特色与世界潮流结合起来，增强文化产品时代感和吸引力，创作生产更多优秀原创文化产品"，加强文化创意培育，并从智力支撑、人才培养等角度提供支持。《通知》还提出了文化创意发展的具体目标，培育"设计之都"，叫响国际知名度。2014年3月14日，国务院发布《推进文化创意和设计服务与相关产业融合发展的若干意见》，着重强调把促进文化创意和设计服务与相关产业的融合发展，作为支撑和引领经济结构优化升级的重要抓手，进一

跨向世界创意高地

步凸显了文化创意的重要性。

概括地说，2004年特别是2007年以来，中央政府对文化产业及文化创意培育的政策体现了探索性、渐进性、层次性的倾向。在这些政策文件中，中央政府对文化产业的发展给予了相当程度的重视，尤其在2014年密集出台的多项文化政策中，从提及"文化创意"到将"文化创新精神贯穿始终"，再到从智力支撑方面培育创意，中央政府的政策引导逐渐由"文化"转向"文化创意"，体现了政策演变中的渐进性与层次性，并有着清晰的价值指向。

## 二、中央政府以经济手段、法律手段、行政手段三者兼顾促进并规范文化创意产业，在行业性发展方面提出指导意见，从而影响到文化创意培育

### （一）以经济手段调节，联合金融业、银行业、保险业，完善扶持企业认定方案，给予文化创意产业以支持

2007年以来政府主要的经济调节手段与单纯的财税补贴相比具有多元性与跨行业性，非公经济成分的引入以及保险业、银行业、金融业的加入，为文化产业发展资金问题的解决提供了更多便捷的途径。具体到创意培育而言，中央政府及各部委的金融财政政策主要着眼于创意主体范围的扩大、对创意主体提升竞争力的财税金融支持，帮扶创意主体合理规避风险，并对海外市场的开拓予以支持。

在活跃市场主体，提升市场活力方面，放宽非公经济准入机制；在资金问题方面，2009年商务部联合四部委颁布了《关于金融支持文化出口的指导意见》，2010年中宣部等九部委联合颁布了《关于金融支持文化产业振兴和发展繁荣的指导意见》，其中《关于金融支持文化出口的指导意见》是近年来金融支持文化产业发展繁荣的第一个宏观金融政策指导文件，为文化企业提供资金支持，扶持发展文化企业的直接融资渠道，一方面促进文创产业的发展，

一方面以金融手段促进文创产业出口。自2010年以来的一系列政策以推动文化企业上市、发行债券、设立基金、培育适宜文化创意产业的专业险种等方式鼓励新兴文化业态。促进文化企业上市，是促进文化企业做大做强，提高企业的自身竞争力与市场存活力的重要举措。2010年保监会、文化部联合发布的《关于保险业支持文化产业发展有关工作的通知》、2011年的《文化部关于推进文化企业境内上市有关工作的通知》、2012年七部委联合发布的《关于金融支持旅游业加快发展的若干意见》、2014年文化部等发布的《关于深入推进文化金融合作的意见》《关于扶持特色文化产业发展的意见》等，分别就上述方面帮助文化创意及其产业发展主体缓解融资压力、帮助文创企业分担风险以减轻因风险过大而引起的研发减少等问题，做出政策上的扶持和引导，从而有利于加强培育文化创意。

在海外市场开拓方面，《关于金融支持文化出口的指导意见》鼓励文化创意产品的出口及优秀文化创意企业上市，公布产品出口名录，便于统计；立足搞活市场，鼓励非公经济参与文化产业。在海外市场开拓方面，跨行业支持，海关方面保证文艺院团赴海外演出顺利通行，支持文化创意产业发展。尤其是2014年国务院发布的《关于加快发展对外文化贸易的意见》，强调了文化贸易对于国民经济发展的意义，强化了对文化贸易的扶持力度。

### （二）以法律手段和行政手段为文化创意主体及创意消费市场保驾护航，确保文化创意产业的良性发展

建立健全版权保护制度，保护著作权人权益能够提升文化创意人才的创造积极性，也有助于促进文化创意产业的长期可持续发展。可以说，知识产权保护制度是整个文化创意产业良性发展的核心制度。2008年1月，国家发改委等九部委联合印发《关于印发构建合理演出市场供应体系促进演出市场繁荣发展的若干意见的通知》。2005年1月，文化部、广电总局联合颁布《关于打击盗版贺

岁影片、维护电影音像市场秩序的通知》。2008年8月，文化部颁布《文化市场重大案件管理办法》。2009年6月，文化部、商务部联合印发《关于加强网络游戏虚拟货币管理工作的通知》。2009年8月，国家新闻出版广电总局颁布《关于加强网络电视管理的通知》。2009年8月，文化部颁布《关于加强和改进网络音乐内容审查工作的通知》。2010年6月，文化部颁布《关于加强文化产业园区基地管理、促进文化产业健康发展的通知》。2014年，国家新闻出版广电总局发布《关于支持电影发展若干经济政策的通知》。在上述政策中，广电总局发布于2009年8月的《关于加强网络电视管理的通知》提出以加强监管的方式确保著作人权益，其他多项政策立足于以行政性手段肃清市场，保护民族电影产业。在网络音乐、电视、游戏以及文化产业园区建设方面，上述政策主要是以加强监管与规范为主，一方面明确监管对象的内涵与外延，一方面拒绝未成年人沉溺网络，遏制文化园区盲目发展，这体现了文化产业政策的理智性与目标性，以促进文化产业的经济效益与社会效益相结合。对文化市场的严格规范以及未来发展的合理规划，有助于减少市场恶性竞争，降低盗版对文创产业造成的冲击，从而最大限度地保障版权人权益，促进人才的创新积极性，合理的规划与对盲目发展的遏制，帮助避免单纯依靠市场调节可能引起的滞后性集中投资，从而在市场环境上，间接促进了文化创意的培育。

（三）在行业性政策方面，对文创产业中的重点行业以及转企改制中的具体问题给予了有针对性的指导

动漫业、电影业是我国文化产业中的重点行业，国有文艺院团转企改制是演艺事业发展过程中的重要问题，上述三个行业都是内容产业占主导地位的产业，可以说缺乏良好而扎实的创意内容，动漫业、电影业、演艺业发展的动力就会减弱。中央政府的文创政策切中了创意培育对于内容产业的重要性，注重创新能力、原创能

力、行业及院团自我生存能力的提升。在动漫产业方面，2008年8月颁布的《文化部关于扶持我国动漫产业发展的若干意见》，提出将动漫原创作为发展重点，提倡创新精神。2008年12月，文化部、财政部、国家税务总局联合颁布《动漫企业认定管理办法（试行）》明确动漫企业的认定办法，对被认定的企业尤其是被认证的重点企业，国家提供相应比例的财政税收补贴，并严格限制了"自主研发"的内涵，符合"自主研发"要求的，方能被纳入扶持体系。文艺院团的改革面临着自生能力薄弱，国有文艺院团底子薄、包袱重等诸多问题，2009年发布的《中宣部、文化部关于深化国有文艺演出院团体制改革的若干意见》与2013年九部委联合发布的《关于支持转企改制国有文艺院团改革发展的指导意见》，针对国有文艺院团改革中存在的实际问题，促进院团的自我发展能力。在电影业发展方面，2010年国务院办公厅发布的《关于促进电影产业繁荣发展的指导意见》将"大力推动体制机制创新、艺术创新、科技创新、经营创新和管理创新，"作为重点措施，将"创作经营能力和品牌影响力显著提高"作为发展目标。在媒体产业方面，2014年国务院发布《关于推动传统媒体和新兴媒体融合发展的指导意见》，对传媒产业发展具有重要指导意义。

## 三、中央政府的政策定位有利于促进"创意北京"建设

（一）中央政府将北京市定位为全国文化中心，从而使北京文化创意培育享有各方面的先行政策试点优势、重点项目政策倾斜优势、重点行业着重发展优势

在中央政府的政策激励中，北京的文创产业一直被定位为全国文创发展的"旗舰队"。结合北京市本身的地缘优势，中央政府的这一定位有利于营造北京市文化创意培育的良好社会文化环境，促进北京文化创意培育在国内保持领先水平。在2003年7月发布的

《文化部、广电总局、新闻出版总署关于文化体制改革十点工作的意见》中，北京市被列为第一阶段改革试点城市，使得北京市的文化体制改革先于其他地区，加之北京市作为文明古都与国家首都的区位优势，北京市文化产业发展在起点上就占领了高地。十七大以后的国家"十一五"与"十二五"文化发展纲要都将北京市作为全国文化中心，以发挥示范作用。同样得益于北京市的地缘优势及中央政府政策鼓励，一大批中央直属、北京市属重点文化工程在北京市展开。2012年5月发布的《文化部"十二五"时期文化改革发展规划》中的"公共文化服务建设重点工程"中，重大文化设施建设包括十二项，国家美术馆、中国工艺美术馆、中国非物质文化遗产展示馆、中央歌剧院剧场、国家图书馆一期维修改造、国家文献战略储备库、中国国家画院扩建、中国交响乐团改扩建、中国歌剧舞剧院剧场、中国东方大剧院、中央文化管理干部学院改扩建、中国艺术研究院研究生院等十二项全部位于北京市，得益于作为国家政治中心、文化中心的地缘优势，以上重点项目的建设对北京文化创意培育中心建设起到直接的推动作用，也有助于形成良好的文创产业发展氛围。在重点行业支持方面，中央政府政策对动漫产业重点落户北京给予了不遗余力的支持。在"国产动漫振兴工程"中，北京市的"中国动漫游戏城"作为国家级动漫产业基地园区建设，将在动漫产业的技术研发、人才培养、文化内涵、行业标准等方面引领动漫游戏产业的新动向。

上述中央政策不仅使北京市文化创意培育获得了国内领先的优势，而且对于北京市对自身文创产业及文化创意培育目标的确定也产生了直接影响。

（二）在中央政府政策影响下，北京市将自身定位为全国文化创新创意中心

在中央政府对北京市文创产业地位界定的影响下，北京市政府文创政策中对自身定位与目标更加具体，在核心地位中侧重建设"创新"中心和"设计之都"。在2006年颁布的《北京市"十一五"时期文化创意产业发展规划》提出"使北京具有发展文化创意产业的强大动力"，2010年颁布的《北京市促进设计产业发展的指导意见》重点依靠中关村国家自主创新示范区建设，以整合创新要素、加强创新制度安排、推动创新成果产业化的方式进而将北京市建设成为国家创新中心。具有较高创意含金量的设计业也成为北京市文化产业政策的重要着力点，《北京市促进设计产业发展的指导意见》提出将北京市建设成为世界设计之都。2011年中共北京市委的《关于发挥文化中心作用加快建设中国特色社会主义先进文化之都的意见》提出建设具有世界影响力的文化中心城市。意见还着重强调了将北京市作为一个整体性的"大集聚区"，吸纳各行业高层次人才。

## 第二节 北京市对"创意北京"建设的政策护航

当前，文化政策在纵向与横向上均形成了相对完整的体系。北京市一方面处于中央政府政策辐射体系中的高地，一方面建立起了覆盖各区县、园区、重点行业、重点工程的横向政策体系。

### 北京市文化创意产业政策体系

| 序号 | 政策名称 | 文号 |
|---|---|---|
| 1 | 北京市促进文化创意产业发展的若干政策 | 京办发（2006）30号 |
| 2 | 北京市文化创意产业发展专项资金管理办法（试行） | 京财文（2006）2731号 |

文化北京

| 序号 | 政策名称 | 文号 |
|------|----------|------|
| 3 | 北京市文化创意产业集聚区认定和管理办法（试行） | 京发改（2006）2395号 |
| 4 | 北京市文化创意产业分类标准 | 京统函（2006）183号 |
| 5 | 北京海关支持北京市文化创意产业发展的若干措施 | 京关办（2006）467号 |
| 6 | 北京市文化创意产业投资指导目录 | |
| 7 | 北京市"十一五"时期文化创意产业发展规划 | 京办发（2007）20号 |
| 8 | 北京市文化创意产业集聚区基础设施专项资金管理办法（试行） | 京发改（2007）1498号 |
| 9 | 北京市保护利用工业资源，发展文化创意新产业指导意见 | 京工促发（2007）129号 |
| 10 | 北京市文化创意产业贷款贴息管理办法（试行） | 京文创办发（2008）5号 |
| 11 | 北京市文化创意产业知识产权保护与促进意见 | 京知局（2008）178号 |
| 12 | 北京市关于推进工业旅游发展的指导意见 | 京工促发（2008）74号 |
| 13 | 北京市文化创意产业担保资金管理办法（试行） | 京文创办发（2009）3号 |
| 14 | 北京市关于支持影视动画产业发展的实施办法（试行） | 京文创办发（2009）4号 |
| 15 | 北京市关于支持网络游戏产业发展的实施办法（试行） | 京文创办发（2009）5号 |
| 16 | 北京市文化创意产业创业投资引导基金管理暂行办法 | 京文创办发（2009）7号 |
| 17 | 中共北京市委、北京市人民政府关于进一步促进服务业发展的意见 | 京发（2007）25号 |
| 18 | 北京市关于支持中国动漫游戏城发展的实施办法（试行） | 京文创办发（2009）8号 |
| 19 | 北京市文化创意产业集聚区统计工作管理办法 | 京统发（2010）54号 |
| 20 | 北京市文化创意产业发展专项资金管理办法实施细则 | 京财文（2010）2170号 |
| 21 | 关于大力推动首都功能核心区文化发展的意见 | 京办发（2010）23号 |

不管是文化产业发展与创意培育的总体性布局还是各行业、区县的具体文化政策，都具有因时因地制宜性，更加直观地切近北京市文化创意培育及其产业发展实际。

## 一、北京市文化政策对文化创意培育及其产业发展的具体布局

中央政府的文创政策要求北京市发挥全国示范作用，北京市也提出着力打造国家创新中心与世界设计之都。在中长期发展规划方面，北京市分别于2006年和2011年制定了《北京市"十一五"时期文化创意产业发展规划》和《北京市"十二五"规划纲要》。其中，"十一五"规划具有领先意识，将北京市文创产业发展的中心引领到创意培育上来，主要从营造环境、调整产业结构，整合优质资源，建立全面体系及产业链、建设营销网络等角度进行培育创意。"十二五"规划提出鼓励壮大创意培育的主体，对文创产业的活跃主体民营企业及中小企业给予激励措施。

北京市将各功能区建设与创意产业发展因地制宜相结合，从而将文化创意内涵深入到北京的文化构建与城市转型中。创意园区建设具有多元化、广泛性的特点。核心区文化发展着力打造一核、一线、两园、多街区，通过突出特色、加快发展，充分体现核心区的文化魅力。"两园"即中关村科技园区德胜园和雍和园，作为高新技术和文化紧密结合的产业园区，两园要通过发展高端文化创意产业，形成对接现代文化的辐射区。此外，占领高端，重点推进中国北京出版创意产业园、中关村科技园区雍和园、北京DRC(设计资源协作design resource cooperation)工业设计创意产业基地、琉璃厂文化创意产业园区、前门历史文化产业集聚区、天桥演艺区等国家级和市级文化创意产业集聚区建设。2010年发布的《关于大力推动首都功能核心区文化发展的意见》还主张支持集聚区内文化创意企业、文化中介组织做大做强，大力培育和引进骨干文化企业，积极

吸引中央单位新办文化企业、重点文化项目落户，提升集聚区影响力和辐射力。在设计策展、传媒广告、信息咨询服务等以文化为内涵、科技为手段的新兴行业方面，依托中关村科技园区，发展工业设计、展览策划、动漫网游等适合核心区发展的高端业态。与此同时，发挥核心区金融机构、企业总部聚集优势，推动建设全国文化产业资本市场，促进金融企业与文化企业的对接。相应地，鼓励发展以文化为内涵的休闲娱乐、体育、餐饮、时尚等行业，提升多种产业业态的文化影响力，探索开展无形资产评估、担保等业务，围绕产业链延伸服务，更好满足交易需求也是意见的题中之义。意见充分利用了北京市的地缘优势，不管是高新技术方面，历史文化创意方面，工业设计方面，出版传媒产业方面，还是文化市场与版权交易方面，都将文化创意与现有及未来规划的功能区有机结合在一起，政策因地制宜，与北京市地缘文化具有高度的贴合性。

考虑到北京市文化产业的具体发展情况，2011年，北京市制定了自己的文创产业分类标准，为北京文化创意产业界明确各个产业的属性、制定各项政策，为统计部门核算北京文化创意产业GDP提供最权威的依据。北京市文化创意产业分类标准对文化创意产业作出了清晰的定义，即"指以创作、创造、创新为根本手段，以文化内容和创意成果为核心价值，以知识产权实现或消费为交易特征，为社会公众提供文化体验的具有内在联系的行业集群"，此项分类标准涉及北京市拥有的文化创意产业的方方面面，可以清晰明确地反映北京市文创产业广泛的涉及范围。此外，2011年中共北京市委《关于发挥文化中心作用加快建设中国特色社会主义先进文化之都的意见》提出解放思想更新观念推动创新，从社会文化环境的塑造上为创意培育营造良好氛围，并主张以开放的姿态迎接优秀外来成果，为北京市创意培育提供可借鉴素材与案例。

## 二、北京市以利用现有城市资源培育聚集区、财政金融补贴、人才引进、知识产权保护等方面促进北京文创产业发展和创意培育中心建设

　　创意培育和产业发展以人才引进为本，2006年发布的《北京市促进文化创意产业若干政策》对从事文化创意产业的外国专家及海外留学归国人员均给予优惠。具备一定产业规模的集聚区有利于文化创意信息交流与区位优势形成，值得一提的是，北京市的产业集聚区发展巧妙利用了现有城市资源，2007年发布的《北京市保护利用工业资源发展文化创意产业指导意见》通过改造利用旧仓库、旧厂房等方式为创意集聚提供场地，2006年发布的《北京市文化创意产业集聚区认定和管理办法（试行）》明确了聚集区的内涵，注重自主创意研发能力与公共服务平台。

　　在财政金融方面，北京市也相继出台了一系列措施支持文创产业与创意培育发展。2009年发布的《关于金融支持首都文化创意产业发展的指导意见》并非简单地提供信贷支持，而是着眼于建设长远的文创产业业务考评体系与贷款利率定价机制，促进金融业与文创产业的长期良性合作；在方式上也不拘泥于信贷业务，而是推出信贷、债券、基金、保险等多种工具相融合的金融产品，做好文化创意企业从初创期到成熟期各发展阶段的融资方式衔接。2007年发布的《北京市文化创意产业集聚区基础设施专项资金管理办法》指出，专项资金的资金规模5亿元，分三年投入，市发展改革委按照市政府固定资产投资审批程序进行项目审核。2006年发布的《北京市文化创意产业发展专项资金管理办法(试行)》则指出，专项资金主要支持文艺演出、出版发行和版权贸易、影视制作和交易、动漫与网络游戏研发制作和交易、广告会展、古玩及艺术品交易、设计创意、文化旅游等文化创意行业。其中具有发展前景和导向意义的、自主创新的、拥有自主知识产权的创意项目是支持的重点。2008年

发布的《北京市文化创意产业贷款贴息管理办法（试行）》引导基金不直接投资文化创意企业，而要通过创投公司来做，是为了实现资金的二次放大，带动更多社会投资。此外，北京将大力发展文化创意产业投资基金，利用财政资金杠杆作用，撬动更多民营资本介入，同时加大贷款贴息力度。在专项资金支持方面，2009年发布的《北京市文化创意产业担保资金管理办法》将其中具有发展前景和导向意义的、自主创新的、拥有自主知识产权的创意项目作为支持的重点。

在知识产权保护方面，2007年北京市出台了《北京市展会知识产权保护办法》，2009年出台了《北京市人民政府关于实施首都知识产权战略的意见》，主张以联网方式建设版权保护体系。

## 三、北京市文化政策对演艺演出、软件开发、影视动画、网络游戏等产业的创意培育支持

北京市在促进文化创意培育和产业发展中，注重行业部门之间的协调配合，支持演艺、电影、软件、音像制品的对内发展与对外出口，帮助具备创意含金量的产品寻求海外市场和国际影响力。2008年，北京市出台了《关于全面推进北京市旅游产业发展的意见》，着重强调旅游业中的文化创意因素，打造满足市场需求的主体娱乐活动，为文化创意寻找新的产业结合点。在国家重点支持的动漫业方面，北京市的产业政策更加注重对内容创意的直接激励。2009年出台的《北京市关于支持影视动画产业发展的实施办法（试行）》规定，影视动画片在中央电视台播出每分钟奖励500元，收视率在该频道年度排名前10位的追加奖励每分钟2000元，排名11位至20位的追加奖励每分钟1500元，在北京电视台卫视频道、北京电视台卡酷卫视播出的也有相应奖励；在国内院线上映的动画电影，提供200万元以内的奖励；每年奖励10部优秀手机动画作品，每部

奖励5000元。北京影视动画机构当年生产的原创影视动画超过3000分钟的奖励30万元。中央在京影视动画机构当年生产原创影视动画超过6000分钟的一次性奖励60万元。在网络游戏方面，2009年出台的《北京市关于支持网络游戏产业发展的实施办法（试行）》指出，针对网络游戏企业，北京将对辖区内自主研发的原创网络游戏产业，择优给予100万至200万元的前期资助；自主研发游戏引擎并利用该引擎制作大型网络游戏5款以上的，以及自主研发形成知识产权并投入运营的网络游戏产业和服务，一次性给予200万元资助；同时对网络游戏企业购置、租赁服务器等符合一定条件的均安排补贴政策，对网游企业知识产权保护、开发海外市场等给予奖励和补贴。自主知识产权网络游戏服务出口境外销售额当年累计达到800万美元及以上，给予一次性奖励200万元。网络游戏企业衍生产品版权收益达到1000万元，给予一次性奖励100万元。

规划政策保障。一方面重视产业规划，出台了《2004—2008年北京市文化产业发展规划》《北京市"十一五"时期文化创意产业发展规划》等重要规划文件，确定了北京市文化创意产业的发展模式、发展路线、发展目标、重点发展行业、发展格局和产业布局等主要内容。另一方面，制定出台了《北京市促进文化创意产业发展的若干政策》和相关行业扶持政策以及具体的实施细则等二十余个文件，搭建了一个基本完善的政策框架，涉及综合政策、专项政策、金融政策、税收政策、园区建设、产业引导、企业扶持和人才引进等各个方面。

## 四、北京市各区县文化创意产业政策比较

北京市还鼓励各区县结合各自文化创意产业发展实际创新服务模式，已基本形成涵盖创意孵化培训、投资咨询、创意展示交流、版权保护、信息咨询等公共服务平台的公共服务体系。同时，北京

跨向世界创意高地

→173←

市各区县在文化创意产业促进体系方面各有创新，形成了与地区实际相符合，与市级政府促进体系相配套的体系框架。

在创意培育方式上，各区存在着相似性，表现在：财政补贴、贷款优惠、资金支持、项目补贴、奖励重点企业、政府重点采购、侧重人才引进是较为普遍的支持方式。同时，因文创产业与创意培育的发展程度与侧重点不同，各区对创意培育的发展方向定位与支持政策具有差异性，这体现了不同类型创意培育的区位指向性。

首先，文创产业发达程度较高的区县政策支持方式更加灵活，政策体系更加完善，注重聚集区建设，打造文化创意孵化器，能够结合自身情况推出文创产业发展指导目录，而文创产业发达程度较低的区县政策支持方式相对传统，政策体系不够完善。如东城区2006年颁布的《东城区"十一五"时期高新技术产业、文化产业及雍和科技园发展规划》，朝阳区2007年颁布的《朝阳区文化创意产业聚集区（基地）认定管理办法》《"十一五"时期朝阳区文化创意产业发展规划》都将建设产业集聚区，打造创意孵化器作为培育文化创意的重点。宣武区2006年颁布的《北京市宣武区"十一五"时期文化创意产业发展规划》利用现有文化资源和近现代工业遗存促进创意培育，并将琉璃厂文化创意产业园区作为重中之重。东城区于2010年颁布的《东城区文化创意产业发展指导目录》结合自身情况，增加了涉及中医药科技文化的若干小类。

其次，文创政策目标性领域明确。如石景山区立足于打造北京市数字娱乐产业基地，东城区偏重于规划"雍和科技园"，朝阳区力争建设国际版权交易中心项目，宣武区着力建设宣南文化园融合老北京文化元素，海淀区将建设"具有全球影响力的科技创新中心"和"国家战略性新兴产业策源地"作为定位目标，大兴区寻求新媒体建设新动机。此外，海淀区还积极培育产业核心竞争力和新的经济增长点，推进区域经济社会可持续发展，使海淀区成为建设创新型国家、有中国特色世界城市的先锋队和排头兵。在对创意主体中的中小微型企业支持方面，海淀区的产业政策有针对性。2012年颁发的《关于加快核心区自主创新和产业发展的若干意见》将微型企业也纳入扶持范围，并从税收优惠、创意研发投入、创意成果转化、建设中小微企业信用体系，建立健全中小微企业服务平台和公共技术平台，通过政府采购、重大应用示范工程等多种方式，支持自主创新产品在区域率先应用和推广。在中小微型企业的投融资扶持上，鼓励金融机构开展知识产权融资、信用贷款、股权质押贷款、信用担保、科技保险和高层次人才创业贷款贴息等科技金融创新，帮助中小微企业拓宽融资渠道，降低融资成本。不仅是微型企业，对于创意个人海淀区也有专项扶持，积极吸引天使投资人聚集并开展天使投资业务，引导规范早期创业投资与服务活动。在政府职能上，按照方便企业、规范部门运行的原则，加强制度创新，深化行政审批制度改革，进一步提升政务服务效能，为企业在海淀创新创业提供更加便捷、高效的服务。强化全区各部门、街道（镇）服务企业和经济发展的意识，切实推进本意见及其政策体系的全面贯彻落实。可以说，北京各区县的各色文创产业政策，促进了创意培育的多元性、丰富性发展。

## 第三节 政策实施的效果评估

中央及各部委和北京市的政策文件对北京的文化创意产业起到了极大的激励和推动作用，也对"创意北京"建设起到了促进作用。但具体到政策实施效果评估则是很难很复杂的事情，本节也是勉为其难地述及而已。

文化创意产业政策的评价主要指效应评价，包括了解政策项目的产出、政策的结果以及政策的影响等。所谓产出标准是指各类政

策资源投入的数量、分配和使用状况，政策的实际产出是否达到了预期的结果，产出是否大于投入等。产出是特定文化创意产业政策项目本身所生产的产品或服务，可用实物产品指标或价值指标来反映，如影院等设施的增多、受援助企业利润的增长等。政策的结果是指项目操作活动对文化创意政策资源接受者所产生的直接效应，反映政策资源接受者在行为、能力或表现等方面的变化，也可以用实物产品指标或价值指标来反映，如文化创意产业从业者能力的提升、收入的提高等。政策的影响是指除结果以外的所有其他效应，包括政策实施后所引起的文化创意产业空间布局和结构的变化、就业的增加、劳动生产率的提高、文化影响力的提升、消费的吸纳力等。

理论上讲，文化创意产业政策的监督和评价是一个持续的相互作用的过程。一方面，它是科学制定文化创意产业政策的重要保障之一，是保证政策决策正确与实施有效的关键之一；另一方面，评价本身需要根据文化创意产业领域内新出现的情况进行调整。

通常，政策监督与评价的目的包括：保障文化创意产业政策资源得到合理利用；保证文化创意产业政策的重大目标能够实现；为未来的政策决策提供更好的信息基础，改善未来的政策制定与实施；为合理的政策干预提供持续有力的支持。政策评价需要综合分析过去的经验与新的发展机会，是一种用来改善文化创意产业政策的工具。政策评价是文化创意产业政策效率提高的保障，能对文化创意产业政策的制定者、实施者与受益者起到监督作用。

从中央政策来说，一方面，将文化产业作为繁荣社会主义文化与社会主义市场经济的重要内容，对文创产业发展提供宏观方针和经济、法律、行政手段调节以及具体行业性政策引导，可以说做到了有的放矢、明确目标、多元支持、理性发展；另一方面，中央政府也对北京市作为文创产业重镇的地位给予了确定。

从北京市政策来说，在财政、税收、人才引进、资金补贴等诸多方面对文创产业加以扶持；充分利用了北京市地缘优势，将累积资源与新兴资源相结合，注重各文化产业的创意含量，将文创产业深入到城市文化功能区规划当中去，具有灵动又深远的发展意义，也具备长远的可持续发展眼光；针对中央政府重视的重点行业，如动漫产业与网游产业，北京市也依托自己的人才与国际交流优势，积极配合建设产业园区；北京市注重聚集区的培育，为文创产业资源优化配置提供公共服务。

从北京市各区政策来说，能够积极响应繁荣文创产业的号召，因地制宜地制定扶持政策，个别区的政策灵活多样，有助于构建良好的文化创意培育环境。

总的来说，上述三大层面互为整体，互相配合，共同促进了北京文化创意培育及其产业发展。这些政策主要集中在产业指导层面，一系列宏观指导及其配套政策从战略推动、产业界定、资金支持、集聚发展等方面作了规范、促进和指导。政策实施最给力的应是市级政策，从宏观战略、园区优惠、行业市场、人才引进、创意孵化等及时解决了产业发展政策的配套和落实问题。各区县政策的着力点放在重点规划产业发展方式，解决产业的方向性问题。尤其是2008年以后的政策，广泛涉猎了投融资、人才建设、细分行业，在全方位的扶持政策激励下，产业发展与金融业的战略合作机制得以建立，有效地促进了金融资本与文化创意培育及其成果转化的深层对接。总体上看，北京文化创意产业政策已经覆盖了市区两级，包含了总体规划、行业发展、集聚管理、投融资引导、税收优惠等方面，形成了宏观指导和具体操作相互支撑的点、线、面相结合的政策体系。

## 一、政策实施的方式及效果分析

### （一）北京市文创产业总体势头良好，文化创意培育取得一定效果

根据政策，北京把文化创意产业发展按投资准入程度分为鼓励类、允许类、限制类和禁止类四项，鼓励非公资本和海外资本进入文化创意产业。政策对创意培育及其产业发展的资金支持主要体现在提供直接的资金补助、促进产业与金融资本对接、建立融资信息平台、为企业融资提供担保等方面。在政策的有力促动下，北京市文化创意产业经过几年的培育与发展，产业资产、收入双过万亿，增加值从2005年的674.1亿元增长到2012年的2205.2亿元，现价增长227%，比全市GDP增幅高62个百分点，占全市GDP比重从9.7%提高到12.3%，文化创意产业就业人数从2005年的83.5万人增长到2013年的141万人，占全市从业人员的15%，成为促进首都就业、带动就业结构升级的重要产业门类。

根据2010年国家统计局的统计数字，北京市文化创意企业总量和门类、文化艺术品交易总量、电视剧出品集数、电影产量、电影票房等多项指标居全国之首。2011年，北京市文化创意产业收入突破9000亿元，实现增加值1938.6亿元，占全市GDP比重达12.1%。2012年北京的文化产业增加值第一次突破2000亿元人民币大关，达到了2205亿元。2013年北京全市文化创意产业实现增加值2406.7亿元，增速为9.1%，高于GDP将近1.5个百分点，全市规模以上文化创意产业实现收入10022亿元，同比增长7.6%；2014年北京文化创意产业实现增加值2794.3亿元，占全市GDP的比重提高到13.1%，创历史新高。规模以上法人单位实现收入11029亿元，同比增长9.5%；文创从业人员109.7万人，同比增长2.2%。尽管增速放缓，但是文化创意产业在北京市作为支柱产业的地位丝毫没有动摇，而且显现了强劲的发展势头。经过几年的快速发展，北京文化创意产业形成以下特点：首先是规模比较大，增加值规模、总收入规模、企业规模、就业人口规模在全国名列前茅。第二是文化创意领域原创性比较强，北京是联合国教科文组织机构认定的设计之都。2012年，北京市有13部动漫项目入选国家动漫品牌建设和保护计划，原创动漫入选数量位居全国第一。第三是文化创意产业集聚效应明显，共有120多个文化创意产业集聚区。第四是非公经济成为主导，非公经济占80%以上。第五是文化市场比较繁荣，电影票房在全国按城市排第一，按省市排第二，已经成为全国最大的艺术教育中心。第六是文化科技融合持续深入，动漫游戏产业是典型的文化和科技融合示范产业。2014年，全市动漫游戏业实现产值同比增长69%，占全国动漫游戏业产值的近1/3。第七是内容产业优势明显，电视剧、电影生产在全国占主要地位。图书、音像出版，动漫出版在全国占有一席之地，在全国文化市场上的影响力越来越强。

（二）政府强化了公共文化服务与规划引导，既较好地落实了各项政策法规又给予了创意培育一定的自属空间

首先，做好由政府主导到让渡市场的转变，以公共服务作为政府角色定位。"十二五"期间，文化创意产业发展规划的一大重点在于，让文创企业的发展从政府主导过渡到自由市场，让企业自由发展、竞争、选择，政府所扮演的角色退回到发展环境的营造上来。

其次，成立文创产业专有管理部门，深入加强对文创产业的管理。早在2006年，北京就已成立了"北京市文化创意产业促进中心"，作为北京市文化创意产业领导小组及办公室专门从事推动文化创意产业发展的常设机构，按照市委市政府的决策，创造性地发挥职能作用，推动文化创意产业又好又快地发展。2012年，北京市又成立了国有文化资产管理办公室，这是落实中央对北京市的要求、推进文化体制改革的最新成果，是北京市创新文化管理体制机制改革的又一重大举措。

再次，创造良好孵化环境，做好产业聚集与园区规划工作，惠及大中小各层次企业。北京市首个面向中小型工业设计企业的"总部基地"——CDD创意港将按照规划提供集研发、管理、展示、营销、政策服务"五位一体"的孵化空间。加强聚集区管理服务方面，北京文创产业促进中心正在与北京市发展改革委就打造聚集区专项管理资金进行接洽，以求进一步加强服务体系建设。未来5年，北京将整合30个市级文化创意产业聚集区，对其进行资源整合和功能升级，通过规模化发展，让聚集区走向功能区。

**（三）在金融支持政策上，通过信贷、保险、信托、促进优秀文化企业上市等多种方式，支持创意主体融资、适度规避市场风险**

首先，银行机构信贷支持力度较大，具有信贷总量大、惠及面宽、有重点多层次的特点。2012年，文资办与国家开发银行北京市分行、中国银行北京市分行等10家银行签订文化金融创新发展合作协议，为北京文化产业发展提供授信额度1000亿元人民币，承诺做好文化企业融资专项对接服务活动，开通"首都优质文化企业绿色审批通道"，为首都文化企业发展提供一揽子金融服务。截至2011年11月末，北京市中资银行文创类贷款余额为406.2亿元，贷款企业1259家。北京银行、工行、农行和交行四家银行，截至2012年1月31日，共发放贷款3918笔，贷款金额合计358.5895亿元。北京银行是北京市对创意产业扶植力度最大的银行之一，对上市公司华谊兄弟等长期提供金融合作。截至2011年9月末，北京银行累计对文化创意产业发放贷款1702笔，总金额174亿元。与此同时，北京市还将加快完善文化创意产业信贷支持体系。鼓励银行机构加强对中小微型文创企业的金融产品创新。进一步提高小额贷款公司支持中小微型文化创意企业力度。鼓励小额贷款公司创新适应文化创意产业发展的产品和服务，设计开发适合文创产业特色的信贷产品和模式，引导小额贷款公司加大文化创意产业贷款投放。

其次，开发适合文创产业特点与发展需要的专属险种与保险业务，保险业为文创企业提供一揽子综合服务。将保险业引入文化类企业的生产经营中在国外已经是一种常态，但在国内仍处于探索扩容阶段。2006年，中国出口信用保险公司为《夜宴》提供一年的出口信用保险服务，保额在1500万至2000万美元，这份保额还使《夜宴》获得了深圳发展银行5000万元的贷款。知识产权侵权险也首先在北京得到了实践，2010年6月24日，国内首个著作权交易保证保险产品在北京诞生，该产品由信达财险推出，北京东方雍和国际版权交易中心担任独家代理人，新浪、优酷、酷6三家公司作为首批该保险产品用户签署了合作协议。

再次，艺术品信托数量大幅增长。据统计，2011年艺术品信托发行数量为45款，比2010年增加35款，增长幅度达到350%。2011年艺术品信托发行规模为55亿元，而2010年发行规模仅为7.5亿元，同比增长633%。以"文化"为卖点的艺术品信托市场愈发吸引投资者的眼球。银监会在保证投资人利益最大化和信托财产安全的两个原则基础上对信托支持文化产业方面无限制性政策。

第四，加快创新文化创意产业直接融资体系，促进文创企业上市。截至2012年，北京地区已经上市的文化创意企业50家。A股上市的有47家，境外上市的有3家。其中，软件、网络及计算机服务业38家，广播、电视、电影业7家，旅游、休闲娱乐业3家，新闻出版业2家。截至2012年，财务指标达到上市条件的文化创意企业有120余家。在这120家公司中，网络及电影电视类公司占据了极大的比例。北京已启动五大机制为核心的企业上市融资工作体系，为全市企业包括文化创意企业上市创造良好的外部环境。

**（四）在财政扶持上，以设置专项资金与税收优惠减轻创意产业主体赋税压力**

北京在2012至2015年的4年中，计划每年统筹资金100亿元，用于支持北京文创产业发展，支持的方式包括专项奖励、贷款贴息、风险补偿、专项补贴等。税收方面，文创企业认定为高科技企业的可享受两年免征所得税，两年后按15%缴纳所得税；文创企业技术转让、技术咨询、技术服务收入免征营业税；文创企业技术开发费用按150%抵扣当年所得税，当年抵扣不清的在五年内结转；开发性仪器设备加速折旧，30万元以下可一次摊入管理费，30万元以上可缩短折旧年限或加速折旧。"十一五"时期，市国税局、市地税局给予新办文化企业、文化转制企业和动漫企业累计免税约28.37亿元，为首都文化产业蓬勃发展做出了积极贡献。

**（五）在园区政策上，既避免盲目建设，又通过优化资源实现创意集聚**

首先，合理规划利用现有厂房、土地资源。通过巧妙装修、改造，让文化创意在现有城市空间中获得生存。京棉二厂变成了莱锦创意产业园；首钢厂区变成了中国动漫游戏城；东城区散落在胡同里的废旧厂房变成了胡同里的创意工厂；朝阳区将25个老旧厂房原址改造成附加值高的文化、传媒产业聚集地，总占地面积超过188公顷。

其次，合理设计建设不同的功能分区。按照土地集约、产业集聚、功能集中的原则，科学规划布局，在16个区县打造核心演艺功能区、文化科技融合示范功能区、文化交易功能区、文化保税功能区、影视产业功能区等20个文化创意产业功能区。

再次，避免简单直接套用传统工业园区或科技园区模式。防止不利于产业发展的因素侵入，防止以文化之名行房地产建设之实。通过鼓励高等院校、研究机构与文化创意产业之间的交流与政府通过专项补助引进国内外人才进驻北京等方式实现产业集聚，要避免简单的物业租金式运营管理模式，要深入研究分析新媒体产业的特点，将地理性产业集聚与全球性传播能力有机结合，深度开发地理集群与虚拟集群两种集聚效益。

最后，避免同质化与过度单一化倾向，在传媒、影视、音乐、动漫、出版等领域形成产业链，使某个行业的上、中、下游产品得到均衡的排列。

## （六）在知识产权保护上，依法强力打击盗版，规范创意市场

以"文化执法"规范文创产业市场，加大知识产权保护力度。据北京市新闻出版局2015年发布的信息披露：2014年以来，北京市文化市场行政执法总队共出动执法人员7519人次，检查各类文化经营场所6225家次，巡查网站15000余家次；依法受理举报1380件；立案782起，同比增长5.68%；结案659起，同比增长3.13%；罚没款1067.38万元，较历史最高纪录的2013年全年增长46.85%；收缴各类非法出版物200余件，关闭网站500余家。另外，北京海关、国家商标监管部门等都查处一系列侵犯知识产权商品和假冒侵权案件，有力地维护了文化创意权益等知识产权成果的合法使用，加大了对知识产权的保护力度。

## （七）文艺院团转企改制完成，演艺行业市场繁荣

2012年7月，中国评剧院、北京市河北梆子剧团、北京市曲剧团改制完成标志着北京市国有文艺院团改制为企业的文化体制改革任务全面完成。据北京演出行业协会统计，2012年北京演出收入共计15.27亿元，创下历史新高。2012年北京市113家营业性演出场所共演出21716场，观众总人数达1100万人次。全年月均演出1809场、日均演出59场。其中，演出场次最多的艺术门类为话剧，其后为戏曲曲艺、综艺、儿童剧等；观众人次最多的演出类型为音乐，其次为综艺、话剧、儿童剧等。北京演出市场本地观众、外省份观众和外国观众所占比例约为3:1:1，其中外国观众和外埠观众主要

集中在国家大剧院、北京人艺等规模相对较大的演出场所。2012年1至11月，北京共审批来京涉外演出492台、14475场。在涉外演出中，港澳台演出126台、232场，外国演出366台、14243场。2014年北京130家演出场所共演出24595场，票房收入14.96亿元，观众1012.68万人次。2012年，北京城市院线累计放映电影119.87万场，比上年增加22.56万场，增长23.2%；观影人次3752.61万人次，比上年增加546.5万人次，增长17.1%；电影票房收入16.12亿元，比上年增加2.62亿元，增长19.4%，占全国总票房收入170.73亿元的9.4%。2014年电影票房收入22.9亿元，同比增长24%。全国省、自治区、直辖市票房排名第二，连续七年全国城市第一。

## 二、重点行业的政策实施效果评估

### （一）动漫网游产业

首先，北京市动漫产业发展在全国居于前列，动漫创意主体多样且受资金支持力度较大。2007年北京市动漫运营收入突破10亿元大关，一些网站和网游公司年收入均超过1亿元。党的十七大以来，北京市动漫产业快速发展，产值步入逐年快速增长的上升通道。2010年北京的动漫游戏产业实现产值105亿元，2011年产值达到130亿元，同比增长近30%。2012年，北京动漫游戏总产值达到167.57亿元，同比增长了29%。截至2011年北京市共有39家企业获得全国动漫企业认定管理领导小组的认定，其中包括3家全国重点动漫企业。

其次，北京市在动漫创意人才培养、产业聚集、创意选出及交易平台建设方面成效显著。一是建立北京市扶持动漫产业发展联席会议制度。2010年初，北京市扶持动漫产业发展联席会议制度，研究拟定扶持北京市动漫产业发展的重大政策措施和实施办法，协调解决推进北京市动漫产业发展中的重大问题。二是建设中国动漫游戏城，加强聚集区建设，发挥产业集聚效用，意在以"基地+企业集群"的模式打造中国动漫产业国家队，具有较强的"示范效应"。三是打造品牌活动，搭建产业展示交易平台。中国北京国际文化创意产业博览会、中国国际网络文化博览会、中国动漫游戏嘉年华活动等三个产业交易平台的品牌效应已经初步凸显。四是搭建融资平台，加强银企合作。十七大以来，北京银行成功向动漫游戏企业贷款近2亿元，为首都文化大繁荣起到积极的推进作用。五是发挥协会作用，整合行业资源。北京市于2009年成立北京动漫游戏产业联盟。2010年11月、2011年6月和10月，北京动漫游戏产业联盟组织企业参加了三次动漫游戏创意产业洽谈交易会，共计730家次企业参加了洽谈，洽谈项目800多项，达成初步合作意向额度约57.64亿元。六是注重培训，提高企业人员的素质。2009年至2011年，北京市先后五次对动漫游戏企业高管进行培训，十七大以来，北京市动漫游戏基础教育广泛开展，动漫教育成为素质教育的重要组成部分。在高等教育中倡导文化创意理念，推出动画专业教材。理论研究关注文化、艺术与技术的结合，产业链发展策略、动漫教育。

再次，网络游戏创意民族元素凸显，海外市场开拓较好，创意主体竞争力分化加剧。北京海关统计数据显示，2012年北京地区文化产品进出口达6亿美元，同比增长6.3%，其中出口额达1.6亿美元，文化出口正逐渐成为北京进出口贸易中不可或缺的重要部分。在电影、动漫、游戏、演出等诸多文化出口项目中，游戏超过电影业成为文化出口的新生主力军。2011年北京市网游市场份额达到了130亿元人民币，共完成了83款客户端游戏的研发，其研发力量占全国的26.6%。国产网游占据主导位置，完美世界、搜狐畅游等领军企业的核心产品均具有浓重的民族风。网络游戏此涨彼消，网页游戏呈现出极迅猛的发展态势。2011年客户端游戏与手机游戏运营收入分别占总营收的86.1%与2%，网页游戏则占11.9%，较上一

跨向世界创意高地

185

年上升超过10%。市场竞争格局集中化，2011年完美世界、搜狐畅游、光宇华夏成为营收前三甲企业。三家网游企业占据了北京市网游总营收的60%以上，强者愈强的态势十分明显。为解决中小企业"出海难"的问题，完美世界再次提出了"抱团出海"概念，并于2012年发布了PWIE进出口平台，以其多年的出口经验，为中小型企业提出"抱团出海"战略，以降低出口成本，增加合作成功率。

## （二）影视产业

第一，票房收入总量大，内容产业底气足，创意作品产出量大。近年来北京电影票房收入持续增加，2012年末，北京电影票房总收入业已超过16亿元。2012年，北京市影视制作机构累计制作电视剧76部2585集、电视动画片19部583集8030分钟，审查国产影片221部。2012年，北京市共受理电影剧本（梗概）备案申请1289件，批准电影剧本（梗概）的备案公示792余部，审查国产电影片243部。《钢的琴》《失恋33天》等3部影片获得第七届北京文学艺术奖，《钢的琴》《杨善洲》等5部影片获得北京市广播影视奖，《惊沙》《杨善洲》获得全国"五个一工程"奖，北京市被评为全国组织奖。

第二，电影院线建设快速发展，基础设施进一步升级带动文化创意消费。近年来，北京市影院建设速度惊人。多厅影院从2004年的十家、53块银幕增长到2009年的84家影院、373块银幕。2010年年底，北京影院激增到102家，银幕数达到510块。2012年年底，北京已拥有影院118家、银幕617块。2012年，北京市广电局继续实施新建多厅影院补贴发放政策，对2010年8月至2011年12月新建的符合条件的14家影院开展补贴发放工作，共发放补贴近3000多万元，推动影院建设快速发展和布局日趋合理，带动了影院建设步伐的加快和电影市场的进一步繁荣。据北京市2012年电影业发展观察统计，2012年在京建影院的院线增加1家，全市院线已达17家；新增影院17家，影院总数达135家；新增银幕109块，银幕总数达726块，人均银幕数居全国首位；新增观影座位1.4万个，座位总量达12.84万个，3D影厅244个，IMAX影厅5个。平均2.85万人拥有一块银幕，161人拥有一个观影座位。全国票房收入前10名影院中，北京影院有5个，分别为北京耀莱成龙国际影城、首都华融电影院、北京UME华星国际影城、北京UME国际影城双井店、北京万达国际电影城CBD店，其中耀莱成龙国际影城以8169万元票房收入位居全国影院首位。影院数量快速增长、品质不断提升、排片能力和服务水平不断提升，为电影产业奠定了坚实基础。电影档期常态化趋势明显，影片上映排片趋于更加均衡与合理。

在电影放映方面，2012年北京城市院线累计放映电影119.87万场，比上年增加22.56万场，增长23.2%；观影人次3752.61万人次，比上年增加546.5万人次，增长17.1%；电影票房收入16.12亿元，比上年增加2.62亿元，增长19.4%，占全国总票房收入170.73亿元的9.4%。

第三，举办电影节，创意产品交易及信息集聚成果丰硕。2012年的第二届北京国际电影节囊括了开闭幕式、展映、论坛、洽商、电影音乐会、电影嘉年华等7项主体活动，吸引了4000多位国内外嘉宾、百万人次群众参加，300多位中外嘉宾走过红地毯，创下了52.73亿元的洽商签约交易额新纪录，北京展映的8个展映单元选映了42个国家和地区的近230部影片，在北京的20家影院放映了504场。北京市广电局还积极支持第19届北京大学生电影节、青少年公益电影节、民族电影展等电影节展活动，并将其纳入第二届北京国际电影节，为电影节丰富了内容和形式。大力支持国际电影节展在京举办，加快电影"走出去"步伐，先后有韩国、新西兰、日本等电影展以及日本青春电影周在京举办，协调北京电影家协会组织北京电影代表团参加美国电影市场，《我愿意》等20部电影作品在展

会上进行了推广销售。

第四，农村电影放映工程推进，国产片惠民展映，实现文化创意社会效益。2012年，北京市广电局按照固定放映每年40场、流动放映每年50场的标准，大力实施农村电影放映工程。通过多方协同努力，2012年北京市电影公共服务水平显著提升。电影公益放映21.64万场，观影人次1314.33万人。国产新片放映率明显提高，观影效果进一步改善，公益放映水平继续位居全国前列。2012年底，北京市组织开展了"光影盛宴百部影片春节惠民活动"，各影院共放映惠民影片198部，放映1286场，人次接近10万，向农村提供了一批农民群众喜闻乐见、类型多样的影片，放映1.42万场，惠及32.78万人。"六一"期间在全市首都影院联盟影院和农村公益放映系统组织开展"在希望的田野上"儿童影片展映活动，城市院线共放映国产经典影片103部，放映场次558场。此外，还印制10万张观影券通过北京市各系统发放到位，鼓励市民观看国产影片，提高国产影片观影率，组织福利院、打工子弟、航天人模范党员、武警四个专场放映活动，并在全市公益放映系统安排2万场。

第五，多元培育创意主体，民营企业势头强劲，广播影视企业争相"走出去"。截至2012年11月底，北京市广播影视节目制作持证单位1579家，占全国四分之一强，其中民营企业比例高达97.8%。从收入上看，民营企业创收86.94亿元，同比增长76.38%，占总收入的50.24%。民营影视企业已成为北京广播影视业的生力军和骨干力量。2011年度至2012年度，北京有18家企业、7个项目被评为国家文化出口重点企业和重点项目。2012年5月21日，大连万达集团以26亿美元并购美国AMC影院公司，占100%股权，拥有AMC的338个影院，4865块银幕，已成为全球规模最大的电影院线运营商。2012年9月25日，小马奔腾联合印度信实集团以3020万美元成功收购了美国数字王国，持有其70%股份。换了大股东的数字王国已正式落户北京，拟在京创建影视高端特效制作技术基地以及文化中心、娱乐中心、主题公园等。为了鼓励更多企业走出国门，市广电局2012年组织全市12家企业赴法国戛纳电视节参展，共展出电视剧31部、纪录片16部、动画电影1部，实现交易金额120万美元，达成合作项目(含意向)金额320万美元，为历年之最。此外，市广电局还组织北京海润影业、京都世纪、新浪网等影视文化制作、传播单位首次参加了班芙国际媒体节。

# 第四节 政策实施中的问题反馈

文化创意产业是北京市产业结构调整和经济转型的重要动力，对文化城市建设产生了积极影响。北京的文化创意产业发展具有明显的政府推动和主导特点，在政策激励下发展迅猛，在规模和数量上都有了大幅度提高，但在政策实施及效果评估反馈中仍有一些不容忽视的问题。

## 一、北京文化创意培育及其产业发展中存在的主要问题

### （一）产业政策竞争明显加剧，特色产业不突出，企业和项目外流不容忽视

近年来为促进文化创意产业发展，北京陆续出台了多项政策，并成立了市区两级文化创意产业促进机构。但是与外省市相比，北京现有的文化创意产业政策支持力度不占优势。全国大部分省市已把发展文化（创意）产业提到前所未有的高度，不少省市提出了文化强省、文化强市的发展目标，纷纷出台促进政策和措施，特别是出台针对性很强的招商引资政策，如降低企业经营成本（免房租或租房补贴、宽带资费优惠、地价优惠等），给入驻企业一次性奖励或补贴，对项目给予财政资金资助，税收返还，为人才提供优

厚待遇等，这对北京的文化企业具有很强吸引力，许多企业总部外迁或项目外流。这些政策实际上达到了与北京争夺文化创意资源的效果。以影视行业为例，华谊兄弟等公司将上市公司总部注册在浙江横店，其统计和纳税都在横店；有的公司将影视的立项、拍摄制造和发行销售等重点环节放在外地，形成北京影视产业空心化。在横店的影视企业相当一部分是北京有实力的公司；在西安曲江注册的83家影视企业中将近一半是北京的影视企业。动漫游戏行业也存在类似问题；广告会展的几大会展项目也迁往外地办展。北京的文化产业集聚区是在政府主导下建立的，功能定位不准确（偏离市场），具有产业发展的同质化倾向。

**（二）产业内部发展不均衡，半数以上行业规模偏小，导致"规模但不经济"现象突出**

2011年，在文化创意产业九大门类中，除其他辅助服务领域以外，占全市文化创意产业总收入比重超过10%的只有软件、网络及计算机服务和广告会展两个行业，分别为37.4%和11.4%，两大行业合计占比接近北京文化创意产业总收入的50%（48.8%）。作为文化创意产业重要组成部分的旅游与休闲娱乐、广播影视、艺术品交易、设计服务、文化艺术等领域近年来虽然取得快速发展，但总体规模仍然太小，占总收入比重分别为8.1%、7.5%、6.7%、4.0%、1.7%，合计仅为28%，基本上还处在规模扩张阶段，对整个文化创意产业的支撑不足。

尽管北京有着强大的生产能力，畅通的物流渠道和广阔的消费市场，"创意北京"建设有明显的区位优势。但即使在北京启动文化创意产业较早的东城区，歌华传媒、雍和创意这两个园区也未形成明显的集聚效应，其他集聚区更未形成真正意义上的创意推动力和影响力。除798和少数富有个性的集聚区，大多数集聚区都缺乏自身的特色，尤其缺乏知名的文化创意产品，缺少龙头企业和品牌影响力。

## （三）体制机制性障碍抑制了产业发展活力，市场体系不完善，行政主导色彩浓

尽管北京的文化市场比较健全，但发育不够充分，政府的行政力量依旧强势，政府介入深、投入大，资源由行政权力配置的特点较明显。文化市场依然存在着部门、行业和区域的分割，使本应完整的文化创意产业链发生断裂，导致市场配置资源的积极作用没有得到充分发挥。很多领域国有企业在数量、资金以及经营领域都占据主导地位，名义上转企，实际上还不是真正意义上的现代企业法人，缺乏自主权，难以按市场机制开展市场运作。以新闻出版业为例，虽然部分国有出版机构已转制成企业，但整体上看，事业单位的管理模式尚未完全改变，管办不分，出版单位缺乏活力和市场敏感性，难以适应市场经济的发展。而日趋活跃的民营出版机构，因政策和管理的原因，目前主要靠购买书号运营，其经营行为大多处于灰色状态，不敢浮出水面。又如，动漫游戏行业主管部门涉及文化、广电、新闻等多家单位，分头管理，责任不清，缺乏有力的统筹协调机制和平台，难以形成合力，制约了行业发展。这些问题使首都所拥有的潜在优势未能很好地转化为现实发展优势和竞争优势，迫切需要加快体制机制创新。

## （四）产业专项资金捉襟见肘，融资渠道有待拓宽

事实上，任何一个产业在起步阶段都需要政府强有力的支持，北京对文化创意产业的扶持也是空前的。"十一五"期间北京市财政每年安排5亿元文化创意产业专项资金，累计拨放25亿元，这在全国尚属首次。财政专项资金对推动北京文化创意产业发展发挥了重要的杠杆作用和引导作用。但是，随着文化创意产业的快速发展，重点企业的引进和重大项目的落地，财政专项资金由于没有按一定比例增加，供需矛盾日益突出，就显得杯水车薪、僧多粥少。从下表可以看出，文化创意产业专项资金项目申报的资金需求量与可支持额度的缺口越来越大，2010年将近是1:10之距。

跨向世界创意高地

"十一五"期间文化创意产业专项资金项目申报情况

| 年 份 | 2006 | 2007 | 2008 | 2009 | 2010 | 合 计 |
|---|---|---|---|---|---|---|
| 申报项目数量（个） | 47 | 386 | 656 | 821 | 962 | 2872 |
| 通过初审项目数量（个） | / | 285 | 273 | 357 | 398 | 1313 |
| 申请专项资金额度（亿元） | / | 42 | 32.2 | 23.04 | 48.58 | 145.82 |
| 通过项目投资总额（亿元） | / | 180 | 218.68 | 464.33 | 324.41 | 1187.42 |

另外，由于投资引导基金尚未发生作用，产业基金尚未建立，担保机制尚不健全，文化创意企业主要还是依靠银行贷款这一间接融资方式，产业融资渠道单一。银行为了规避风险，加大了政府在项目贴息、担保补贴上的资金压力，特别是随着贷款规模逐步扩大（2010年1—12月，四家签约银行共发放贷款1193笔，贷款金额合计114.65亿元），这一块的财政专项资金的需求也越来越大。

此外，还存在金融政策支持侧重大型企业，中小企业惠及力度不够的问题。在现行政策中，尽管金融业对北京市文创产业支持力度较大，但银行贷款政策仍然更多地向国有企业、大型文创企业侧重。海淀区出台了支持"中小微"企业的金融政策，但北京市总体上对"小微"企业的关注度仍待提高。政策资金应优先给予目前规模不够、竞争能力不强但具有成长潜力和市场前景的企业和项目，实现政策的叠加效应。鼓励商业银行和其他金融机构重点支持中小民营企业，为中小民营企业提供融资服务，完善政策体系，优化产业发展环境。

（五）文化创意企业普遍小、散、弱，龙头企业较少，知名品牌不多

北京虽已涌现一批全国知名的文化创意企业，但在数量、规

模、经济效益等方面与发达国家和地区存在很大差距，缺乏具有较强竞争力的跨行业、跨媒体、跨所有制、跨区域、跨国界的大型文化创意产业集团，难以带动整个产业的发展和国际化水平的整体提升。以影视传媒业为例，美国有以迪斯尼、时代华纳为代表的跨国影视传媒企业，业务涉及互联网、电视、广播、出版、影视娱乐以及音乐甚至主题公园等多领域。而北京目前尚未有一家这样的大型文化创意企业。同时，北京文化创意产业缺乏知名品牌，尤其缺少在国内叫得响、在国际有影响力的品牌，在品牌价值、知名度、美誉度和影响力方面，还存在很大差距。

### （六）文化创意人才存在结构性匮乏，急需引进复合型的高端人才

文化创意产业发展需要人才的支撑，尤其需要集聚一大批具有国际知名度的高层次文化创意人才，目前文化创意人才结构性匮乏已成为制约北京文化创意培育的重要因素。以动漫游戏行业为例，北京动漫游戏教育体系不完善，高校动漫游戏专业毕业生无论数量还是质量都不能满足市场需求，而且所培养人才仍以低端制作人员和纯研发人员为主，创意、创作人才缺口很大，人才结构严重失衡。艺术品交易、广告会展、文化旅游、广播影视等行业也面临相同问题，普遍缺乏懂创意、善经营、会管理的复合型高端人才。健全人才培养体系、引进高端人才、完善人才激励保障机制已刻不容缓。

### （七）知识产权保护亟待加强

文化创意产业是版权产业，知识产权保护是创意和创新的基础，也是文化创意产业健康发展的根本保证。现行知识产权保护力度与文化创意产业对知识产权保护的需求之间存在较大差距。尤其是数字信息类的文化创意产品和服务，由于其可复制性及复制成本的低廉，对知识产权保护形成了严峻的挑战。文化创意产业的快速

发展，特别是新兴行业和融合行业的迅速崛起，对知识产权保护提出了迫切要求。

### （八）行业标准和统计体系亟待完善

目前，文化创意产业的行业标准和统计体系建设滞后于产业发展。有的行业缺乏行业标准，有的尚未建立独立的统计监测体系，制约了行业的健康发展。例如，设计服务行业标准不完整，导致有的设计领域被排除在统计口径之外，难以掌握该行业发展的真实数据；文化旅游尚未在旅游行业中单列，缺乏独立统计体系；动漫游戏融合在软件、网络及计算机服务行业之中，亦无单独统计体系。

### （九）同质化竞争趋势较严重

文化创意产业布局不均衡，一定程度上存在发展的盲目性，规划、引导和调控有待进一步加强。目前，各区县发展文化创意产业热情高涨，竞相上马大型文化创意产业项目，产业园区遍布各地，各种资本也纷纷涌入文化产业。有些地区盲目追求大而全，出现了不同地区间文化创意产业发展定位雷同、恶性争夺资源的现象，既造成资源浪费，又在内部消耗了大部分发展动力。同时，各区县一致地密集推动各类聚集区发展，特征趋同、发展同质化、"规模但不经济"的问题日渐突显。文化创意产业聚集区多数遵循相同的模式，即政府行为下的引导和规划建设，具有明显的盲目跟风倾向，特色不明显，聚集区缺乏主打的品牌性文化符号，这对于优质特色产业资源的集聚很不利。

### （十）集聚区规划和产业布局需要更加科学化

市级集聚区发展不平衡。有些集聚区经过几年发展渐成规模，有些处于起步阶段；有些集聚区空间布局达几百平方公里，有些空间局促狭小；有些集聚区至今没有重大项目支撑，发展滞后；有些重点文化创意产业项目，也因规划或土地所限无法落地，甚至流失外地。部分集聚区产业链尚未形成，在空间上未能高度聚集，产业链内部合作机制还不健全，上下游企业业务联系不够，资源流动受限，集群优势没有得到完全体现；集聚区管理机制不健全，管理机构参差不齐，有的集聚区管理机构人员没有完全到位；有的集聚区管理机构只履行了物业主管理的职能，没有充分行使管理服务的职能；有的集聚区至今还没有成立真正意义上的管理机构。集聚区国际化亟待加强，许多集聚区不注意抓住机会"整团打包"走出去发展，除798外，许多集聚区国际知名度不高。

## 二、对政策实施中问题反馈的思考

整体来看，三级政策基本涵盖了文化创意培育和产业发展的产业结构政策、产业发展政策和产业组织政策，几乎涉及了文化创意产业的全部子行业，覆盖了文化创意产业管理的大部分过程。从本文梳理的文化创意产业政策变迁来看，2006年以来的文化经济政策多着眼于鼓励和促进文化创意产业发展，主要采取增加财政投入，实行税收优惠等。近年来，北京市出台的系列文化政策多以鼓励和引导发展为重，具有一定的倾斜性和扶持性，是一种"差异化战略"和"赶超型战略"之间的定位。可以视作政府对市场的一种积极介入（积极干预），在此介入过程中，政府通过更加市场化的手段推动和引导重点文化创意机构及其产业发展，呈现出如下特点：

1. 逐渐明晰文化创意产业的特殊性，实行文化创意产业认定制度，成立北京市文化创意产业领导小组办公室，通过认定，文化创意产业企业才能享受优惠政策。

2. 主要政策干预为金融与财政支持，如设立文化创意产业专项资金，从财政奖励、补贴、税收优惠以及融资政策倾斜、贷款贴息、担保等方面到租金补贴、产品出口补贴以及对创意成果的奖励等均有涉及。

3. 通过文化创意产业集聚区进行重点开发和孵化，培育创意高地和价值链高端延伸。

4. 政策呈现出不同行业的特点，在不同的门类中大多数政策都是针对某个行业的专项政策，体现了行业发展的特殊规律。

这些政策的实施极大地推动了文化创意及其产业的发展，营造了良好的市场和社会氛围，但政策过于凸显了文化创意的经济价值，对于文化自身的人文情怀及其人文价值关注不够，尤其对处于初级和弱势阶段的文化创意的从业者缺乏艺术救济制度。对创意情景的营造和创意人才的成长关注不足；对市场在资源配置中的决定性作用发挥的不够，还存在一定的壁垒和障碍，甚至存在某种垄断。此外，政策的有效落实和真正落地不够，没有考虑到文化创意及其产业的特点——中小微企业及个体工作室，往往弃"小"攀"大"，政策之"大"与创意机构之"小"没有实现无缝对接，导致对真正需要资金扶持的项目和企业扶持不够，出现政策针对性不足、时效性不及时等弊端。

同时，北京的文化经济政策很多是针对文化创意产业集聚区的，集聚区对文化创意培育具有重要功能，也是"创意北京"建设的重要依托空间，虽然政策推动了集聚区的发展，但政策效果不理想。北京市对文化创意产业集聚区的发展管理偏硬，主要是基础设施建设、日常管理（安保物业）和宣传推广三个方面，而对于技术、培训、版权保护、创意成果转化以及投融资的管理较为缺乏。集聚区的主要管理是建设公共服务平台，主要包括信息发布、技术服务、投融资、孵化器、质检服务、培训服务、政策指导和知识产权保护等。但有些政策难以发挥效益，如企业认定问题。文化创意企业多是中小微企业，但北京的政策门槛较高，很多文创企业不能享受，对此政策应该有所调整，要对文化创意培育有所助益。此外，要加强集聚区内外之间的沟通交流，关注企业之间的整合和业态交融，真正发挥园区的知识、技术和成果外溢效应，凸显创意创新要求，避免同质化低端竞争。

　　本课题认为只有协调好文化产业政策主体、文化产业政策客体、文化产业政策实施手段三者之间的关系，结合政策效果评估及其对存在问题和建议的分析，才能在政策制度供给方面形成有助于文化创意培育和文化创意产业发展的体制机制。企业是文化创意产业的载体，文化创意产业竞争力的强弱主要通过企业来体现。文化创意产业政策一方面通过提高企业集中度实现企业规模效益，一方面通过鼓励竞争，支持研发等方式构建并提高企业的文化创意能力。发达国家文化中心城市的发展经验表明，政策法制对文化创意中心的培育具有极其重要的导向和支撑意义。相比较而言，北京在打造文化创意培育中心方面缺乏立意深远的有针对性的政策引导；促进和保护文化创意培育的相关政策尚需进一步健全和完善，尤其是文化法制环境有较大欠缺，文化管理的视野不够宽阔、意识不够开放；在法治和制度建构创新方面还亟须加强，包括强化文化创意培育中心建设的机制保障方面。

# 第五章
# 加强"创意北京"建设的对策性建议

"创意北京"建设必须树立文化创意创新驱动首都发展的理念，通过培育文化创意和创新主体、完善文化创意创新机制、鼓励文化创新体验、发挥市场灵验功能，塑造文化创意品牌和优化文化创意的社会环境，营造积极的文化创意氛围，从根本上推动首都北京走文化立市、创意驱动发展之路，才能实现城市发展的全面转型，迎来北京发展的"文化时代"。

北京在城市发展中要形成文化自觉、培育文化自信，在转型中要有文化眼光和文化视野。何谓文化意识？作为一种社会价值诉求，我们必须全面深刻领会文化改革发展的中心环节——激发全民族的文化创造活力。文化改革发展的价值取向是旨在提高国家文化治理能力和水平，其中包含着文化产业发展和文化创意培育。在国家文化中心建设中，在先进文化意识指导下形成正确的文化观，就要避免两种文化发展倾向。一是避免回到过去"左"的文化观，即把文化狭隘化为思想宣传或者等同于意识形态建设，以僵化的政治思维或意识形态的方式管理文化；一是把文化发展等同于文化产业的发展，忽视文化的人文属性和社会效益，片面追逐文化GDP。在城市发展中，要树立文化思维，实施文化创

意驱动战略。也就是说，在推进北京市的文化转型过程中，要始终贯穿文化思维，以文化视野看待城市发展的各类要素，以文化创意的价值理念整合城市各类资源，把文化创意融入城市发展全过程和发展方式转型中，提升产品的附加值，驱动产业向价值链高端迈进，以文化价值评估各类政策。要把文化创意驱动提升到城市发展的战略高度，搭建平台充分实现文化创意对城市竞争力、社会凝聚力和居民生活质量的提升。这种文化思维实际上是主张一种更为均衡的视野，即着眼于不同机构（政府、民间及其个人、非营利组织）的角色间的相互衔接、"补充"关系，这种文化视野正在促使文化创意培育由"管理"向"治理"转变，它提供的恰恰是一种新模式的基本参照系。

在"创意北京"建设中，不同行业的创意培育因其区位指向和特殊要素的差异存在不均衡现象，在其共性制约因素中，体制性障碍普遍存在，行政主导思维迟滞了创意市场的发育，创意资源未能实现市场自由流动，资源要素、创意机构和个体、文化市场及其成果转化的产业发展之间关系不顺，出现产业链条断裂和不健全的现象。文化艺术、新闻出版、广播影视等存量领域的行政主导力量很强势，相当数量的国有文化经营单位未能成为真正的市场主体，政企不分、政事不分现象依然存在。资源垄断、渠道垄断等问题突出，民营资本的进入仍面临"玻璃门"，非国有资本的力量很弱。这种非完全市场环境导致倚重行政方式配置资源，背离市场规律，资源使用缺乏效率，企业缺乏活力和市场敏感性，缺乏创新的激励机制，一定程度上影响了创意培育的活力和积极性。就文化创意培育而言，虽然"创意北京"建设取得很大成就，但处于粗放发展、数量扩张阶段。最显著的表征就是文化原创力、版权开发能力与市场转化能力不强，产品的竞争能力弱，以文化内容支撑的品牌产品少，知名品牌更少，尤其缺乏在国际上有一定影响力的品牌。存在诸如资金投入主体和渠道单一、市场化程度低、竞争能力弱、缺少知名品牌、产业链断裂、国际化水平不高、国际市场占有率低，尤其是创意人才总量不足和结构性矛盾突出等问题，导致北京文化创意培育整体水平不高、资源整合能力弱、创新能力不强、国际影响力弱等现象，致使"创意北京"建设与全球著名"创意之都"差距明显。基于此必须在全面深化改革中，在理念创新、体制创新、支撑机制创新上下功夫，以"创意培育"为核心，扎扎实实推动"创意北京"建设。

## 第一节 强化"中心"意识和战略思维

随着文化的地位和作用的全球凸显，人们越来越认识到：文化发展的最大障碍是思想僵化、固化和封闭。同样，在"创意北京"建设上最大的问题是思想观念瓶颈，只有继续解放思想转变观念加大宣传力度，在工作推进中强化"中心"——全国文化创意培育中心的意识，把这种意识观念传播到一切工作领域中，才能夯实"创意北京"的可持续发展的基础。

## 一、强化"中心"意识

北京市不仅在自身的文化发展具有"中心"意识，还要在全国的文化建设中强化"中心"意识。尽管北京作为首都其文化创意培育始终走在全国城市的前列，但作为全国"中心"的意识不够强烈，主体意识不充分，还缺乏一定的自觉，尚未把"中心"意识贯穿所有工作领域，更是缺乏全国眼光和全球视野中的"中心"定位。北京还未能把中心建设提升到城市发展战略的高度来认识。与文化创意培育相关的配套政策、体制机制还不健全，促进文化创意培育的各种平台建设还不完善，创意资源优势尚未得到充分开发利用和有效整合，文化创意培育中心应达到的高度和影响力、融合力不足，其辐射、示范带动作用还不够强，高效灵活的市场机制未能建立，政策、机制不顺，人才、机构外流现象时有发生。同时，北京在凸显自身特色和优势以及实力差距方面的意识还要加强，尤其在与世界文化城市的文化创意培育方面的比较中，要有针对性的"追赶策略"。

"创意北京"建设要充分利用全球化语境下的两种资源和两个市场，挖掘现实社会和网络社会两个空间，将首都的优势文化资源辐射全国、影响世界，努力在文化上发挥引领作用，在组织上发挥统筹作用，在传播上发挥示范作用；推动北京加入联合国"创意城市网络"的步伐，进一步扩大北京文化创意的全球传播力和影响力。以自身的特色和实力形成与伦敦、纽约、巴黎等世界城市以及与上海、深圳等国内城市的错位竞争。在国际竞争中，要突出北京承载中华民族文明和创造现代新文化的国家文化象征；在国内竞争中，要发挥北京在文化资源发掘和文化创意培育的优势以及在文化创意驱动下的主导产业的比较优势，塑造城市的文化个性、主体、品牌和特色。

## （一）以理论研究和产业发展支撑"中心"建设

新的历史语境下，城市发展不仅是一个重大的实践问题，更是一个重大的理论问题。"中心"建设不仅仅是喊口号，必须要有理论研究做基础。当下中国正处于加速城市化的阶段，城市发展中面临种种城市病和发展困境，需要理论研究做出有效解答。世界发达国家和城市对城市学的研究比我们早得多，理论也成熟。我们在缺乏专业人才和有效理论的情况下，要在"中心"意识的主导下，借鉴世界国际文化中心城市的先进经验，借助北京基础人才和科研院所的优势，明确定位，加强学术研究。

其一，加强创意理论研究，把握"创意"的特性及其技术创新支撑下的产业链思维。文化创意的产业链上游是创意的培育开发，中游是生产加工制造，下游是市场营销及其衍生品开发，整个产业链形成以创意为龙头，以内容为核心，包括创作、生产、流通、展示等环节拓展的纵向产业链，以及横向业态交融的环状或同心圆式产业链。其中创意是灵魂，是文化产业发展的关键要素，它以技术和市场为依托，创意水平的高低决定文化产业的发达程度。"文化创意是将原创性的文化创意规模化、产业化，将抽象的文化直接转换成具有高度经济价值的现代新兴产业。"[1]文化创意产业的一大特点是创意始终处于产业链的高端，从产业链上游的创意生产，到下游的创意的传播、营销及交易，都围绕着创意展开。根据"微笑曲线"理论，产业链两端是高附加值区。有学者指出，高端环节获得利润占整个产品的90%-95%，而低端环节只占5%-10%。[2]要树立"文化创意"是重要资源的理念。创意虽然是精神性的思想观念，具有非竞争性特点，即一个人对创意的使用并不会损耗创意的

1 姚林青主编：《文化创意产业集聚与发展》，中国传媒大学出版社2013年版，第213页。
2 鲍蔚等：《文化创意产业链及其发展对策研究》，《经济视角》（下），2011年第4期。

跨向世界创意高地

价值，创意的成果可以被反复开发利用。但创意的培育是需要投入的，一旦形成成果转化为产品，其产业链可以不断延伸，经济规模不断扩大，就会产生经济效益，因此其创意成果需要保护，不能作为"公益"被无偿使用。此外，以创意为核心的产业链开发是再一次创新，而创新能力不足，不仅难以实现创意效益最大化，还会造成产业链过短，续航能力不足。北京和其他全球"创意之都"的差距就是创意培育的水平和产业链的长短。美国作为世界头号文化产业强国，就源自高水平的创意培育和完整的商业化产业链，在版权保护和市场机制作用下，整个产业以创意为圆心，通过商业运作，向外延伸，创造巨大的商机和拓展新的市场，实现了"微笑曲线"的高附加值。北京的文化创意产业的组织结构中，大型骨干企业不足，竞争力弱的中小企业成为主体，造成产业延伸能力不强，产业价值链环节短，增值不够，横向链接跨界交融不足，难以形成跨多重行业、跨多个地区的完整优美的产业链结构，影响了文化创意产业竞争力的提升。促进文化创意产业大发展，不仅需要培育大型骨干企业，更要重视通过集约化发展拓展产业价值链，以创意为核心，强化相关产业的互动与协作。文化创意培育要重视上游的创意培育和下游的产业链开发，而恰恰这一点是北京的"短板"。就此而言，北京作为全国文化创意培育中心要有世界眼光。

其二，以文化创意为驱动力，形成一批龙头企业和知名品牌，打造文化创意经济功能区。积极支持龙头企业发展，鼓励本地企业之间、本地企业与外地企业或国外企业之间通过联合兼并、收购重组等多种方式，开展文化资源和资产的重组。尽早启动重点文化创意产业企业认定工作。扶持文化创意企业上市融资，对上市企业给予奖励。造就一批具有自主知识产权、具有较大规模和较强实力的企业集团，带动整个产业的发展。从企业发展战略的高度进行品牌的规划、建设与管理。积极打造文化创意企业品牌和集聚区品牌，形成品牌价值和品牌竞争力。引导集聚区以市场为导向，明确发展定位，不断深化集聚区之间的功能协作，避免同质竞争，尝试将"业态相近、区位相邻"的集聚区打造成文化创意经济功能区。帮助集聚区打造国际化通道，加强集聚区的对外合作交流。积极引导集聚区企业根据国外文化消费市场的特点和需求，定制相关文化产品和服务，打造一批具有国际影响力的集聚区及企业。重点支持本市文化创意旗舰企业开拓海外市场，构建国际化的营销渠道。

北京作为全国文化创意培育中心，要形成对全国文化创意发展的感召力，体现出文化创意和文化创意产业发展的前端性和高端性。重在鼓励创意、创造与创作，支持标准的创制和商业模式的创新，注重获取自主知识产权，有效地引领和带动全国文化创意水平的提升，使文化创意凸显北京特色和中国特色。

## （二）以资源有效整合推动"中心"建设

北京集中了众多国家级和中央级的文化资源，发展文化创意产业的资源十分深厚，但由于隶属关系多元化，北京深厚的文化积淀和丰富的文化创意资源优势尚未充分转化为产业发展优势，存在着资源分散、创意不足、产业雷同、模仿跟风复制等低端竞争的现象。当下北京市、中央、军队的文化创意培育之间尚未形成合力的人才与创意沟通交流机制，这在很大程度上制约了文化创意的迸发和人才集聚的形成，文化价值链被行政管理体制割裂开来。可以借鉴中关村创意培育先导基地经验开展部市合作，建立部市文化创意培育协商制度。在整合资源的基础上，加强北京市和中央文化单位的联动和协调运作机制，充分利用首都的市和中央两级资源，完善首度文化创意产业的结构布局，避免重复建设和资源浪费。

可以说，"中心"建设不单是北京市的事情，中央和北京市及其相关机构和行业要合力而为。因此，针对资源分散和缺乏有效整合的症结，要强化"中心"意识，大力宣传强化：所谓"创意中

心"既是北京的中心（要有效统筹各区县的文化资源和力量），也是全国的中心（要有效统筹央属文化资源和市属不同部门控制的资源）。在整合中一定要发挥市场机制的作用，谨防行政配置资源的旧疾复发。文化创意培育资源整合不够，究其原因是政府管理理念、管理手段和管理模式相对落后，缺乏有效的工作机制。作为国际交流的世界城市与全国文化中心，文化创意培育中心的有效运转离不开文化创意统筹联动机制。要紧扣主题充分发挥中心工作机制的统筹、规划、服务、保障功能，与中央及各部委联手，着力解决首都作为文化创意培育中心的管理体制问题以及相关的制度创新和完善，建立利益协调和利益结合的体制和机制，通过体制改革激发文化创造和文化发展的活力。同时增加投入和政策引导，搭建各种平台，深化基础研究，共同建设，利益共享。可以说，北京市目前状态的不尽如人意，就是缺乏"中心"意识下的资源整合及其发展方式上的"单项突进"，未能形成融和驱动发展。为改变现状，必须在强化"中心"意识下把政府规划、创意培育和产业发展、科技研发与高等教育融为一体来统筹，创新组织方式，着力搭建三个平台，使北京行政区域内的文化资源利用效率最大化，促进各类文化要素的合理流动、人才的有效汇聚，全面提升北京的文化创意能力和水平，进而促进国家文化中心建设。

其一，搭建北京与中央文化资源共建的平台。伦敦、巴黎都是依托国家政治中心的优势，汇聚了全国文化精英，来打造国际文化中心城市。北京有着丰富高端的中央文化资源，有国内最高水平的各种艺术团体、文化设施、高等院校、科研院所等，还有众多世界有影响的文化名人和知名策划、创意研究人才。但是北京市目前对于中央文化资源的优势运用还不充分。打造全国文化创意培育中心仅仅靠北京市的资源和力量是不够的，应进一步搭建北京市与中央文化资源整合、调配、利用的平台，以"首都文化"的概念和管理理念，共同组建"首都文化资源共建平台"及其办事机构，实现中央和北京文化资源的共建共享互利共赢，高起点推动北京的国家文化中心的建设。

其二，搭建北京与地方文化资源交流、展示和相互借鉴的平台。北京作为全国文化中心（包括文化创意培育中心）具有展示功能和辐射功能；同时，全国各地的丰富多彩的文化（包括少数民族文化）、优秀作品，都会到北京进行交流和展示，作为国家文化中心就要搭建这种平台、提供舞台。这种共赢的平台既有利于地方在交流观摩中提高自己，也有利于丰富首都的文化，形成有利于激发文化创意的氛围。

其三，搭建北京与国际文化资源交流、展示的平台。全球化不断加深的语境下，一个城市的文化发展水平越高、文化越繁荣，就越有文化感召力和影响力。在文化创意的发展和培育上，也是水往高处流。在党的十八届三中全会上中央提出：提高文化的对外开放水平，就是对文化发展规律的深刻洞察。在具体操作上，一是定期举办国际性特色文化节，以加强与世界各国的文化交流，提升城市的文化品位与国际文化形象。一些世界著名文化中心城市往往与特定艺术节相关联，如巴黎时装周、东京艺术节、爱丁堡艺术节等，都是通过这些特色艺术节来提升自己的文化魅力和影响力。一是在著名的文化场所与世界著名演艺团体举办长期的签约演出或展示。如维也纳的金色大厅、威尼斯的双年展、法兰克福的书展等。会展业作为文化产业对于提升城市的知名度、影响力不可小觑，会展业的成功和可持续发展离不开高端创意的融入，通过承办大型国际会展活动，有利于扩大对外文化交往。在"创意北京"建设中，要不断吸引外资和外智，增强国际化视野和全球化意识。提升城市的创意品质，应该吸引更多的国际性的文化活动在北京举办，同时要进一步加强中国文化尤其是北京文化走出去的力度，在传统文化与现

代文化相结合中，向全球展示北京的文化魅力和环境，以文化的输出带动价值观的输出。

**（三）在发展方式上以融合发展与创新驱动加强"创意北京"建设**

当前，以社会合力、融合发展的思路推动北京文化中心建设日益成为共识。融合发展成为"五位一体"的科学发展观在文化产业领域的实践，是广义的文化创意的价值实现最大化的体现，在文化创意驱动下深化文化与科技、金融、贸易、旅游、体育、教育等的融合发展，不仅有利于转变文化产业自身的发展方式，构建现代文化产业体系，更是对文化创意培育中心工作的深化，在城市文化品位的塑造和丰富市民文化生活上具有重要价值。

近年来，北京在文化创意培育中非常注重科技含量的融入，对科技创新的作用非常重视，取得了很大的成效。但文化创意的培育除了科技的硬实力驱动外，更要注重理念等软实力的孵化。所谓"双轮驱动"创新，既要发挥科技创新的优势，也要发挥文化创新——文化理念和文化价值创新的引领作用。在推动科技创新、文化与科技融合方面，北京出台了一系列政策文件，如2012年9月的《关于深化科技体制改革加快首都创新体系建设的意见》、2012年12月的《关于实施"双轮驱动"战略加快推进文化科技融合发展的意见》和《北京市推进文化和科技融合发展三年行动计划（2013—2015）》等。这些政策提出北京要以提高自主创新能力为核心建设"有世界影响力的科技文化创新之城"。有世界影响力的科技文化创新之城，意味着北京要在全国城市科技文化创新发展中发挥引领示范作用，在世界城市体系中成为具有科技文化创新竞争力的中心城市。以先进技术支撑文化装备、软件、系统研制和自主发展，利用和发挥科技创新对文化创新的作用，为文化精品创作、公共文化服务体系建设、文化创意产业发展、文化交流传播提供动力支撑。实施"双轮驱动",加快转变北京的经济发展方式。文化与科技相辅相成、相互促进,文化发展是科技创新的思想源泉,科技创新是推动文化生产方式发生革命性变化的杠杆。推动文化与科技的融合,有助于打造文化发展的新平台,拓展文化发展的广阔空间,有助于转变文化的发展方式、提升文化发展的质量效益。只有加快科技在文化发展中的应用,才能提升文化发展的层次,优化文化发展的结构,增强文化发展的后劲,让文化借助科技的翅膀飞得更高更远。在创意经济时代,文化创意产业的发展离不开科技的支撑,没有以强大的科技为后援的创意不可能兑现文化创意的价值;没有文化创意驱动和融入的产业是不可持续的,也是没有高附加值和文化品格的,没有文化内容创新和创意支撑的科技发展也是不可持续的。现在科技对经济发展、文化发展的积极作用愈发受到重视,但文化创意的积极作用认识得还不到位。北京在《建设先进文化之都的实施意见》中,围绕充分发挥科技对文化的支撑和推动作用做了两方面部署:一是推动文化科技融合发展,二是构建文化技术创新体系。本课题建议增加一条:加快文化创意培育中心建设,充分发挥文化创意的渗透融合作用。因此,建议在软环境建设方面,出台支持文化创意培育的政策文件,突出强化文化创意培育对"双轮驱动"战略的支撑作用。

## 二、增强战略思维

在经济全球化日益深入和数字化网络技术引领的语境下,文化创意创新日益成为知识经济的核心,并成为经济社会发展的新引擎,各国政要和中央政府都很倚重文化创意产业的高端发展,强化创意的培育及其渗透融合作用。当前文化产业国际化具有以下特征:创意独立与全球资源整合、生产国际化与集群化并存、产业链齐全、市场国际化、完善的知识产权保护及相关法律、有效的行业

管理政策支持等。[3]在此境遇下，北京虽提出世界城市的发展理念，但仍缺乏创意培育的国际化视野，没有把国际化作为"创意北京"建设的发展重点，缺乏明确的国际化发展路径，缺乏与国际接轨的"创意北京"统计指数，缺乏引导机构、企业进行国际化交流发展的系统性政策。

首先，在中央"文化强国战略"指导下，北京应积极融入全球文化创意产业格局和产业分工体系中，寻求与纽约、伦敦、巴黎、东京等城市的合作，不断提高北京文化创意的水平。相应地，北京要进一步强化自身的"中心"意识，建设具有国际水准的文化设施，培育要素市场，打造较为完善的服务及市场体系，加快集聚各种国际资源要素，加强与国际组织的交流与合作，提高文化创意及其成果产业化发展参与国际竞争的广度和深度。

另外，"创意北京"建设要关注数字化技术特别是移动互联网对创意培育的影响。国家互联网信息办公室发布的报告显示，截至2013年12月，中国网民规模达6.18亿，全年新增网民5358万人。互联网普及率为45.8%，较2012年底提升3.7个百分点。中国手机网民规模达5亿，较2012年底增加8009万人，网民中使用手机上网的人群占比提升至81.0%。我国网民中农村人口占比28.6%，规模达1.77亿，相比2012年增长2101万人。手机超越电脑成为第一大上网终端，我国互联网进入移动互联时代。随着互联网连接环境的宽带技术不断发展，北京在互联网建设中走在全国前列，但充分利用线路高速性的声像、音乐等大容量且富有魅力的创意数量不足，也就是说我们对自身富有文化内容的大数据库利用效率不高，其中最主要的障碍是观念上认识不足和实践中关涉多个权益人的协调问题。当前网上传输的多是专门制作的视频或音乐，大众更希望在网上能够

---

3 官玉选：《北京文化创意产业国际化的思考》，《文化月刊》，2010年第7期。

看到或听到已具有很高人气的电影、电视节目、CD以及乐曲，特别是对利用高速线路的高清晰度声像的创意寄予厚望，希望其成为引领宽带时代的主力。

关于无线电视节目中"创意的二次使用"问题，电视节目是当前占据主体地位的媒体文化的主力，内含大量的创意及其潜在的消费受众，但这方面的创意资源未能得到积极利用，特别是网络的利用。一方面，想要在互联网上提供过去播放的电视节目，要进行权利处理所需要的成本不可忽视；一方面，在互联网上传送以电视节目为首的声像创意需要必要的设备，如机器、线路等，成本很高，很难取得收益。这就要求政府促进创意培育的部门或专业机构进行协调各利益相关者，并加大对技术投入和公共技术服务平台建设的投入。

## 第二节 健全支持创意培育的政策体制

党的十八届三中全会全面深化改革的重点就是完善中国特色社会主义制度。从制度建构上讲，要逐步提高国家文化治理能力现代化目标诉求下的宽松的文化政策、健全的文化体制和完善的文化法制，建构支撑"创意北京"建设发展的人才体系及其制度创新，建构与大文化观念相适合的首都文化发展体制，在组织机构上成立高规格统筹协调发展的首都文化建设委员会。

### 一、国家文化治理能力现代化目标诉求下的北京文化管理体制机制创新

随着社会主义市场经济体制的完善，以市场经济的方式实现文化的政治、经济、社会、技术的价值性转换，进而改变和重塑国家治理模式，成为全面深化改革的目标，这实质是一种价值重构。在

跨向世界创意高地

价值取向上，文化治理有别于文化管理，文化治理意在通过主动寻求一种创造性文化增长的范式，实现文化的包容性发展，其重心落在发展上；而文化管理是国家通过建立一系列规章制度对人、社会和国家文化行为进行规范，其重心落在规范上。当然，在特定时期二者具有价值上的可通约性。特别是随着社会建设的不断完善，尤其是"五位一体"布局的和谐共进，文化治理的色彩愈加明显。文化治理的主体是政府和社会，主要通过一系列政策措施和制度安排，利用和借助文化的功能，以克服与解决国家发展中的问题，涵括了政治、经济、社会和文化以及个人的发展，突出了人、社会与国家的能动性和自主性，具有一定的协商和沟通互动特征，其中政府发挥主导作用；文化管理的主体是政府，主要通过对文化行为及其整个生态系统的强制性约束，基于一定的价值尺度对人的社会行为进行规定，实现国家的文化意志，具有很强的惩戒刚性。从政府的文化管理向社会共同参与的国家文化治理转变，不仅是视角和机制的变化，更是价值重心的转移，是国家治理能力现代化的标志。

## （一）营造自由宽松、多元兼容的文化环境

文化创意能力的强弱与多元文化的频繁交流、波西米亚族群体的生活方式以及创意阶层的存在有着密切互动的关联。封闭的文化环境只会因循守旧、故步自封、照抄照搬，不可能产生伟大的创意，更不可能形成创意驱动下的庞大的产业链和新兴市场的拓展。文化多样性和文化包容性是激发文化创意的最好温床。国际上，凡是经济强盛、创意发达的城市，都是各种文化相互作用最频繁、最充分的地方。创意发达的伦敦、巴黎、纽约甚至东京，任何一种文化思潮和文化流派都可以找到自己的生存空间，正是宽松的政策包容了创意的无限可能。从世界标准来看，城市文化繁荣的标志是出大师大家、出精品力作和出有影响的流派，三者的状态如何，是评判一个城市文化美誉度和影响力的关键，是一个城市所能达到的精

神高度和文化品位的重要标志。许多文化城市的经验表明，自由宽松、多元兼容的文化环境是一个城市文化人才集聚和创意发达的重要条件，特别是对于大师大家、精品力作、文艺流派的出现，至关重要。社会环境的开放自由及社会风气中的宽容、独立、开拓、进取的文化氛围，有助于创意培育的发展。在相对轻松自由的氛围中，信息交流、人才选出、与创意主体本职工作无关的事务相对较少。内部的企业文化对于创意培育也有很大影响，企业中灵活的管理机制、层级与部门之间高效的沟通效率、管理层对创意的直接支持与直接关注度、企业文化价值取向的多元，都是创意培育的影响因素。北京要成为名副其实的文化创意培育中心，就要创新文化管理方式，以国家文化治理能力的提升为目标，营造一种宽松、自由、健康、有序、和谐的有利于激发文化创意的氛围，切实保护民族的勃勃生机和创造活力。北京798、宋庄等文化园区的存在，不仅表征了北京的文化活力，也是北京文化政策宽松的标志，对这种"自发生长的创意力量"的政策保护而不是强制性规划正是北京政策调整的平衡点所在。

### （二）营造有利于文化创意发展的市场环境和社会氛围

加强宣传，积极营造全社会支持文化创意发展的良好氛围。按照十八届三中全会的要求，适当降低准入门槛，增强竞争活力。完善法律法规，积极推进文化产业振兴法制定的公布施行。创新政府支持方式，设立国家文化创意融合发展基金会，资助人才成长、创业孵化、研讨交流等。依托现有各类文化、创意园区基地，加强规范引导、政策扶持，加强公共技术、资源信息、投资融资、交易展示、人才培养、交流合作等服务平台建设；科学规划建设融合发展集聚区，打造区域性创新中心和成果转化中心。要加强管理，防止一哄而上、盲目发展。规范行业协（商、学）会、中介组织，发挥行业组织在行业研究、标准制定等方面的作用，加强行业自律。完

跨向世界创意高地

善文化产业统计制度，加强文化创意类产业统计和分析。在社会合力作用下，形成有利于培育文化创意中心建设的创新机制。

一是强化内容创新创意。目前北京在影视、出版印刷、信息传输、演艺、艺术品交易、软件服务以及旅游、会展、设计等方面的产业已形成一定的优势。基于北京作为全国文化创意中心的标准要求以及文化创意资源优势和产业竞争态势，北京要坚持"内容为王、质量优先"，把工夫花在优势产业的价值链和产业链的前端，抓好高端创意和前端创造，鼓励和推动融思想性、知识性、艺术性和观赏性于一体的好创意，塑造知名文化品牌，提升文化产品和服务的内涵、质量和消费附加值。要培育各类文化研发创意机构，鼓励企业加大文化创意创新的力度，激励大众参与文化创活动中来，形成全民融入创意的氛围。政府设立的促进文化产业发展的基金，应当主要奖励内容创新。二是加强制度创新。强化文化创意机构的主体意识，以市场机制整合创意资源、促进各类创意要素的融合，调动创意主体的积极性。放宽市场准入，推动各类社会资本进入文化创意产业，通过资本运作手段实现国有、民营文化企业的"三跨"发展。当前思考的重点是做大做强国有文化企业还是公有制文化经济？是培育大型骨干文化企业还是扶持集约化基础上的中小企业的集群化发展？不同的发展导向会形成不同的产业格局，也会对全国文化创意产业发展形成强势影响。基于文化创意产业的特点，和当前北京市及其文化产业发展特点，我们建议采取后者的发展导向，只要形成中小企业的集群发展，北京自然会形成文化创意高地。三是加强业态创新。实现文化与科技的融合，创造新的文化业态。发展高科技支撑的生态型文化创意产业，使其成为文化创意产业中的主体和主导，以高端创意支持下的战略性新兴产业带动传统及其现代型文化创意产业的发展。四是推动商业模式创新。当前经济发展趋势已超出单纯的产品、技术、资本竞争，而走向价值链竞争；从规模经济和范围经济走向势力经济，不是占有而是控制产业高端成为新的竞争模式。商业模式竞争越来越主导产业链及其国际分工，价值链的高端也是文化影响力的制高点。因此，文化创意要支持企业的商业模式创新，要输出版权及其价值，拓展产业链以及相关衍生品开发，并做好对产业链的服务配套，支持首都的文化创意主体基于产业链的兼并、重组、联盟，实现产业链效益的最大化。

## 二、实施创意人才战略支撑"创意北京"建设

创意源自个人的创造力、技能和天赋，文化创意培育中心建设的关键是人才，文化创意培育能力和水平的高低取决于创意人才的数量和质量，尤其是创意大师的多寡。目前，北京市文化创意人才占全市从业人员的1%，创意人才总量严重不足，与纽约、伦敦、东京等创意产业发达的城市相距甚远。以动漫游戏为例，业界需要的人才是15万～20万，尽管每年开设动漫游戏专业的高校近百个，但每年提供的人才仅1万人，且以低端制作和高端研究人员为主，人才结构失衡，创意、创作人才缺口很大，而且缺乏国际视野。因此，要加强文化创意人才的培养，形成完善的文化创意人才培养和培训体系。其中，高等教育机构和科研院所是文化创意人才的资源宝库，文化园区及其大型企业和民营机构的培训是人才体系的重要支撑。健全符合文化创意人才特点的培养、使用、流动、评价和激励体系，加强人才科学管理。优化专业目录设置，探索学历教育与职业培训并举、文化创意与技术管理结合的人才培养新模式，积极推进产学研协同的人才培养。积极利用各类引才引智计划，引进海外高端人才。完善职业技能鉴定和职称评定。鼓励开展创意设计评奖活动，完善政府奖励、用人单位奖励和社会奖励互补的奖励体系。支持社会力量设立奖项和基金，对文化创意人才的创意活动、学习深造、国际交流等进行奖励和资助。建议充分发挥首都智力资源的

密集优势，不断培养和引进创意人才，增强首都文化发展的活力。针对创意力量分散不能形成合力之弊：成立支撑首都文化创意中心培育的组织协调机构，整合分散于中央、国家和市区等机构的创意资源以及相应的保障机制。可参照中关村国家自主创新示范区服务平台的做法，积极争取中央部委、中央文化机构和文化企业的支持，建立统筹协调、齐抓共管的长效工作机制，搭建首都文化创意资源平台，为文化创意机构提供实现价值的渠道、资金保障、版权保护、成果转化和人才吸纳等全方位全过程的支持。在文化创意中心的培育上，要特别强调尊重人才、尊重规律、尊重劳动、尊重创新，充分调动和保护文化创意人才的积极性、主动性、能动性和创造性。建立创意人才档案库，促进人才合理流动，从而使人才价值得到最大程度的利用。

在具体举措上，一是要注重本土文化创意人才的培养和引进。利用首都著名高校和科研院所密集的优势，鼓励高校和科研机构与文化创意产业园区、创意社区联合培养创意人才，通过创办创意社区、开放式大学等方式构建终身学习体系；建立吸引高端文化创意人才的制度，健全人才自由流动机制，为海内外高层次创意人才创业发展提供良好的便利的工作生活环境。二是激发企业重视文化创意的积极性。企业是市场主体，如何出台政策调动企业在生产和营销过程中重视创意，直接关乎文化创意价值的实现。只有企业重视文化创意，才会为创意人才提供了施展抱负的舞台。有了一大批文化创意主体的有效支撑，就有了提升可持续创意的能力，北京就有了成为全国文化创意培育中心的可能性。其实，不仅是高校和各类教育培训机构，更应该在国民教育体系和公共教育方面加大投入，如在中小学开设有关创意的课程、增加中小学的创意实践，在艺术馆、博物馆进行艺术课的欣赏等，以及在市民学校、老年大学等开设广泛的创意类欣赏课，提高受众的审美欣赏和文化消费的水平，在整个社会形成浓厚的创意氛围。三是比照中关村国家自主创新示范区的做法，在文化创意人才的培养、引进、使用和奖励等方面进行制度创新。探索形成文化创意人才市场化培养机制。鼓励高等院校加强文化创意产业学科建设，加快文化创意人才培养。启动北京市文化创意产业人才培训基地认定工作，建立高端人才认定机制。加强文化创意产业人才交流与合作，促进海外人才在京创业发展。鼓励人才流动，不求所有、但求所用，进一步加强与国际高端文化人才的交流与合作。

同时，进一步完善创意选出平台。在文化创意培育中，各类型创新创意主体间的合作，要求建立更多的持续性高质量创意对话平台，广泛的信息互动能够为创意提供灵感。北京应更广泛地建设具有国内、世界影响力的创意人才及作品的选出平台，更加注重个人的创新潜质，并注重平台建设的连续性与持久性。

"创意北京"建设要以制度的完善和落实为重点，以完善的制度保障为支撑点，制度保障即建立各种保障制度，用制度激励或规范文化创意的经济活动，形成全社会都来关心支持创意培育中心建设的社会环境。

## 第三节 完善创意培育的支撑机制

"创意北京"建设还要完善各类保障机制，包括组织保障、人才保障、知识产权保障等。在完善和落实鼓励文化创意培育的机制过程中，要树立"文化创意"是经济社会发展中重要资源的理念。如何把有思想理念支撑和愿景感召的全国文化中心建设，通过某种可操作性的行动计划实施出来，对"创意北京"建设具有重要意义。如英国为促进世界创意中心建设，文化传媒与体育部在2008年2月发布了《创意英国：新人才经济计划》，提出发展创意产业的

26条举措，从发展创新教育、培养创意人才，保护知识产权，支持创意产业发展等，内容明确、具体，具有可操作性。北京可以实施自身特色的文化行动计划为推动文化创意培育中心建设提供切实可行的机制保障。

## 一、完善组织支撑机制

在组织保障上，加强对文化创意培育的管理职能。遵循文化大部制的管理特点，把文化创意作为重要资源，在现有北京"文资办"框架内成立文化创意创新协作处，作为政府推动"创意北京"建设的协调领导机构，以统筹全市文化创意培育中心建设。另外，还要增加投入——成立鼓励文化创意的文化发展基金或者扶持创意培育合作基金会，以市场运作的方式增加对文化创意培育中心的扶持力度。同时，不断培育和健全社会组织——激发文化创意培育的土壤——形成社会合力支持创意培育的氛围——建立一种松散的管理方式，形成宽松的创意氛围。文化创意既可以"大"，也可能很"小"。因此，在组织机制上不仅重视那些具有广泛影响力和示范带动作用的重大项目，也要关注那些看起来似乎很不起眼的民间的草根的"创意火花"。尊重文化创意培育的工作特性和文化创意的规律，以柔性灵活的方式推动文化创意培育中心建设。在工作中，避免急于求成的冒进思维和运动式发展模式以及依靠行政捏合的方式整合创意资源。要平等对待市场主体，给予民营文化创意机构与国有文化企业同等待遇，共同促进"创意北京"建设。

此外，在组织机制上还要注重形成以"创意"培育为核心的政策软环境。通过政策调整和制度救济，发挥政府的引导功能，加强以激发创意、创新意识为核心的城市基础设施建设，在完善公共服务体系的基础上，根据不同的艺术类型和产业特点，可以通过有效的制度供给，解决现实中存在的困难。目前，北京自发的民间的文化创意机构很多，亟需政府的制度救济和有效扶持，作为支撑北京文化创意培育中心的分母，这些草根性的有着生命力的创意火花和渴望创意迸发的力量，会托起北京文化创意的辉煌。

在组织机制支撑上，要把对创意培育中心的顶层设计与现实发展相结合，通过制定远景规划，引领中心的长期发展。政府在文化创意培育中心建设中的主导作用恰恰体现在政策制定和战略规划的实施上，伦敦、巴黎等都有类似的规划和组织机构，对"创意之都"建设发挥了积极的作用。因此，建议北京市会同中央有关部门尽快研究和制定文化创意培育中心建设的顶层设计，据此根据国家和北京市的"十三五"规划做出近期的发展目标，同时基于国家全面建成小康社会、中等发达程度的现代化国家的时间表，在高起点上作出北京在建设文化中心特别是文化创意培育中心上的时间表、路线图和任务书。

## 二、健全市场支撑机制

文化生产力的本源是文化创造力，正是文化创意、创新尤其是原创能力的不足，极大地制约着我国文化产业的发展。文化创造活力的激发不仅要通过市场效益，还要通过现代公共文化服务体系的完善来支撑，其根本点是公民文化自主表达权的落实和保障，这是文化创造力之源，也是文化生产力之本。市场在资源配置中起决定作用和更好发挥政府作用，是党的十八届三中全会提出的一个重大理论创新，对推动文化改革发展具有重要指导意义。全会提出在文化领域，要完善文化市场准入和退出机制，鼓励各类市场主体公平竞争、优胜劣汰，促进文化资源在全国范围内流动。事实上，我国文化企业难以在集约化基础上做大做强，一个最根本的症结点就是文化资源未能实现全国范围内流动。建立健全现代文化市场体系的核心是处理好市场和政府的关系，通过发挥市场在文化资源配置中

的决定性作用和政府作用，才能把此前一直倡导的政府职能从办文化向管文化转变落到实处，在尊重市场经济规律基础上实现文化体制机制创新。国家文化治理能力现代化目标诉求下的文化管理体制机制创新，从根本点上为"创意北京"建设创造了条件。

## （一）完善市场交易机制，扶持小微企业发展

当前，创意培育管理面临程序繁琐、周期长、时间成本高以及效率不高、程序不清晰、中介服务不健全不完善，尤其是对民营中小创意机构扶持等问题，文化创意机构发展艰难，存在"天花板""玻璃门"等无形的制约瓶颈。同时，过重的税负也不利于创意培育企业积累和发展壮大，因此，迫切需要简政放权发挥市场机制的作用。此外，还要考虑政策之"大"如何落到创意机构之"小"上。在中小企业和大型企业的合作关系中，中小企业大多主要从事创意工作，进行高附加值的产品生产，形成文化创意产业链的前端，而大型文化创意企业则通过对这些创意产品进行筛选、组织，把它们同生产、流通等环节联系起来，从而进行大规模的市场化。韩国政府为鼓励小企业发展专门出台了《一人企业育成法》，扶持文化创意产业发展。2013年，党的十八届三中全会专门提出：支持各种形式小微企业发展。2014年，文化部发布了《关于大力支持小微文化企业发展的实施意见》；提出重点支持小微文化企业的发展。

## （二）强化市场导向，培育市场主体，充分激发文化创意主体的活力

文化创意培育及其产业发展不能依靠行政主导，必须凸显市场导向，建立市场导向的支撑机制。"创意北京"建设首先要在国有文化单位转企的基础上，加快建立现代企业制度，坚持需求导向，充分发挥市场在资源配置过程中的基础性作用，培育合格的市场主体，增强文化创意产业的竞争力。要推动文化创意优势企业跨

地区、跨行业、跨所有制合作，打造龙头企业、跨界融合产业集团和产业联盟。鼓励有条件的大型企业设立工业设计中心，建设一批国家级工业设计中心。支持中小文化企业向专、精、特、新方向发展，形成富有活力的市场主体。挖掘、保护、改造民间特色传统工艺，培育具有地方特色的文化创意企业。引导扶持文化创意民营企业发展。支持有条件的企业"走出去"，通过海外并购、联合经营、设立分支机构等方式积极开拓国际市场。

（三）拓展市场需求，充分发挥市场在创意资源配置中的决定性作用

文化创意培育中心建设离不开创意产品消费市场的强力支持，只有具有消费需求，供给才能产生。培育文化创意产品消费市场、扩大文化创意产品消费能力，是推动文化创意产品市场发展的重要手段。要鼓励企业应用各类设计技术和设计成果，开展设计服务外包，扩大设计服务市场。加大政府对文化创意产品和服务的采购力度。消除部门限制和地区分割，促进形成统一开放、竞争有序的国内市场。充分利用北京文化产权交易所和有关文化产业展会，规范交易秩序，提升交易平台的信息化和网络化水平，促进产品和服务交易。鼓励电子商务平台提供文化创意专项服务。培育文化消费习惯，转变消费观念，促进文化创意产品和服务消费，鼓励有条件的地区补贴居民文化消费，扩大文化消费规模。继续办好文化消费季活动，并把活动引向深入和高层次。

（四）完善文化创意激励机制，激发创意培育及其成果转化的积极性

一方面，加强市场引导机制，文化创意成果的转化离不开市场，激励创意主体开展文化创意活动，就要加强文化创意的市场机制建设。另一方面，加大政府的扶持力度，如在公共采购及其政府购买创意成果方面，形成新机制以满足公众多样化的需求。何谓真

正的市场机制？市场如何发挥决定性力量和文化创意资源能否在全国流动？首先要研究建立符合产业特色和发展规律的科学合理的文化资产评估体系，搭建全方位的文化投融资平台，鼓励社会资本进入文化创意领域，探索文化创意成果转化的市场机制以及可以质押获得金融服务的方式方法；其次要加强文化创意的知识产权保护，积极扶持文化创意产品和服务开拓国内外市场。要积极鼓励智力要素以各种形式参与创意收益分配，实施股权激励、税收优惠、贷款贴息等相应配套政策，推进创意成果的市场转化和产业化水平。

## 三、健全和完善财税金融支撑机制

随着北京市财政的持续增强，本课题建议将现有文化创意产业专项资金由5亿元增加至10亿元，使之与文化创意产业发展规模相适应，解决"僧多粥少"的问题。同时，适当调整专项资金的使用范围，除了对重大项目补贴以及对企业贴息、奖励外，建议专项资金还要用于促进市场体系建设，用于搭建服务于文化创意培育的公共平台，这部分资金无法从社会融资或银行贷款，却又是文化创意培育必需的产业环境建设。同时，设立文化创意发展专项资金，加大对文化创意培育的支持力度。政府引导，推动设立由金融和产业资本共同筹资的文化创意与相关产业融合发展投资基金。对经认定的文化创意企业，减按15%的税率征收企业所得税。文化创意企业发生的职工教育经费支出，不超过工资薪金总额8%的部分，准予在计算应纳税所得额时扣除。企业用于文化创意设计或购买文化创意设计成果的费用，执行税前加计扣除政策。落实营改增试点有关政策。广告领域文化事业建设费征收范围严格限定在广告媒介单位和户外广告经营单位。对国家重点鼓励的文化创意服务出口实行营业税免税。对纳入增值税征收范围的国家重点鼓励的文化创意服务出口实行增值税零税率或免税，对国家重点鼓励的文化创意产品出口实行增值税零税率。

针对当前创意水平不高、创意效率低下、创意亮点不多的现状：要改变目前资金的扶持方式，引入市场评估机制，扶持资金的使用要坚持绩效导向，面向各类创意机构、高校和科研院所、文化企业和民营研究咨询机构，鼓励高水平的创意，围绕文化内容创意、文化技术应用、文化品牌培育等进入市场形成产业链。同时，在税收上，财政政策优惠惠及面较窄，认定方式及范围有待改善。在未来税收优惠政策上，中小企业希望降低优惠门槛，以使企业在创立和成长阶段能享受到税收优惠政策，同时，企业的智力研发部分也被期待计入成本以抵扣部分赋税。

在金融上，支持符合条件的企业上市融资，鼓励企业发行公司债、企业债、集合债、中小企业私募债等非金融企业债务融资工具和集合信托。支持金融机构选择文化创意项目贷款开展信贷资产证券化试点。鼓励金融机构创新金融产品和服务方式，增加适合文化创意企业的融资品种。鼓励银行业金融机构支持文化创意小微企业发展。建立社会资本投资风险补偿机制，鼓励各类担保机构提供融资担保和再担保服务。积极引导私募股权投资基金、创业投资基金及各类投资机构投资文化创意领域。

文化创意企业所需资金主要依靠社会融资和银行贷款。建议尽快启动文化创意产业投资引导基金，引导社会资本投向北京市文化创意产业；组织有实力的投资机构，发起设立100亿元～200亿元的文化创意产业投资基金。建立健全担保评估机制和无形资产评估体系，形成多层次的贷款风险分担和共担机制。成立专门的文化创意产业金融服务公司，设立文化创意产业担保公司。继续加大对企业上市融资的支持力度，鼓励更多企业上市直接融资。尽快运行中国北京文化产权交易所，研究筹建北京艺术品交易所。

## 四、完善知识产权保护制度

创意培育及其产业发展的外在支撑是版权保护，"创意北京"建设一定要加强知识产权保护。新制度经济学的代表人物诺思认为，有效率的组织需要在制度上作出安排，并确立所有权，以便造成一种刺激，将个人的经济努力变成私人收益率接近社会收益率的活动。版权制度恰是这样一种有效率的制度安排。我国现行知识产权保护执法水平和力度较弱，应把重点放在加强版权意识，打击盗版行为等方面，以激励创意创新的冲动。因此，深入实施知识产权战略，大力加强知识产权创造、运用、保护和管理工作。加强知识产权保护法制宣传教育，加大打击侵权力度。实施中小企业知识产权战略推进工程和知识产权优势企业培育工程。建立并完善专利优先审查通道和软件著作权快速登记通道，健全便捷高效的商标注册审查体系。完善知识产权入股、股权和分红权等形式的激励机制和资产管理制度，促进知识产权合理有效流通。鼓励企业、大学、科研机构建立战略联盟，引导文化创意要素向企业聚集，推行知识产权集群式管理。活跃的版权交易是文化创意培育繁荣的表征，除了要促进版权交易，提高版权保护水平，北京还要重点建设和完善版权的公共服务平台和交易平台，扶持版权代理，建立版权价值评估体系，推动版权贸易常态化。

此外，认真实施《北京市人民政府关于实施首都知识产权战略的意见》，提升知识产权创造、运用、保护和管理能力，培育和营造有利于知识产权保护的环境。北京市打击盗版和保护知识产权的力度一直都比较大，但是维权的方式有待优化。应该在加大对商标假冒侵权行为进行打击力的同时，将扶持北京创造的品牌列入重点工作。此外，多角度维权，加大侵权判赔标准，扭转盗版者违法成本低、被侵权者维权成本高的现状。

## 第四节 建构"创意北京"评估指标体系

"创意北京"建设要不断规范管理模式，推进行业和各种专业化的中介组织建设，积极支持产业协会和产业联盟的发展，加强诚信建设，自律发展。认真解决现有的文化创意产业统计制度和监测体系滞后于产业发展的问题。对文化旅游、动漫网游等行业尚未建立独立的统计监测体系的，尽快研究建立，完善产业指标体系和统计制度。探索建立文化创意产业景气指数，加强行业发展监测和数据分析，密切掌握行业发展动态。在相关政府主管部门的指导下，推动文化创意产业行业协会建立行业标准体系，引导行业健康发展。建立完善的统计制度和行业监测体系，健全文化创意产业行业标准和认证体系。

同时，加强基础数据的采集和统计，建立和完善首都北京的文化创意机构、研究中心、企事业单位的名录库，将文化创意的相关数据纳入管理体系中，及时反映发展动态，把文化创意的培育置于国民经济和社会发展的总体视角下，进行系统深入的评估分析，查找问题、提出对策，为决策层提供更多有深度、有观点、有针对性的分析报告，让决策者更好地掌握文化创意培育的发展态势。建立文化创意培育机构数据库、创意人才数据库，建立并完善"创意北京"评估指数。

建构"创意北京"评估指标体系建设需要一系列支撑条件。(1)一定的经济规模和经济总量；(2)经济形态的高端化、服务业尤其是生产性服务业比重高、总部经济优势明显；(3)区域经济合作紧密（环渤海经济圈和京津冀一体化合作圈）；(4)国际交通便利和宜居的城市环境与基础设施；(5)科技教育发达以及知识分子和艺术从业人员集聚程度高；(6)生活居住环境优越，既注重基础功能，又凸显对外影响力。建立"创意北京"指数不仅关注经济、文

化、人才、科技教育、信息通讯，还要关注人居环境及其区域经济合作。

当前，文化创意产业越来越成为一个国家和城市竞争的主要参照系。创意能力越来越落到文化产业的实力上，但一个城市的创意指数不能等同于创意产业的指数，尤其在网络数字化的传播时代，创意的弥散性和渗透性愈发广泛。有以下几个可参照的测量指标：

理查德·佛罗里达的"3T"(人才、科技、包容)指数和欧洲创意指数。"3T"对创意经济发展的评估通过一套指数来实现，反映科技产业和创意阶层在一个地区的集中度。"欧洲创意指数"（ECI）由欧洲人才指数、技术指数和宽容指数三个指标和9个附属指标组成。研究结果表明，欧洲国家在包容性方面有着明显的竞争优势。"创意城市"研究的代表人物、英国学者查尔斯·兰德利在《创意城市》（The Creative City）中提出创意城市的测量指标，以评估城市的活力和生命力为核心。他以伦敦为对象，认为创意城市的基底建筑包括人员质量、意志与领导素质、人力的多样性与各种人才的发展机会、组织文化、地方认同、都市空间与设施和网络动力关系等7个方面，由此构建了衡量城市创意基础的指标体系。上海城市创意指数有五大指标体系：

（1）产业规模：包括创意产业的增加值占全市增加值的比重和人均GDP共2个分指标。

（2）科技研发：主要包括研究发展经费支出占GDP比值、高技术产业拥有自主知识产权产品实现产值占GDP比值等6个分指标。

（3）文化环境：该指标主要包括家庭文化消费占全部消费的百分比、公共图书馆每百万人拥有数、艺术表演场所每百万人拥有数、博物馆、纪念馆每百万人拥有数等9个分指标。

（4）人力资源：主要包括新增劳动力人均受教育年限、高等教育毛入学率、人均高等学校在校学生数等7个分指标。

（5）社会环境：主要包括全社会劳动生产率、社会安全指数、人均城市基础设施建设投资额等9个分指标。

从中可以看到，产业、人、软环境等都在上海创意指数的考虑范围内，甚至细分到社会劳动生产率、社会安全指数、人均城市基础设施建设投资额等方面。

本课题在借鉴其他研究成果基础上提出创意北京的指标体系的初步构想，至于从整体上测试北京的创意活力需要采集丰富的数据，并做出科学的分析，这已不是本课题所能完成的了，只有留待以后的课题进行翔实的论证了。

| 指数 | 评估项目 | 权重 |
|------|----------|------|
| 创意机构和人员数量 | 1. 公共机构、企业机构和私人机构的数量<br>2. 核心创意人才和从事创意相关工作的创意阶层人口数量<br>3. 人力资本的受教育状况、创意技能、职业培训、就业收入与机会 | |
| 经费与资产 | 1. 经费投入：政府、企业、基金、私人赞助、项目收费和创意回报<br>2. 资产状况：基础设施、设备、办公环境、文化艺术活动与交往 | |
| 创意成果 | 1. 版权、专利、商标、著作权、商品化权、项目等<br>2. 对企业、行业和产业的贡献度，推动文化产业及相关产业的发展程度（增加值占全市GDP的比重），出口贸易，创意外溢效应<br>3. 社会效益：社区活力、城市活力、开放水平、国内外的吸引力、美誉度、形象（专家评价、市民评价、游客评价） | |

跨向世界创意高地

文化北京

| 指数 | 评估项目 | 权重 |
|---|---|---|
| 创意保护 | 1. 政策导向：扶持激励政策、税收减免、投资回报（创意入股）<br>2. 创意权益等版权保护的法律法规（立法与执法） | |
| 创意氛围 | 1. 硬件：大学和科研机构的数量、人口受教育程度（大学以上人口数量）、外在环境（城市安全、交通便利、环境美化、市场环境、公共服务供给等）、文化设施（博物馆、图书馆、美术馆、档案馆、纪念馆、影剧院、体育馆等）<br>2. 软件：科学才能指数（万人中科研人员和工程师所占人口比重）、波西米亚指数（万人中艺术从业人员所占人口比重）、社会宽容度（对待外来文化和人口的态度、多元文化的交流和交融度、多元化价值的共存、对弱势文化的尊重、文化生态的多样性等） | |
| 文化消费 | 1. 家庭文化消费占全部消费支出的比重<br>2. 文化消费内容的自由度（社会核心价值观的践行与多元文化的活跃、文化的多样性和消费的多层次性）<br>3. 文化表达的自主程度、市民对社区和文艺活动的参与度 | |
| 技术应用和创新水平 | 1. 技术应用水平：网民数量、宽带建设、数字化平台、公共技术服务平台<br>2. 政府和社会对创新的支持度（资金投入、万人拥有专利、商标和版权数量等） | |

# 结　语

广义上看，文化创意不仅成为驱动社会经济发展转型的关键，在缓解人口资源环境矛盾，优化经济结构，推动产业升级，带动经济发展方式转变中发挥重要作用，还以其内容的价值导向，在民众价值观塑造、社会结构变动和社会形态变迁中发挥引领和感召作用。从国际大都市的发展趋势来看，文化已成为城市发展的战略资源和城市软实力的关键要素，如伦敦和纽约日益凸显文化创意在城市发展中的重要作用。党的十八届三中全会在全面深化改革的决定中，提出要以人民为中心，以激活全民族文化创造活力为中心环节的改革发展思路，尤其要在体制机制上下功夫的新要求。这对指导"创意北京"建设具有重要意义。文化是最需要创新的领域，创新是文化发展的内在要求，而驱动创新的灵魂恰恰是创意。以什么样的观念、意识、视野、思维推动全国文化创意培育中心工作，直接关乎中心工作的成效及其所达到的高度。

历史地看，"创意"早已脱出现成性的理解，经由创意培育到产业发展，及至形成产业链最终衍生出产业群等完备的组织形态，创意不再局限于以元素的方式存在于其他产业中，也不再单纯以产业门类自我封闭与割裂，创意越发显现出弥散和渗透融合的特性，而成为知识经济时代社会发展的驱动力。从环境营造和激发来看，创意是可以培育孵化和成果转化以及产业发展的，在市场机制和法

跨向世界创意高地

律保障下，出现了专门化的创意培育、生产和交易的经济组织，成为城市发展的引擎。有学者指出：创意在现代经济中的基础性作用彻底改变了传统人、财、物要素配置所带来的经济增长模式，创意作为驱动经济增长的主要力量和参与生产的形式迥异于土地和劳动力等传统要素，并形成了新兴的主导产业。[1]文化创意产业作为一种新兴的产业形态，以文化为内容、科技为支撑、创意为动力、产业为载体，突破能源、资源瓶颈的制约，成为环境友好、低能耗的生态型产业。在创意时代，能融科技、文化、产业于一体，引发经济内爆的"创意"代表最先进的生产力，成为立国之本。正如罗默所言：创意能够衍生无穷的新产品、新市场和新机会，创造财富，创意成为一国经济成长的原动力。中国曾经错失过工业革命的发展机遇，而遭遇工业文明的"高墙壁垒"，在创意经济时代，中国不能再错过。当前，国与国之间的竞争越来越让位城市的竞争。一方面创意的文化品牌显著提升了城市的软实力，为城市创造了良好的形象和声望；另一方面创意作为城市发展最宝贵、最有价值的无形资产，能够为城市持续不断地创造新价值、新财富。

在"创意北京"建设过程中，最重要的是转变观念和解放思想。首先要转变认知观念，要认识到创意的独特性和在社会经济发展中的驱动作用，既不能把创意说的太虚灵而幻化，也不能理解的过于做实而固化。充分认识到"创意阶层"的存在包括艺术家群体及其支持创意的社会氛围，是建设文化创意培育中心的关键。在经济唱主角和主导的时代里，大公司和龙头企业往往成为招商引资的对象，也是吸引人才的有力招牌；而在文化创意时代，往往一个好的创意就会吸引大公司的投资甚至入驻产业园区。其次要转变管理观念，文化创意培育中心建设要放在提高文化治理能力的框架下的

---

1 王文革主编：《文化创意十五讲》，中国传媒大学出版社2013年版，第12页。

社会合力，而不是单纯的政府管理，要形成良好的市场环境、健全的公共服务体系和宽松的创意氛围。在建设过程中，视野既要宽，关注到文化的发展变化，眼光要高远，有理想感召与高端和精英意识；也要内涵聚焦，落实到"创意"的维度，又要目光向下，贴近大众生活和草根阶层，才能有力地回应民间关切，获得现实支撑。

作为全国乃至世界文化中心城市，北京要有一系列内容丰富、风格多样，有内涵和品位的创意空间和研究机构，要有一系列标志性和易于识别与传播的文化创意符号。在"创意北京"建设中，既要发挥市场的决定性作用，也要发挥政府作为的责任担当和引导职能。所谓全国文化创意培育中心既是指要有创意人才的库存和氛围烘托，形成创意迸发的高地，又要有研究机构的思想支援，以及创意产业可持续发展的支撑，在城市的文化发展和全面建设中成为强有力的支撑点和驱动力。通过高起点的规划、弘扬北京文化特色、维护竞争优势、增强主导优势，使"创意北京"成为亚洲和东方文化创意中心，甚至成为世界有影响力的文化创意高地。我们期望北京作为一个有中国社会主义文化特色的创意之都，以实力和魅力展现在全球化的世界舞台上。

跨向世界创意高地

**主要参考资料：**

[1] 贺寿昌：《创意学概论》，上海人民出版社2006年版。

[2] [美]詹姆斯·韦伯·扬：《创意的生成》，中国人民大学出版社2014年版。

[3] 张京成等著：《中外文化创意产业政策研究》，科学出版社2013年版。

[4] 王文革主编：《文化创意十五讲》，中国传媒大学出版社2013年版。

[5] 李宇红等著：《文化创意与人文理论和产业研究》，中国物资出版社2010年版。

[6] 赵晶媛编著：《文化产业与管理》，清华大学出版社2010年版。

[7] 姚林青主编：《文化创意产业集聚与发展》，中国传媒大学出版社2013年版。

[8] 姜毅然等编著：《日本文化创意产业》，人民出版社2009年版。

[9] 尹宏：《现代城市创意经济发展研究》，中国经济出版社2009年版。

[10] 金元浦：《北京：走向世界城市》，北京科学技术出版社2010年版。

[11] 谌远知：《文创产业中商品化权与知识产权研究》，经济科学出版社2012年版。

[12] 杨尚东：《关注2012GE "全球创新趋势调查报告"》，《管理科学》，2012（9）。

[13] 周祖怡：《GE深刻解读全球 "创新"》，《新民周刊》，2012（34）。

[14] Jeffrey L. Furman, Michael E. Porter, Scott Stern. (2002). The Determinants of National Innovative Capacity [J]. Research Policy 31:899—933.

[15] Scott A. Shane. (1992). Why do some societies invent more than others? [J]. Journal of Business venturing, 7:29—46.